JN303583

ライブラリ 経済学コア・テキスト&最先端 10

コア・テキスト
金融論

竹田 陽介 著

新世社

編者のことば

　少子高齢化社会を目前としながら，日本経済は，未曾有のデフレ不況から抜け出せずに苦しんでいる．その一因として，日本では政策決定の過程で，経済学が十分に活用されていないことが挙げられる．個々の政策が何をもたらすかを論理的に考察するためには，経済学ほど役に立つ学問はない．経済学の目的の一つとは，インセンティブ（やる気）を導くルールの研究であり，そして，それが効率的資源配分をもたらすことを重要視している．やる気を導くとは，市場なら競争を促す，わかり易いルールであり，人材なら透明な評価が行われることである．効率的資源配分とは，無駄のない資源の活用であり，人材で言えば，適材適所である．日本はこれまで，中央集権的な制度の下で，市場には規制，人材には不透明な評価を導入して，やる気を削ってきた．行政は，2年毎に担当を変えて，不適な人材でも要職につけるという，無駄だらけのシステムであった．

　ボーダレス・エコノミーの時代に，他の国々が経済理論に基づいて政策運営をしているときに，日本だけが経済学を無視した政策をとるわけにはいかない．今こそ，広く正確な経済学の素養が求められているといって言い過ぎではない．

　経済は，金融，財の需給，雇用，教育，福祉などを含み，それが相互に関連しながら，複雑に変化する系である．その経済の動きを理解するには，経済学入門に始まり，ミクロ経済学で，一人一人の国民あるいは個々の企業の立場から積み上げてゆき，マクロ経済学で，国の経済を全体として捉える，日本経済学と国際経済学と国際金融論で世界の中での日本経済をみる，そして環境経済学で，経済が環境に与える影響も考慮するなど，様々な切り口で理解する必要がある．今後，経済学を身につけた人達の専門性が，嫌でも認められてゆく時代になるであろう．

　経済を統一的な観点から見つつ，全体が編集され，そして上記のように，個々の問題について執筆されている教科書を刊行することは必須といえる．しかも，時代と共に変化する経済を捉えるためにも，常に新しい経済のテキストが求められているのだ．

　この度，新世社から出版されるライブラリ経済学コア・テキスト＆最先端は，気鋭の経済学者によって書かれた初学者向けのテキスト・シリーズである．各分野での最適な若手執筆者を擁し，誰もが理解でき，興味をもてるように書かれている．教科書として，自習書として広く活用して頂くことを切に望む次第である．

西村　和雄

はしがき

　金融とは「制度」です。21世紀の現在，進行しつつある「グローバリゼーション」が，わたしたちの生活を豊かで安心できるものにするか否かは，金融の仕組み如何にかかっているといっても過言ではありません。あくまで未来志向をもって，わたしたちの生活に密接に関わる金融について「歴史」，「理論」そして「現状」の3つの側面から学んでいきましょう。

　グローバリゼーションとは，ヒト，モノ，カネが国境を越えて地球全体を瞬時に移動できるようになることを意味します。経済学は，グローバリゼーションによってもたらされるボーダーレス・エコノミーが，わたしたちにバラ色の生活を保証することを教えます。

　ところが，この楽観的な見方に暗雲を招く象徴的な出来事が，20世紀末に起こりました。アジア通貨危機です。1997年タイに始まり，アジア各国に波及していった金融危機です。それまで「東アジアの奇跡」と謳われていたアジアNIEsにおいて，これまでとはタイプの異なる金融危機が勃発したのです。

　そこで，金融危機に対処する国際金融機関である国際通貨基金（IMF）は，従来までと同じ処方箋に従い，金融危機国の政府に対して改革を迫りました。インドネシアに顕著なように，IMFの政策は金融危機国の経済改革に大きな足枷を嵌めてしまいました。

　グローバリゼーションの進んでいない時代において考案，構築された金融の仕組みがグローバリゼーションの下で正しく機能するとは限らないことを，アジア通貨危機は教えてくれました。金融というカネの流れをスムースにするための制度は，わたしたちの生活を危うくする可能性をもっているわけです。

　わたしたちの生活をより豊かにするように，金融という制度を常に革新していくために，わたしたちにできることは，現状を正確に把握するだけでな

く，金融の歴史そして理論をしっかりと理解しておくことです。その手助けをすることが，本書の目的です。

● 謝辞

著者は，ジョン・ヒックスによる「貨幣に関する最も優れた著作の主要部分は時局的である」（「貨幣理論と歴史——概観の試み」，『貨幣理論』江沢太一・鬼木甫訳，オックスフォード大学出版局，1969年，p.212）という言葉に触発され，グローバリゼーションという現状の中で「金融論」を講義するつもりで本書を執筆しました。

調べますと，ハロルド・ジェームス教授（プリンストン大学）やバリー・エイケングリーン教授（カリフォルニア大学バークレー校）など，本書の中でも触れる多くの先人が同じような考えから，研究活動をしていることに気づきました。ヒックスという良質の権威を著者に薦めてくださった吉川洋教授（東京大学）に感謝する次第です。

新世社編集部の御園生晴彦氏，本宮　稔氏は，著者の遅筆を辛抱強く待ち続けてくれただけでなく，著者の独りよがりな説明不足を補って下さり，一方ならずお世話になりました。秘書の松山純江さんは，いつも時間に追われる著者の無理をきいてくれました。

最後に私事にて恐縮ですが，本書の執筆の依頼があった時期に，愛息達郎が亡くなりました。未来のこどもたちのためになればと思い，この仕事をお引き受けしました。短かったけれど精一杯生きたわたしたち夫婦の「天使」に，本書を捧げます。妻ちはるは，原稿の打ち込みに励んでくれたほか，落ち込みがちな私を何度も励ましてくれました。ありがとう。

　2005年6月

竹田　陽介

目 次

序 章 — 1

金融論のテーマ（1）　資金循環表と国際収支統計（2）
グローバリゼーションの行方（4）　「歴史」に対する認識（5）
このテキストの特徴と構成（6）

第Ⅰ部 貨 幣 — 9

1 貨 幣 — 11

1.1 貨幣とは何か — 12
貨幣の歴史（12）　貨幣の機能（12）

1.2 貨幣の保有動機と貨幣需要 — 21
取引動機（23）　予備的動機（27）　投機的動機（29）
貨幣需要の理論（31）　フィッシャー方程式（33）

1.3 流動性 — 35
ケインズの『一般理論』（36）　流動性の罠（37）　資産バブル（37）
地域通貨（38）

■本章のまとめ　39　■（確認・応用のための）問題　40
■（討論・主題発見のための）設問　40

2 銀 行 — 43

2.1 成り立ち — 44

2.2　機　能 — 46
資金決済機能（47）　　資金仲介機能（56）
2.3　銀行の現在 — 61
メイン・バンク（62）　　公的金融（64）　　グローバリゼーション（65）
■本章のまとめ　66　　■(確認・応用のための) 問題　67
■(討論・主題発見のための) 設問　67

3　中央銀行　69

3.1　中央銀行の成立 — 70
利子率の季節性の除去と「最後の貸し手」機能（73）
貨幣発行自由化（74）
3.2　中央銀行の役割 — 75
決済リスク（75）　　準備預金制度（78）
3.3　貨幣鋳造益 — 80
政府の予算制約式（80）　　インフレのコスト（82）
3.4　中央銀行の独立性 — 82
2つの独立性（82）　　中央銀行の独立性指数（84）
中央銀行の独立性とマクロ経済のパフォーマンス（84）
■本章のまとめ　86　　■(確認・応用のための) 問題　87
■(討論・主題発見のための) 設問　87

4　金融政策　89

4.1　ケインズ以前と以後の学説史 — 90
4.2　金融政策の運営 — 92
信用乗数（92）　　運営目標の選択（96）　　グッドハートの法則（98）
金融政策の有効性（99）　　資産効果（104）　　インデクセーション（106）
4.3　ルールか裁量か — 108
フィリップス曲線（108）　　バロー=ゴードン・モデル（110）
ロゴフの保守主義（114）

4.4　流動性の罠：再論 ——— 115
名目利子率ゼロの意味（115）　　米国における1929年の大恐慌（116）
■本章のまとめ　117　　■（確認・応用のための）問題　118
■（討論・主題発見のための）設問　118

5　プルーデンス政策　121

5.1　銀行を護る根拠 ——— 122
金融システムの中の銀行（122）
機能的アプローチと業態別アプローチ（123）
銀行のバランス・シートとリスク（124）　　政府の介入の根拠（129）

5.2　事前的措置 ——— 130
競争制限規制（130）　　バランス・シート規制（131）
銀行検査・考査・モニタリング（132）

5.3　事後的措置（セーフティネット） ——— 132
最後の貸し手機能（133）　　預金保険制度（133）
■本章のまとめ　135　　■（確認・応用のための）問題　135
■（討論・主題発見のための）設問　135

第Ⅱ部　公　債　137

6　公　債　139

6.1　利子率の期間構造 ——— 141
純粋期待仮説（141）　　期待仮説とターム・プレミアム（144）

6.2　政府の資金調達に関する中立命題 ——— 145
リカードゥの中立命題（145）　　バローの中立命題（148）

6.3　財政当局と中央銀行との関係 ——— 151
金融政策と財政政策の協調（152）　　米国におけるアコード（153）
物価連動債（154）
■本章のまとめ　158　　■（確認・応用のための）問題　158
■（討論・主題発見のための）設問　159

7　国債管理政策　161

7.1　最適債務構成　163
ビルズ・オンリー政策（166）

7.2　課税平準化　167
バローの課税平準化（168）　最適な貨幣鋳造益（171）
最適な公的債務管理（174）

7.3　インフレ・バイアスと国債管理　176
時間的不整合性と名声（177）　物価連動国債の役割（178）
■本章のまとめ　179　■（確認・応用のための）問題　180
■（討論・主題発見のための）設問　180

第Ⅲ部　外国為替　181

8　外国為替　183

8.1　国際通貨制度　185

8.2　為替レートの決定　191
貯蓄投資バランス論（195）　金利平価式と貨幣市場の均衡（200）
購買力平価（PPP）（204）　Jカーヴ効果（206）

8.3　外国為替市場への介入　209
不胎化介入（212）

8.4　ユーロ　215
■本章のまとめ　218　■（確認・応用のための）問題　219
■（討論・主題発見のための）設問　219

9　金融危機と国際機関　221

9.1　大恐慌　222

9.2　金融危機のメカニズム　226
支出仮説（227）　貨幣仮説（228）　負債デフレ論（229）
銀行貸出（信用）経路（230）

9.3 **国際金融機関の役割** ——————————— 233
　　国際決済銀行（BIS）（235）　　世界銀行（236）
　　国際通貨基金（IMF）（238）
9.4 **ラテン・アメリカ** ——————————— 241
　　メキシコ債務危機（242）　　メキシコ債務危機と国際金融機関（244）
9.5 **東アジア** ——————————— 244
　　「東アジアの奇跡」（245）　　アジア通貨危機と国際通貨制度の選択（247）
　　アジア通貨危機と IMF（252）
　　■本章のまとめ　252　　■（確認・応用のための）問題　254
　　■（討論・主題発見のための）設問　254

（確認・応用のための）問題のヒントと略解 ——————————— 257
索　引 ——————————— 269

序　章

○ 金融論のテーマ

　「金融」とは，お金の流れをスムースにするための「制度」です。金融制度は表だっていつも意識されるというわけではありませんが，そのおかげで，わたしたちの生活は利便性と豊かさを享受しています。

　思考実験として，以下に挙げる制度が存在しない世界を想像してください。貨幣（→一般的に受容されることによってはじめて流通します），銀行（→金融におけるリスクをとる主体です），中央銀行（→「最後の貸し手」）を中心とする決済システム，国債（→財政当局の発行する安全資産），国際通貨基金（IMF）（→金融危機に陥った国に対して融資を行う存在です），等々。これらの「制度」を創造してきた歴史は，わたしたち人類の叡智の賜物です。

　ところが，一度はわたしたちの生活を一新させると期待されながら創られた制度も，時代とともに旧くなるのが宿命です。便利であるはずの制度が逆にわたしたちの生活の重石になるという矛盾を露呈してきたのも，金融の歴史といえます。

　わたしたちが現在眼にしている金融制度も，例外ではありません。いわゆる「グローバリゼーション（globalization）」によって，現在の金融制度が多くの矛盾をはらんでいることが，明らかになりつつあります。金融技術が発展し，国境を越える金融取引が一般的になることにより，1997年に起きたアジア通貨危機に見られるように，国を単位とする従来までの金融制度では対応できない事態が生じています。「グローバリゼーションの進展の下で，将来の金融制度をどのように設計すればよいのか」。その問いこそ，現代に

生きるわたしたちにとっての「金融論」のテーマであるはずです。

○ 資金循環表と国際収支統計

具体的な事例については本書の中で触れるとして，わたしたちを取り巻く金融環境の大づかみな理解から始めましょう。

お金の流れがどうなっているのかを表す代表的な統計である「資金循環表」を見てみます。資金循環表とは，一定期間において，個人，法人，政府，海外などの経済主体が，現金・預金，貸出，株式，証券などの金融資産・負債をどれだけ取引したかを記録する統計です。日本における2001年度の資金循環統計の金融取引表を単純化したのが，次の図0.1です。

2001年度に顕著に増加している金融取引（黒い矢印で示されています）は，家計と民間企業の流動性預金，家計の簡易保険，民間金融機関の株式等及び国債・地方債，郵便貯金・簡易保険の国債・地方債，そして国内部門全体の対外証券投資などであることがわかります。これらの事実から，「グローバリゼーション」の他に，「公的金融部門の肥大化」，「流動性の罠」などのキーワードが浮かびます。これらについては，テキストの中で詳しく説明していきます。

また，グローバリゼーションの進展による対外証券投資の活発化は，一国が外国との間で行った財貨，サービス，証券等の取引に伴う決済資金の流れを記録した「国際収支統計」によっても，確認することができます。4頁の図0.2は，2000年中の日本，米国，欧州（東欧やロシアまで含む）の三極の間における証券投資の動きを示しています。驚くことに，1999年から2000年の一年間に，欧州から米国へ約2700億ドル（米国のGDPの約3%にあたります）もの資金が流入していることがわかります。

こうしたグローバリゼーションの進展は，米国のヘッジファンドに見られる投機的資金が一瞬のうちに，ある国からある国へ移動してしまう事態を可能にし，ラテン・アメリカ，東アジア，ロシアなど累積債務国の長期的な経

国内

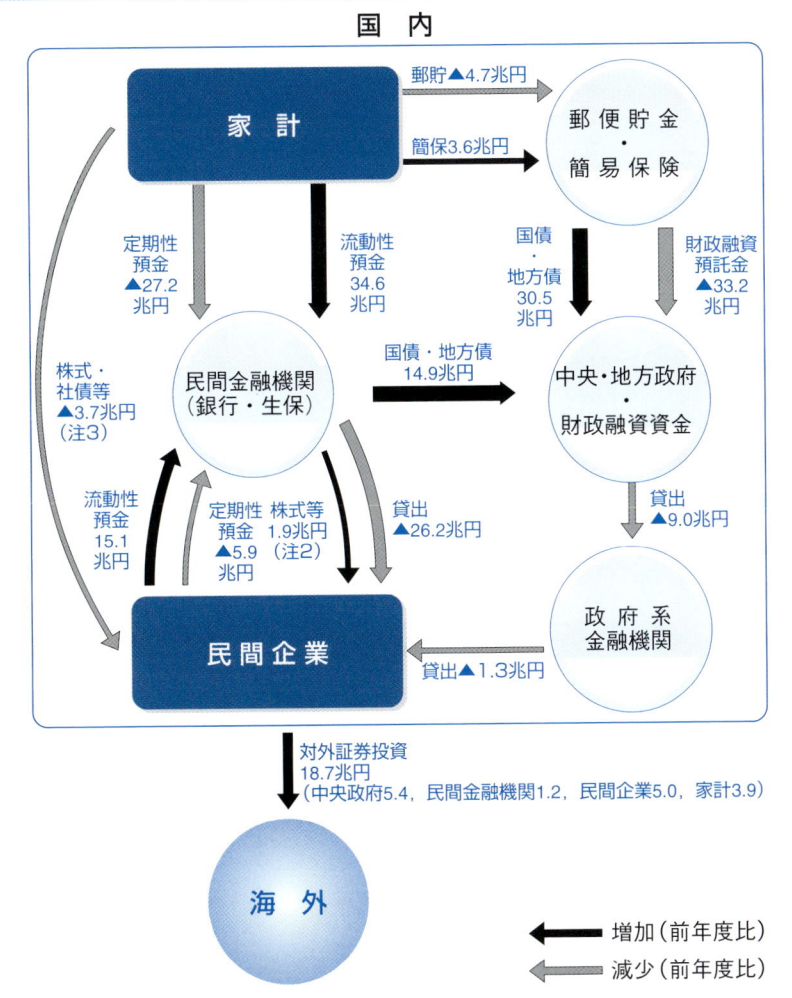

家計
- 郵貯 ▲4.7兆円 → 郵便貯金・簡易保険
- 簡保 3.6兆円 → 郵便貯金・簡易保険
- 定期性預金 ▲27.2兆円 → 民間金融機関
- 流動性預金 34.6兆円 → 民間金融機関
- 株式・社債等 ▲3.7兆円（注3）← 民間金融機関

郵便貯金・簡易保険
- 国債・地方債 30.5兆円 → 中央・地方政府・財政融資資金
- 財政融資預託金 ▲33.2兆円 → 中央・地方政府・財政融資資金

民間金融機関（銀行・生保）
- 国債・地方債 14.9兆円 → 中央・地方政府・財政融資資金
- 貸出 ▲26.2兆円 → 民間企業
- 流動性預金 15.1兆円 ← 民間企業
- 定期性預金 ▲5.9兆円 ← 民間企業
- 株式等 1.9兆円（注2）← 民間企業

中央・地方政府・財政融資資金
- 貸出 ▲9.0兆円 → 政府系金融機関

政府系金融機関
- 貸出 ▲1.3兆円 → 民間企業

対外証券投資 18.7兆円
（中央政府5.4，民間金融機関1.2，民間企業5.0，家計3.9）
↓
海外

◾ 増加（前年度比）
◾ 減少（前年度比）

(注1) 日本銀行『資金循環統計』により作成。前年度より減少している場合には▲印を付けた。民間金融機関は，金融機関から中央銀行，郵便貯金，簡易保険，公的金融機関を除いたもの。
(注2) 株式・出資金，事業債の合計。「企業—企業」「銀行—生保」といった持合構造は考慮していない。
(注3) 株式・出資金，金融債，事業債の合計。「民間金融機関」株式等を含む。
(出所) 財務省「公的債務管理政策に関する研究会」

図 0.1 資金循環表から見た日本における資金の流れ

2000年中の証券投資の動き（単位：億ドル）

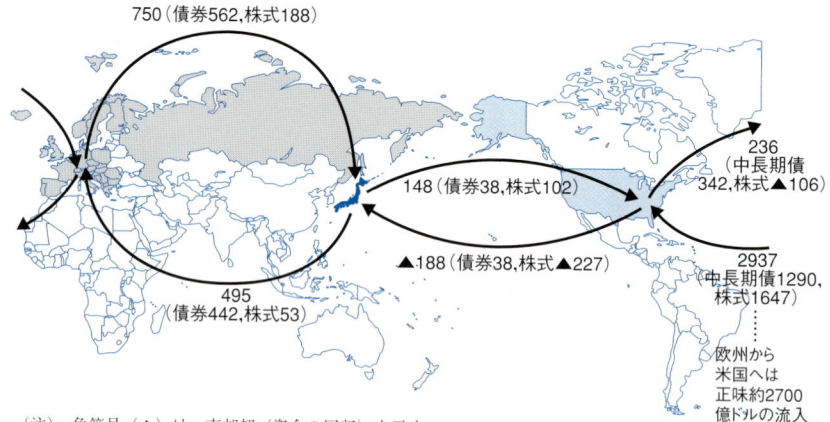

750（債券562,株式188）

148（債券38,株式102）

236（中長期債342,株式▲106）

▲188（債券38,株式▲227）

495（債券442,株式53）

2937（中長期債1290,株式1647）

欧州から米国へは正味約2700億ドルの流入

（注）　負符号（▲）は，売却超（資金の回収）を示す。
（資料）　米国―欧州の欧州には，東欧，ロシアを含む。日本―米国，日本―欧州の計数は，国際収支統計ベース。米国―欧州の計数は，米国財務省"Capital Movements"。
（出所）　日本銀行『国際収支統計から見た日本経済』

図 0.2　国際収支統計から見たグローバルな資金の流れ

済発展を難しくしているのも事実です。

○ グローバリゼーションの行方

　それでは，グローバリゼーションは今後，一方向的に進むのでしょうか。わたしたち人類の叡智は，グローバリゼーションを前に，なす術もないのでしょうか。

　幸いなことに，金融制度の変更を迫る若干の兆候が見られます。金融危機の起きたアルゼンチンでは，地域的なコミュニティでしか流通しない「地域通貨（community money）」が発行され，流動性を失った法定通貨（legal tender）にとって代わり，日常品の売買の媒介手段に供しました。同じく金

融危機に陥ったチリやマレーシアでは，短期的な国際資本移動という「車輪」に取引税である「砂」を撒くいわゆる「トービン税（Tobin tax）」の考え方に基づき，資本移動の取引税によるコントロールを行いました。現時点における評価によれば，これらの窮余の策は，功を奏したといわれています。このように，グローバリゼーションに対する反動に伴って，望ましい金融制度とは何かについて，わたしたちの再考が促されているのが現状です。

○「歴史」に対する認識

　このような現状を前にして，わたしたちが歴史から学ぶことはあると思います。「市場の浸透」の歴史として金融制度の成長を捉えるヒックス教授（Sir John Hicks；1904-1989）（『経済史の理論』新保博訳，日本経済新聞社，1970年）は以下のように述べています。

> 「すべての時代——リカード以前からケインズ以後まで——を通じて貨幣そのものが進化を遂げてきている。（中略）貨幣媒体の「完全に実体を備えた」硬貨から紙幣や銀行預金へ変化は明白であるが，この変化はより広汎な発展，つまり金融制度の発展の一部にすぎない。この発展は銀行だけでなく，その他の「金融仲介機関」をもふくめた金融制度の成長という形をとってきたし，行政府の金融活動における根本的変化を伴ってきた。これらの変化の過程において貨幣制度の全性格が変化してきた。銀行や保険会社，貨幣市場や株式取引所がある世界では，貨幣はこれらの制度が出現する前の姿とは全く違うものになっている。」（「貨幣理論と歴史—概観の試み—」，『貨幣理論』江沢太一・鬼木甫訳，オックスフォード大学出版局，1969年，p.214）

　市場が浸透する中で，一般的な価値貯蔵手段として貨幣の使用が始まり，銀行が信用に基づく商人間の貸付を仲介し，政府の財政窮乏化にともない，公債が発行され，貨幣に対する支配力を有する中央銀行が創設され，国益のために経済活動を規制する行政組織の強化が行われました。

　その意味では，現代のグローバリゼーションとは，一国の政府による規制が届きにくい，国境を超えた市場取引の浸透と考えられます。国際決済銀行

(BIS）による銀行規制，自由な資本移動のメリットを従来礼讃してきたIMFの改革の動きなどは，グローバリゼーションの下での新たな規制の方向性を示唆しています。

また，コンピュータによって管理される現代的な金融制度の中にも，漫画『ナニワ金融道』（青木雄二，講談社）で描かれる消費者金融などの前近代的な「高利貸し」という形態が，わたしたちのニーズを満たしながら並存していることも忘れてはいけません。金融制度は歴史的に見て，重層的であるということです。

以上の「現状」，「歴史」に対する認識を共有するわたしたちにとっての「金融論」とは，金融制度のもつ機能に関する基本的な「理論」を意味します。再び，ヒックス教授に登場してもらいましょう。

> 「貨幣は機械ではない。それは人間の造った制度であり，そのうちでも最もすばらしいものである。（鋳貨あるいは金属片という貨幣形態がとられていた）初期の段階においては機械的な理論（数量説のような）でも貨幣の働きをかなり正確に近似できた。しかし貨幣的な事実はますます尖鋭化する一方であり，理論がそれに追い付いて進むのはなかなか困難なことであった。」（「貨幣の本質と機能：講義Ⅲ」，前掲『貨幣理論』，p.82）

したがって，テキストといえども現代的テーマを有する本書は，ミクロ経済学・マクロ経済学両面にわたる，できるだけ新しい研究成果を生かす努力を惜しまず，基本的な理論の説明，その現実への応用を行っていくことにします。

◯ このテキストの特徴と構成

外資系の「金融」機関の仕事ぶりにただ憧れるだけの大学生，闇雲に日経新聞を読み漁り日々の「金融」情報に振り回される社会人，「金融」の世界とは縁遠い年金生活を送るシルバー世代。これら本書が対象とする読者に向けて，著者が心がけたことは，「歴史」，「理論」，「現状」のバランスを巧くとることです。重層的な金融制度の歴史をおさえたうえで，金融制度の現状

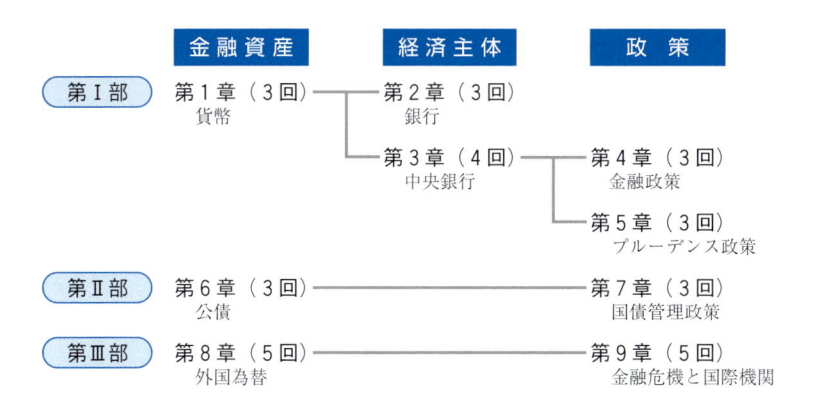

	金融資産	経済主体	政　策
第Ⅰ部	第1章（3回） 貨幣	第2章（3回） 銀行	
		第3章（4回） 中央銀行	第4章（3回） 金融政策
			第5章（3回） プルーデンス政策
第Ⅱ部	第6章（3回） 公債		第7章（3回） 国債管理政策
第Ⅲ部	第8章（5回） 外国為替		第9章（5回） 金融危機と国際機関

に問題意識をおきながら，金融の基本的な理論を選択しています。

　本書では，さまざまな金融取引のうち，大雑把な分類ですが，「貨幣」，「公債」，「外国為替」の3つの金融資産に焦点をあてます。それぞれの資産に関する基本的な理論として，貨幣数量説，純粋期待仮説，フィッシャー方程式，政府の予算制約式，金利平価式，購買力平価仮説などを取り上げます。またこれらの理論を使った，グッドハートの法則，ビルズ・オンリー政策，リカードゥの中立命題，国際通貨制度の不可能な三位一体説などの金融・財政政策に関する基本的な命題についても説明します。

　本書の構成は以下の通りです。金融資産別に，第Ⅰ部（貨幣），第Ⅱ部（公債），第Ⅲ部（外国為替）の順になっており，各部の最初の章（第1章，第6章，第8章）は，各金融資産に関する基本的な理論の説明にあてています。その他，第Ⅰ部では，経済主体として「銀行」（第2章），「中央銀行」（第3章）を個別に取り上げています。また，政策別に，第Ⅰ部では「金融政策」（第4章），「プルーデンス政策」（第5章），公債を扱う第Ⅱ部では，国債管理政策（第7章），外国為替を扱う第Ⅲ部では，金融危機と国際機関（第9章）について考えます。

　上記の括弧の中は，本書を講義で用いられる際の目安として，約一時間半の授業を1コマとしたときの所要コマ数です。ちょうど週1コマで通年，あ

るいは週2コマで半年の授業の総時間数に合うように，合計で32コマ分の内容になっています。

　本書では経済統計データは，先に挙げた「資金循環表」，「国際収支統計」を除いて，必要最小限にしか載せていません。めまぐるしく変化する金融環境を記述するデータは，出版物というメディアと相性がいいとはいえません。データの速報性，電子媒体によるデータの加工を考えれば，インターネットを利用したWeb Siteによる方が便利です。

　本書で必要になる当該データの出所は，新世社のサポート・ページ（http://www.saiensu.co.jp/support.htm#shin）においてLinkします。継続的にご覧ください。

第Ⅰ部

貨　幣

第1章

貨　幣

　わたしたちが取り上げる第一の金融資産「貨幣」は，人間が生活を便利にするために考案した「制度」です。はじめに，貨幣にまつわる悠久の歴史に想いを馳せながら，貨幣のもつ「機能」について理論的に学びます。次に，わたしたちが貨幣を保有する「動機」について考察し，「貨幣需要」の決定要因を明らかにします。さらに，多くの学究を惹き付けて止まない貨幣のもつ特性である「流動性」という概念を身近なものにしましょう。

○ KEY WORDS ○
欲望の（偶然の）二重の一致，
情報の（偶然の）二重の一致，流動性，
貨幣保有の取引・予備的・投機的動機，
平方根ルール，流動性選好，貨幣需要関数，
貨幣数量説，フィッシャー方程式，流動性の罠，
資産バブル，地域通貨

1.1 貨幣とは何か

人間が生活をより便利にするために考案した「制度」の一つが，**貨幣**（money）です。ここで説明する貨幣の理論は，太古の昔，貝や貴金属などを貨幣として用いた人々の意識にも，現代人が電子マネーを操るときの論理にも，共通してあてはまる，一般的なものです。

◯ 貨幣の歴史

人々が「貨幣」というとき，それぞれの時代・地域によってイメージする対象は異なります。貴金属としての銀貨や銅貨，金との交換を約束されていた兌換紙幣，その保証のない不換紙幣，運搬のコストの小さな小切手，コンピュータ上の電子取引である電子マネーなど，さまざまです。表1.1（貨幣の歴史）にあるように，貨幣形態には長所，短所があります[1]。

〈貨幣の定義〉

多様な姿を見せる貨幣を定義する試みが，時代とともになされてきました。2004年現在，日本における貨幣はM1，M2，M2+CD，M3+CD，広義流動性というように区分されており，内容の定義は，表1.2の通りです。

◯ 貨幣の機能

貨幣の定義は新たな金融環境の発展に合わせて変化してきましたが，貨幣の機能は永遠不変です。貨幣とは，財・サービスの対価として，また負債の返済手段として，一般的に受容される何かを意味します。似た用語に，富

---

[1] （討論・主題発見のための）設問1.1と1.2が章末にあります。

表1.1　貨幣の歴史

A　貴金属：金，銀
- **長所** 受容性が高い。
- **短所** 重量があるため運搬しにくい。

B　紙幣：兌換紙幣（金との交換を約束），不換紙幣（法定通貨（fiat money））
- **長所** 軽量である。
- **短所** 信用が必要である，偽造の危険性がある。

C　小切手：当座預金からの決済
- **長所** 運搬コストが減少した。
- **短所** 決済までに時間がかかる。

D　電子マネー：デジタル・データによる決済
- **長所** コンピュータ処理により情報に応じた速やかな決済が可能である。
- **短所** 情報であるため紛失の可能性が高く，プライバシー保護が必要である。

表1.2　貨幣の定義

名称	内容	説明
M1	●現金通貨	硬貨，紙幣
	●預金通貨（要求払い預金）	当座・普通預金
M2	●M1	
	●準通貨（定期性預金）	短期間の予告で引き出し可能
M2+CD	●M2	
	●譲渡性預金（CD）	約定期間中に譲渡可能な定期預金
M3+CD	●M2+CD	
	●郵便貯金，金銭信託など	郵便貯金のほか，信用組合・労働金庫・農業協同組合などの預貯金，金銭信託など
広義流動性	●M3+CD	
	●投資信託，金融債，債券現先，国債，外債など	投資信託，金融債，金融機関発行コマーシャルペーパー（CP），債券現先・現金担保付債券貸借，国債・政府短期証券（FB），外債

1.1　貨幣とは何か

(wealth) や所得 (income) が挙げられます。貨幣の機能には, ①交換手段, ②決済単位, ③価値貯蔵手段の3つがあります[2]。

〈交換手段〉

交換手段としての貨幣の機能とは, 物々交換でしか取引できない経済, 貨幣の存在する経済を比較することによって, 明らかになります。

たとえば, 麦芽・ビール・講義の3つの財・サービスのみから成る経済を想定しましょう (図1.1)。経済主体は, 以下のような選好 (preference) を有する3タイプの個人しかいないと仮定します。タイプAは, ビール工場の経営者であり, ビールの原料である麦芽をほしいと思っています。タイプBは, まじめに働く麦芽農家であり, 農家の経営について, 経済学者の講義を聴きたいと考えているとします。タイプCは, ビールをこよなく愛する (ふまじめな) 経済学者だとします。

このとき, 物々交換の下では, 取引は成立しないことがわかります。なぜなら, タイプA (ビール工場) は麦芽をほしいが, 麦芽を保有するタイプB (まじめな農家) は, タイプAの所有するビールをほしいとは思っていません。また, タイプBは講義を聴きたいと思っていますが, 講義をすることのできるタイプC (ふまじめな経済学者) は, タイプBの所有する麦芽をほしいと思っていません。タイプCはビールを飲みたいわけですが, ビール工場であるタイプAにとって講義は「馬の耳に念仏」です。

このように, 取引が成立するためには, 任意の2つの経済主体が, ほしい財・サービスをお互いに保有し合っている必要があります。しかし, この例のように, それが実現するのは, 偶然でしかありません。この現象を「欲望の (偶然の) 二重の一致」(double coincidence of wants) と呼びます。こうした取引相手を探すための取引費用 (transaction cost) は, 物々交換下では非常に高いことになります。

---

2) (討論・主題発見のための) 設問1.3が章末にあります。

図 1.1　欲望の（偶然の）二重の一致

　この例において，いま，ある一つの財・サービス，たとえばビールを「貨幣」であるとすべての経済主体が受容したとしましょう。このとき，貨幣であるビールが交換手段として，物々交換では成立しなかった取引が成立するようになります。なぜなら，タイプAは貨幣であるビールと交換に，タイプBから麦芽を買うことができますし，タイプBはタイプAから受け取ったビール（貨幣）と交換に，タイプCから講義を受けることができます。最終的に，タイプA, B, Cとも，自らがほしいと思っている財・サービス

1.1 貨幣とは何か

を受け取ることができるわけです。このように，欲望の（偶然の）二重の一致がなくても，貨幣経済の下では取引が可能になり，人々の効用（満足度）が高まることになります。

〈情報の二重の一致〉

それでは，いかなる財・サービスが貨幣として望ましいのでしょうか。先の例では，3つの財・サービスのどれが貨幣と受容されても取引が成立し，人々の効用が高まりました。しかし，実際の取引においては，貨幣である財・サービスを市場（market）にもっていく必要があります。そのためには，貨幣として備えていなければならない性質があります。たとえば，誰が見ても貨幣として認知することができるように，規格化され，受容性の高い財・サービスであるとか，持ち運びの便利さを考えて，可分性をもち，運搬しやすく，耐久性が高いことが条件となります。こうした条件が，取引費用を小さくするわけです。

ここでは，貨幣の取引費用の問題を「情報」の問題として扱った簡単なモデル[3]を紹介します。わたしたちのなかには特定の財を専門的に扱い，自らが保有していようがいまいが，その財のことなら真贋を高い確率で判別することができる専門家（「玄人」）がいます。しかし，わたしたちの多くは，取引する財の真贋についてあやふやな情報しか有していない「素人」（初心者）です。たとえ，自分がもっている財について専門家であっても，取引相手のもっている財については，専門家であるとは限りません。その意味で，取引する財の真贋に関して，「情報の（偶然の）二重の一致」（double coincidence of information）が成立することはまれです。わたしたちが取引を行うためには，取引する財の真贋についてコストをかけて判別する必要があります。以下，例として3つの財，石油・金・C（後ほどわかるように，貨幣（cash）の性質を満たす財です）から成る経済を想定します（表 1.3）。

---

[3] Armen A. Alchian. "Why Money?" *Journal of Money, Credit and Banking*, 9(1), Part2, 1977, pp.133–40.

表 1.3 情報の（偶然の）二重の一致（double coincidence of information）

財の真贋を判別するコストを差し引いた後の価値		取引後の純価値（ネット価値）					
		初心者			専門家		
		石油	金	C	石油	金	C
		0.2	0.4	0.95	0.8	0.9	0.99
初心者	石油	0.2	0.04	0.08	0.19	0.8	0.18	0.198
	金	0.4	0.08	0.16	0.38	0.32	0.9	0.396
	C	0.95	0.19	0.38	0.9025	0.76	0.855	0.99
専門家	石油	0.8	0.8	0.32	0.76	1	1	1
	金	0.9	0.18	0.9	0.855	1	1	1
	C	0.99	0.198	0.396	0.99	1	1	1

　初心者と専門家の違いは，財の真贋を判別するためにかかるコストの多寡によります。初心者が1単位の石油を購入する際，取引相手の提示する石油の真贋を判別するのに，0.8単位の石油に相当するコストが必要です。そのため，そのコストを差し引いた後の石油の純価値は，0.2しか残りません。同じく，初心者が金を購入する際のコストは0.6，C購入のコストは0.05です。つまり，Cという財は，初心者にとっても相対的に真贋を判別しやすい財であると想定します。

　一方，専門家にも，石油の場合0.2，金の場合0.1，Cの場合0.01だけの判別コストがかかります。初心者と比べて，いかなる財についても真贋の判別のためのコストが少なくてすみます。それこそが，専門家が初心者と違う点です。

　これら2種類の経済主体の間で財1単位を交換する取引が行われる場合に，判別コストを差し引いた後の財の価値を，表1.3の数字は示しています。たとえば，初心者同士の取引の場合，石油の交換によって石油1単位は，0.04（＝0.2×0.2）の価値しかなくなってしまいますが，石油と金との

交換では 0.08 (= 0.2×0.4) の価値, 石油と C との交換では 0.19 (= 0.2 ×0.95) の価値が残ります.

専門家は, 高い確率で財を判別できるという名声 (reputation) を失わないように, 嘘の判別を行いません. そのため, 専門家の言葉は 100% 信用されます. たとえば, 初心者と石油の専門家との間の石油同士の交換では, 初心者は石油専門家の石油の質を 100% 信用しますので, 石油専門家の判別コストのみが差し引かれたネットの価値 0.8 が残ります. ところが, 初心者と金の専門家との間の石油と金の交換では, 専門家の金に対する判別のコストは小さい (0.1) のですが, 初心者の石油に対する判別コストが大きい (0.8) ために, 0.18 (= 0.2×0.9) のネット価値しかもたらしません. さらに, 専門家同士の取引では, 100% 相手の専門家の知識を生かして, 判別コストゼロで取引が行われます.

このとき, たとえば, 石油を保有する初心者 (石油初心者；以下同様に記述します) が金を手にするために行われる交換の経路として, 以下が考えられます.

(1) 石油初心者が直接, 金初心者と取引する場合：ネットの価値 0.08,
(2) 石油初心者が, C 初心者と交換すると同時に, C 初心者が金初心者と交換する場合：0.19×0.38 = 0.0722,
(3) 石油初心者が直接, 金専門家と取引する場合：0.18,
(4) 石油初心者が, C 専門家と交換すると同時に, C 専門家が金専門家と交換する場合：0.198×1 = 0.198,
(5) 石油初心者が, 石油専門家との間で石油と C を交換すると同時に, 石油初心者が金専門家との間で C と金を交換する場合 (その際, 前もって石油専門家は C 専門家と交換し, C を手に入れておく)：1×0.8× 0.855 = 0.684.

以上から, ネットの価値を最大化する取引は, (5)のケースになります. そこでは, 石油専門家が C 専門家から手に入れた C の質に関して, 石油専門家と取引する石油初心者が, 疑いをもちません. つまり, 誰にとっても判別

表 1.4 決済単位

財の数	物々交換	貨幣経済
3	3	3
10	$_{10}C_2 = \dfrac{10!}{2!(10-2)!} = 45$	10
1000	$_{1000}C_2 = 499500$	1000

しやすい財であるCが交換媒介となり、初心者の保有する財（この場合、石油）の質を最も低いコストで判別する専門家（石油専門家）が仲買人（middleman）になることによって、最も効率的な取引が実現していることがわかります。

このように貨幣の存在は、「欲望の（偶然の）二重の一致」を回避するだけでなく、「情報の（偶然の）二重の一致」が保証されていない場合に、交換手段として機能し、効率的な取引をもたらします[4]。

〈決済単位〉

貨幣の第二の機能は、**決済単位**です。さまざまな取引で生じた貸し借りを相殺するために、**決済**を行う必要があります。貨幣経済において、その決済を行う際の基準になるのが、貨幣です。取引をする経済主体は、それぞれの財・サービス一単位が、貨幣何単位に相当するのかを事前に知っておく必要があります。つまり、値札の表示にしたがって取引が行われるわけです。値札が表す価格情報が少なければ少ないほど、取引費用が小さくなります。

先の例のように、3つの財・サービスから成る世界においては、物々交換下では3つの財・サービスの中から2つの組合せを選ぶ数（$_3C_2=3$）だけ、値札が必要です。貨幣経済下では、それぞれの財・サービスと貨幣との交換

---

4) （討論・主題発見のための）設問 1.4 が章末にあります。

比率の数（3）だけ値札が要ります。したがって，3つの財・サービスの場合には，物々交換と貨幣経済とで取引費用が変わらないことになります。

しかし，たとえば財・サービスの数が10にまで増えるとしましょう。物々交換下では45種類の組合せ（＝ $_{10}C_2$）だけの値札に相当する情報量が必要であるのに対して，貨幣経済では，10種類だけの値札ですみます。さらに財・サービスの数が増えて，1000になりますと，499500通りの値札が必要な物々交換に対して，1000だけの値札に簡素化される貨幣経済は，取引に必要な情報が削減され，取引費用が少なくてすみます（表 1.4）。

〈価値貯蔵手段〉

三番目の貨幣の機能は，**価値貯蔵手段**です。貨幣の他に，株や土地，社債や国債など，金融資産・実物資産にも，同じく価値を貯蔵することのできる機能があります。

いま，それらの資産の名目の収益率を i，実質収益率を r とします。名目収益率は必ず正の値をとります。それに対して，貨幣を価値として貯蔵する場合に得られる名目の収益率は，ゼロです。また，貨幣の価値は期待インフレ率 π^e の分だけ目減りしますから，実質収益率は $-\pi^e$ となります。

資産の名目収益率 i は，実質収益率 r に期待インフレ率 π^e を加えたものに等しくなります（これはフィッシャー方程式によるものです。詳しくは1.2節でふれます）。

$$0 < i = r + \pi^e$$

つまり，資産の実質収益率 r は

$$-\pi^e < r$$

となります。よって，価値貯蔵手段である貨幣とその他の資産を収益率だけで比較しますと，名目で見ても実質で見ても，貨幣が見劣りするのは明らかです。価値貯蔵手段としての貨幣は，その他の資産によって収益率の面で負けてしまいます。

ところが，貨幣はその他資産よりも優れた性質を保持しています。それは，

流動性（liquidity）と呼ばれ，交換手段に変換できる容易さ，そのスピードを意味します。わたしたちが価値の貯蔵手段の一部として貨幣を保有する理由は，この流動性という貨幣の特質にあります。流動性については，あらためて1.3節で詳しく説明します。

1.2　貨幣の保有動機と貨幣需要

　以上のような機能が備わっている貨幣ですが，わたしたちに貨幣を保有する動機がなければ，流通しません。貨幣が保有される動機に応じて，貨幣に対する需要が生まれてきます。

　それでは，貨幣の保有動機とは，何でしょうか。わたしたちが現在手元においている貨幣は，現在あるいは近い将来，何か財・サービスの取引に使われるか，金融取引を行う投資家であれば，投機的な利益を目的とする資産選択に使われます。現在あるいは近い将来における予想された支出と収入の間の橋渡しとして貨幣を保有する動機を，取引動機といいます。一方，突然の支出・思いがけない購買の機会に備えた貨幣保有は，予備的動機といいます。さらに，金融取引による資産選択において貨幣を保有する動機のことを，投機的動機といいます。

　財・サービス取引，金融取引のいずれにせよ，貨幣は，わたしたちの生活全般にわたって広く流通しています。ある主体Aが貨幣を使って取引をするためには，取引相手Bが貨幣を受け取ってくれる必要があります。その主体Bが貨幣を受け取るためには，今度は取引相手Cがその貨幣を受け取ってくれることを，Bが合理的に予想している必要があります。こうした予想の連鎖が繰り返されるときにはじめて，貨幣が一般的に受容されたことになります。

　ところが，貨幣自体，財・サービスとしては価値をもちません。貨幣には，

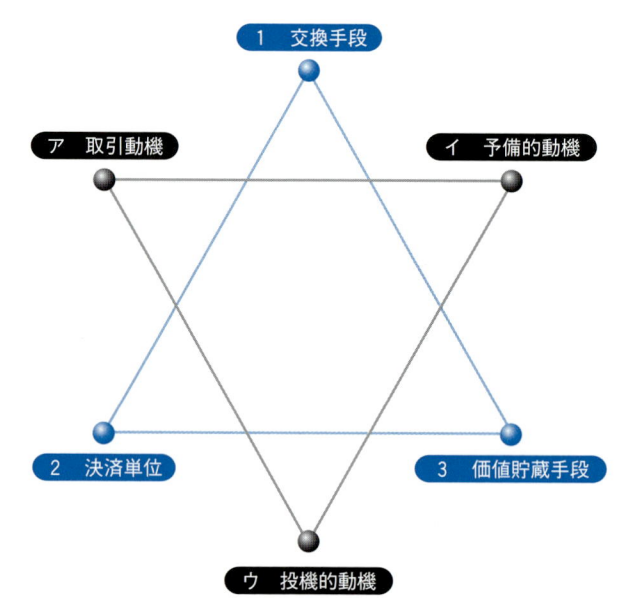

```
           1 交換手段
              ●

  ア 取引動機      イ 予備的動機
      ●              ●



  ●              ●
 2 決済単位        3 価値貯蔵手段

           ●
        ウ 投機的動機
```

（出所） J. ヒックス「貨幣の本質と機能：講義Ⅱ」,『貨幣理論』江沢太一・鬼木甫訳, オックスフォード大学出版局, 1969 年。

図 1.2 ヒックスの三角形

先述した機能（交換手段，決済単位，価値貯蔵手段）があるからこそ，他の主体に受容されるという予想の連鎖が合理的になり，貨幣が流通します。わたしたちが3つの貨幣の機能を期待しているからこそ，取引・予備的・投機的動機に基づく需要が生じているわけです。その意味において，貨幣の機能と保有動機に基づく貨幣に対する需要とは，関連しています。この関連は，ヒックスが図 1.2 のような三角形として表しました。

　取引動機に基づく貨幣需要に関しては，現在あるいは近い将来における予想される財・サービス取引に関わっていますので，現在の価値を将来に移転する手段としての貨幣の機能（価値貯蔵手段）は必要がありません。しかし，貨幣が交換手段としての機能を発揮すれば，たとえ欲望の偶然の二重の一致

が成立していなくても，取引は行われ，わたしたちの効用が高まります。また，決済単位としての貨幣は，取引のために必要な情報や費用を軽減させます。したがって，交換手段と決済単位という貨幣の機能が，取引動機に基づいた貨幣に対する一般的受容性の根拠となります。

予備的動機に基づく貨幣需要は，将来における予想しない財・サービスの購買に関わっています。そのためには，交換手段のみならず，価値貯蔵手段としての貨幣の機能も必須になります。しかし，現在において取引の決済が行われるわけでありませんので，決済単位としての貨幣の機能は，明示的には必要とされません。

最後に，投機的動機に基づく貨幣需要に関しては，金融取引における決済の単位としての貨幣の機能に加えて，異時点間の価値移転のための手段としての貨幣（価値貯蔵手段）を前提にしています。

以下，個々の貨幣保有動機の内容についてみていきましょう。

○ 取引動機

取引動機に基づく貨幣需要は，予想された支出と収入の間の橋渡しをするために使われます。ここでは，取引需要に関するボーモルとトービンによる在庫モデルを説明します。2人の学者ボーモル（William Baumol；1922-）とトービン（James Tobin；1918-2002）が，独立に同様のモデルを発表しましたので，ボーモル=トービン・モデルと呼びます。

このモデルは，取引動機に基づく貨幣保有を企業の在庫保有と同じメカニズムで説明します。企業が在庫変動に伴って発生する費用を最小化するのと同じく，わたしたちは貨幣保有に伴う費用を最小化しているというわけです。

家計が今期 T だけの所得を銀行預金の形で保有しているとしましょう。この家計が今後，毎期一定量 C だけの消費を続けていきます。わたしたちが消費を行うには，現金が必要です。この制約のことを現金制約（cash-in-advance constraint）と呼びます。毎期 C だけの消費を行うために，家計は

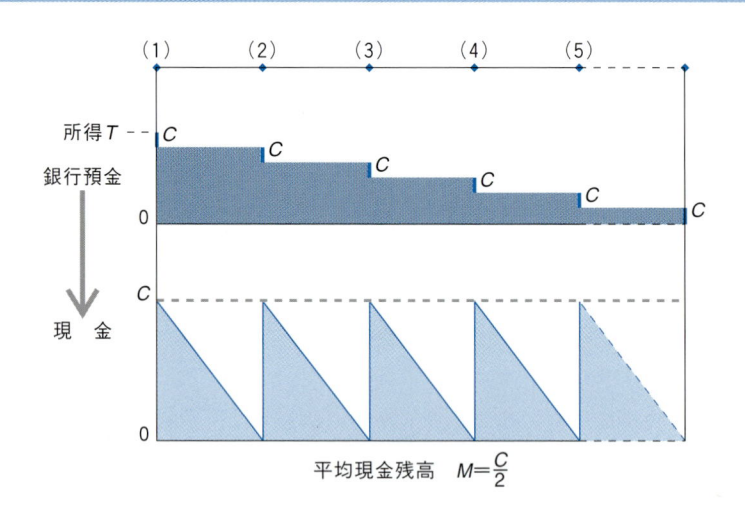

図中ラベル: (1) (2) (3) (4) (5)　所得 T　銀行預金　0　現金　C　0　平均現金残高　$M=\dfrac{C}{2}$

図1.3　ボーモル=トービン・モデル

銀行に足を運び，C だけ銀行預金を下ろし，現金の形で保有します。この現金に対する需要が，このモデルにおける貨幣需要です。家計は，毎期どれだけ消費するかを決めます。

　家計のスケジュールは，図1.3のとおりです。ある期間をとりますと，銀行へ行って預金を C だけ現金化し，一定の率で C を消費していきます。そして，現金がなくなると，また銀行に行くというスケジュールを繰り返します。

　このとき，家計が一期間を通して保有する平均の現金保有は，図1.3の三角形の面積 $\dfrac{C}{2}$ です。すべての期間について，同じ行動が繰り返されますから，全期間を通じた平均現金保有 M も，$\dfrac{C}{2}$ となります。

　家計の現金保有需要は，企業の在庫保有と同じく，保有にかかる費用を最小化するように決まります。家計の現金保有にかかる費用には，二種類あります。第一は，銀行に足を運んで現金化するのにかかる換金費用です。たと

えば，銀行までの足代，銀行の ATM 手数料，現金を持ち運ぶ際に強盗に襲われる危険性など，さまざまな費用がここに含まれます。1 回銀行に足を運ぶのにかかる費用を b としますと，合計で $\frac{T}{C}$ 回だけ銀行に行きますので，換金費用は $b \times \frac{T}{C}$ となります。

第二の費用は，現金を保有することによって失われる機会費用です。現金には利子が付きませんから，もし現金ではなく銀行預金の形で保有していれば得られたであろう銀行預金の利子率 i は，現金保有に伴う機会費用となります。全期間を通じた平均現金保有が $\frac{C}{2}$ ですから，機会費用は $i \times \frac{C}{2}$ です。

したがって，貨幣保有の総費用 K は，換金費用と機会費用の和となり，$K = \frac{bT}{C} + \frac{iC}{2} = \frac{bT}{2M} + iM$ に等しくなります。このとき総費用 K を最小とする平均現金残高と消費を求めるために，K を M で微分してゼロとおくことによって[5]，以下のようになります。

$$\frac{dK}{dM} = -\frac{bT}{2M^2} + i = 0$$

したがって K を最小にする最適な平均貨幣保有 M^*，最適な消費 C^* は，

$$M^* = \sqrt{\frac{bT}{2i}}$$

$$C^* = \sqrt{\frac{2bT}{i}}$$

となります。同じ解は，縦軸 K，横軸 M の図 1.4 からも，得られます。M に反比例する換金費用と M に正比例する機会費用との和である総費用 K は，ちょうど換金費用の曲線と機会費用の直線が交わる点において，最小化されます。

---

[5] この一階の条件は，費用の最小化だけでなく，最大化においても成立します。費用最小化のためには，二階条件 $\frac{d^2K}{dM^2} > 0$ が満たされていなければなりませんが，ここでは $\frac{d^2K}{dM^2} = \frac{bT}{M^3} > 0$ が成立しています。

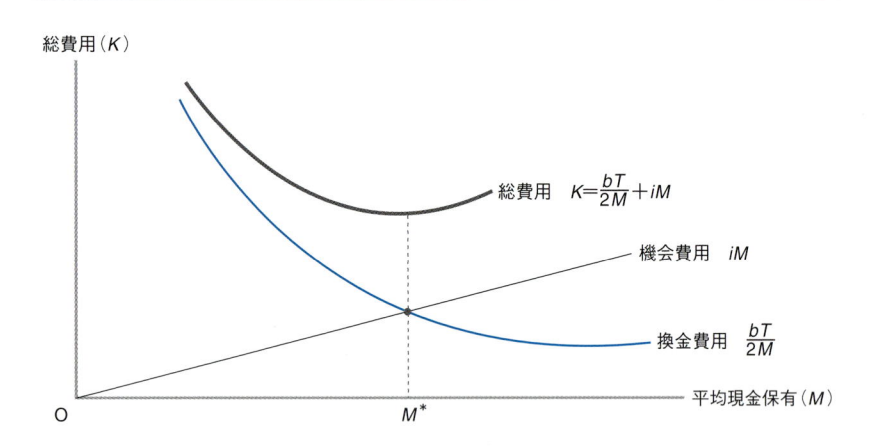

図1.4 貨幣保有の換金・機会費用（取引動機）

　こうして得られる最適な貨幣保有量 M^* は，初期における所得 T の平方根に比例し，銀行預金の利子率 i の平方根に反比例します。これらを**貨幣保有の平方根ルール**（square root rule）と呼びます[6]。すなわち所得 T が2倍になると，消費 C を一定にすると，銀行に行く回数が2倍に増え，換金費用が2倍になります。そこで，消費 C および貨幣保有 M を2倍に増やせば，換金費用を抑えられますが，貨幣保有の2倍の増加は，機会費用を2倍に上昇させます。したがって，所得の増加率よりも小幅な率だけ貨幣保有を増やすことが望ましいことになります。

　また，利子率が2倍になると，機会費用が2倍になるため，貨幣保有量を半分にすれば，機会費用の節約につながります。しかし，それでは換金費用が2倍になってしまうため，貨幣保有量を $\sqrt{\dfrac{1}{2}} \fallingdotseq 0.7$ 倍にするのが，費用最小化につながります。

---

[6] ボーモル=トービンのモデルに関する（討論・主題発見のための）設問1.5が章末にあります。

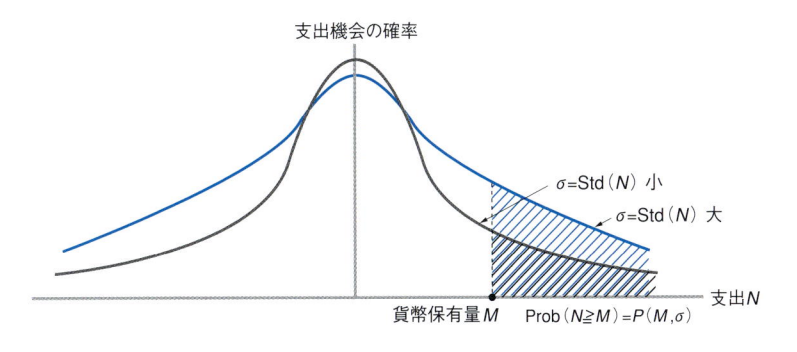

図1.5　確率的支出機会と予備的貨幣保有

○ 予備的動機

　突然の支出・思いがけない購買の機会に備えた予備的保有動機に基づく貨幣需要も，取引需要とあまり変わりはありません。ここでは，取引需要に関するボーモル=トービンのモデルを修正した一期間のモデルを用いて，貨幣の予備的需要を説明します。

　家計には思いがけない支出に直面する機会が存在するとします。その支出 N は，ある確率分布にしたがう確率変数です。家計が保有している貨幣 M が支出 N を賄うのに十分である確率 $\mathrm{Prob}(N \leqq M)$[7]は，貨幣保有量 M の値，および支出 N の標準偏差 $\sigma \equiv \mathrm{Std}(N)$[8]に依存すると仮定します。支出 N が貨幣保有量 M を越えてしまう確率 $\mathrm{Prob}(N \geqq M)$ は，

$$1 - \mathrm{Prob}(N \leqq M) = \mathrm{Prob}(N \geqq M) \equiv P(M, \sigma)$$

となります。

　図1.5からわかるように，M の値が大きくなると，$\mathrm{Prob}(N \geqq M) = P(M, \sigma)$

---

7) 記号 $\mathrm{Prob}(N \leqq M)$ は，確率変数 N が値 M より小さい確率（probability）を表します。
8) 記号 $\mathrm{Std}(N)$ とは，確率変数 N の標準偏差（standard deviation）を意味します。

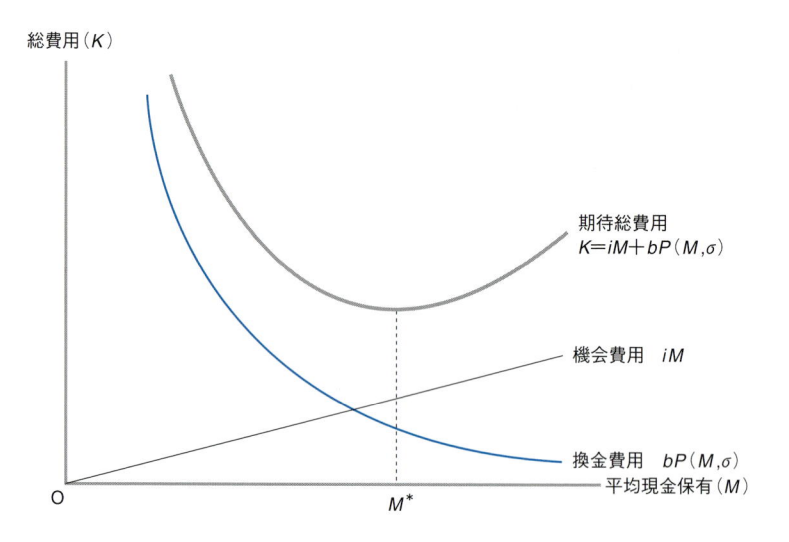

図1.6 貨幣保有の換金・機会費用（予備的動機）

は小さくなり，$\sigma \equiv \mathrm{Std}(N)$ が大きくなると（青色のグラフ），Prob $(N \geqq M) = P(M, \sigma)$ は大きくなります。

　このとき，家計が貨幣保有量 M を選択することに伴う費用は，確率変数である支出 N に関する予想に依存します。もし，支出 N が貨幣保有量 M よりも大きい場合には，家計は銀行に足を運んで，預金を現金化しなければならず，換金費用がかかります。逆に，支出 N が貨幣保有量 M よりも小さい場合には，家計に現金化の必要性はなく，換金費用は発生しません。こうして期待される換金費用 $b \times P(M, \sigma)$ と機会費用 iM の和である貨幣保有の期待総費用 $K = iM + bP(M, \sigma)$ を最小にするように，家計は貨幣保有量 M を決定します。

　貨幣保有量 M が大きくなると，支出 N が貨幣保有量 M を上回る確率 $P(M, \sigma)$ は低下しますので，換金費用は M の減少関数です。機会費用は，

M の増加関数です。したがって，取引需要の場合と同様にして，M の関数としての換金費用と機会費用の和である期待貨幣保有費用 K を最小化する最適な貨幣保有量 M^* が存在することがわかります（図 1.6）。

予備的動機に基づく最適な貨幣保有量 M^* は，支出 N の標準偏差 $\sigma \equiv \mathrm{Std}(N)$ と銀行預金の利子率 i に依存します。支出に関するばらつきが大きくなる（σ が上昇する）と，貨幣保有量 M では支出を賄えない確率 $P(M, \sigma)$ が高まるために，換金費用が上昇します。そこで換金費用を節約するためには，貨幣保有量を増加させなければなりません。しかし貨幣保有量 M の増加は，利子分だけ機会費用を上昇させます。一般に，換金費用を通じた影響が機会費用を通じた影響を上回るとしますと，σ の上昇に伴って最適な貨幣保有量 M^* は増加します。また利子率の上昇は，貨幣保有の機会費用を上昇させますので，取引需要と同じく，最適な貨幣保有量 M^* を減少させます。

○ 投機的動機

投機を目的とする金融取引における資産選択としての貨幣需要を，投機的動機に基づく需要（投機的需要）といいます。金融取引において，株や債券などの金融資産と比べて，貨幣は収益を生まない一方，流動性というメリットを有しています。

投資家が投機を目的として金融取引を行う際，適当な買いの対象が見つからない場合としましょう。もしも投資家に新たな情報が入り，買いの対象が今後出てくることが予想される場合，いまは収益を生まないけれども，流動性の高い貨幣の形で資産を保有しておくことは，有利です。なぜなら，たとえば株を保有している投資家が，新たな買いを行うのに，株を売らなければならないとすると，そのときの株価がいくらになっているかによって影響を受けるからです。貨幣であれば，確実に買いを行えます。こうした貨幣の流動性に対する需要を，流動性選好（liquidity preference）と呼びます。

流動性選好が金融資産の利子率に依存する点についてもう少し詳しく説明します。投資家が短期的売買による利益を目的とする投機を行っているとします。投機による収益率は，債券の現在および将来の市場価格に依存します。債券の現在の市場価格を P_t，将来の市場価格の予想を P_{t+1}^e，債券からの利払いや配当などのインカム・ゲインを q_t とすると，短期的売買による収益率は，

$$\frac{q_t + P_{t+1}^e}{P_t} - 1 = \frac{q_t}{P_t} + \frac{P_{t+1}^e - P_t}{P_t}$$

となります。右辺の1項目は，債券の名目利子率 i_t を表し，2項目は資産の価格変動による損益であるキャピタル・ゲイン（あるいはロス）率を表します。

名目利子率が流動性選好に与えるメカニズムには，2つあります。第一は，投資家の危険分散です。貨幣が安全資産であるのに対して，債券は危険資産です。債券価格 P_t の低下による債券の名目利子率 $i_t = \frac{q_t}{P_t}$ の上昇は，キャピタル・ゲイン $P_{t+1}^e - P_t$ に関するリスクの低下を意味するため，安全資産である貨幣に対する需要を減退させます。

第二は，投資家の予想の違いです。同じ投資家といえども，将来の債券価格の予想に関しては，千差万別です。強気筋の投資家は，キャピタル・ゲイン $P_{t+1}^e - P_t$ を大きく見積もるのに対して，弱気筋はキャピタル・ゲインを過小に評価し，キャピタル・ロスの可能性を考え，貨幣保有に向かいます。債券価格 P_t の低下による名目利子率 i_t の上昇は，キャピタル・ゲイン $P_{t+1}^e - P_t$ の上昇を意味しますので，弱気筋の投資家の割合が減少することによって，貨幣に対する需要を減退させます。

以上2つのメカニズムを通じて，名目利子率の上昇は貨幣の投機的需要を減少させます。

○ 貨幣需要の理論

このようにして貨幣の保有動機のうち，取引・予備的動機に基づく貨幣需要 L_1 は，実質所得 y と名目利子率 i とに依存するのに対して，投機的動機に基づく貨幣需要 L_2 は，名目利子率 i にのみ依存します。投機的動機までを含めた貨幣需要の理論は，流動性選好理論と呼ばれます。これらすべての動機に基づく貨幣需要を総合した（実質）貨幣需要関数 L は，次のようになります。

$$\frac{M}{P} = L_1(i, y) + L_2(i) = L(i, y)$$

名目貨幣保有量 M を一般物価水準 P で割った実質貨幣需要 $\frac{M}{P}$ は，名目利子率 i の減少関数 $\frac{\partial L(i, y)}{\partial i} < 0$，実質所得 y の増加関数 $\frac{\partial L(i, y)}{\partial y} > 0$ [9] です [10]。

〈フリードマンとケインズ〉

ここでは，貨幣需要に関する 2 つの大きな学説，貨幣数量説と流動性選好理論について，簡単な学説史を展開します。貨幣数量説の代表的な論客は，フリードマン（**Milton Friedman**；1912-），流動性選好理論のそれは，ケインズ（John Maynard Keynes；1883-1946）です。

17 世紀英国の自然法哲学者ジョン・ロック（John Locke；1632-1704）以来知られる貨幣数量説とは，一般物価水準は名目貨幣残高によって決定されるという考え方です[11]。その系譜を引くフィッシャー（Irving Fisher；1867-1947）は，1911 年の『貨幣の購買力』（*The Purchasing Power of Money*）に

---

9) 記号 $\frac{\partial L(i,y)}{\partial i}$, $\frac{\partial L(i,y)}{\partial y}$ は，貨幣需要関数 $L(i,y)$ をそれぞれ名目利子率 i，実質所得 y で「偏微分」する操作を表します。偏微分とは，複数ある変数（この場合，i と y）のうち，他の変数を固定させたまま一つの変数のみを微小に動かしたときに，関数値（この場合，$L(i,y)$）がどのように変化するかを調べる操作です。

10) 貨幣需要関数に関する（討論・主題発見のための）設問 1.6 が章末にあります。

11) 貨幣数量説に関しては，第 4 章「金融政策」4.1 節も参照して下さい。また，（討論・主題発見のための）設問 1.7 が章末にあります。

おいて，貨幣の流通速度（velocity）という概念を提出しました。彼は貨幣の流通速度 V は，名目貨幣残高 M の 1 単位が，何単位の名目所得 Py を生むかを表し，これを「金融制度を映す鏡」であると考えました。

$$V = \frac{Py}{M}$$

フィッシャーは，貨幣の流通速度 V の逆数 $k \equiv \dfrac{M}{Py}$ をマーシャル（Alfred Marshall）の k と呼び，それは慣習や金融制度が変わらなければ，一定の値であり，景気変動と無関係であるとしています。

それに異を唱えたのが，ケインズです。1936 年の『雇用，利子および貨幣の一般理論』（*The General Theory of Employment, Interest and Money*；以下『一般理論』）において，ケインズは，貨幣需要を上述したような取引動機，予備的動機，投機的動機に場合分けし，前二者に基づく実質の貨幣需要が所得の増加関数（+）であるのに対して，後者に基づく実質貨幣需要が名目利子率の減少関数（−）であると定式化しました。

$$\frac{M}{P} = L\,(\overset{+}{y},\ \overset{-}{i})$$

実質貨幣残高　　実質所得　名目利子率

それによると，貨幣の流通速度 V は，

$$V = \frac{Py}{M} = \frac{y}{L\,(y,\ i)}$$

となり，名目利子率 i によって表される景気と相関があることを示しました。景気がいいときには，インフレ率の上昇などによって，名目利子率が上昇し，逆に景気が悪いときには，名目利子率が低下します。名目利子率 i が上昇する（景気がよくなる）と，貨幣需要が減少し，流通速度 V は大きくなります。つまり，貨幣の流通速度は順循環的な（pro-cyclical）になります。

ケインズと同じ流動性選好理論の流れを引いているのは，先にモデルを説明したボーモルとトービンです。ケインズの場合分けにおいては，名目利子率に依存する貨幣需要は，投機的動機に限られるとされていたのに対して，彼らのモデルが示したのは，取引動機および予備的動機に基づく貨幣需要も，

利子率に依存するということでした。

一方，貨幣数量説は，1956 年のフリードマンによる *The Quantity Theory of Money : A Restatement* における「恒常所得仮説」によって息を吹き返しました。フリードマンの恒常所得仮説とは，貨幣需要が依存するのは，各期の所得そのものではなく，将来にわたって支払われると予想される恒常的な所得 y_p であるというものです。つまり，貨幣需要関数 L の中に入る変数は，変動の大きい所得 y ではなく，景気変動に左右されない，より安定した恒常所得 y_p です。

$$\frac{M}{P} = L(y_p)$$

この恒常所得仮説によれば，貨幣の流通速度 V は，ケインズやボーモル，トービンのように貨幣需要が名目利子率の減少関数であることを考えなくても，順循環的になることが説明できます。

$$V = \frac{y}{L(y_p)}$$
順循環的な流通速度

なぜならば，貨幣需要を決める恒常所得 y_p は景気のいいときには，実際の所得 y を下回り，貨幣需要が過小になり，逆に景気の悪いときには，y_p が y を上回り，貨幣需要が過大になります。よって，貨幣の流通速度 V は，順循環的になるわけです。

◯ フィッシャー方程式

貨幣需要が名目利子率の減少関数であることを説明しました。実質の貨幣残高であるにもかかわらず，それが名目の利子率によって影響されるのは，なぜなのか。そのことを説明する，先に出てきたフィッシャー教授の名前の付いた式があります。名目利子率と実質利子率との間の関係を表すフィッシャー方程式と呼ばれる式です。

表 1.5 名目利子率と実質利子率

時　点	$t=0$	$t=1$
物価水準	P_0	P_1
名目利子率	i	
1円の変化	1円 ⟶	$(1+i)$ 円
1円で手に入れられる数量	$(1+i)\dfrac{P_0}{P_1}$ ⟵	$\dfrac{1+i}{P_1}$
実質利子率	$(1+i)\dfrac{P_0}{P_1}-1$	

　そもそも，「名目」と「実質」の違いは，数量を評価するのに，前者は各時点における価格を，後者はある基準時点における価格を用いる点にあります。よって，実質利子率とは，名目利子率と異なり，利子にあたる数量を基準時点における価格で評価します。

　2時点 $t=0, t=1$ を考えます。各時点の一般物価水準を P_0, P_1 とします。名目利子率が i の資産を一期間保有することによって，元手である 1 円は，$(1+i)$ 円になります。$t=1$ 期において $(1+i)$ 円で手に入れることのできる数量は，$(1+i)/P_1$ です。この数量を基準時点 $t=0$ の価格で評価しますと，$(1+i)P_0/P_1$ 円となります。つまり，名目利子率が i の資産の実質利子率は，$(1+i)P_0/P_1-1$ です。

　実質利子率を r，インフレ率 $\dfrac{P_1}{P_0}-1$ を π で表しますと，

$$1+r=(1+i)\dfrac{P_0}{P_1}=\dfrac{1+i}{1+\pi}$$

が成立します。この関係をフィッシャー方程式と呼びます。r, i, π がゼロ

に近い値である場合，近似として

$$r = i - \pi$$

が成り立ちます。

先に説明した実質貨幣残高に対する需要の決定要因の一つは，名目利子率でした。実質貨幣需要を決めるのが名目利子率である理由は，名目利子率が，貨幣保有の機会費用になるからです。

貨幣と代替的な資産との間の資産選択の問題を考えます。実質単位の資産選択ですので，それぞれの資産を保有することから得られる実質収益率が問題となります。代替的な資産の名目利子率がi，実質利子率がrとします。一方の貨幣を保有する場合の名目収益率はゼロですが，実質収益率はマイナスのインフレ率（$-\pi$），つまりデフレ率になります。実質収益率で見て，貨幣保有の機会費用は，資産の実質利子率rから，貨幣の実質収益率であるデフレ率（$-\pi$）を引いたものになります。これは，フィッシャー方程式から，名目利子率iに等しいことがわかります。

1.3 流動性

先述しましたように，流動性とは，交換手段に変換できる容易さ，そのスピードを表します。流動性という貨幣の特質は，貨幣に価値貯蔵手段としての機能を与え，わたしたちに流動性選好をもたらします。この流動性というあいまいな概念について，ケインズの『一般理論』を題材にして理解を深めていきましょう。

ケインズの『一般理論』

　まず，ケインズ『一般理論』における「流動性」に関係する代表的な箇所を引用します。流動性選好理論の嚆矢(こうし)である『一般理論』において，ケインズが流動性についてどのように考えていたかは，金融論のみならず経済学史の観点からも，たいへん興味深い点です（以下，『雇用・利子および貨幣の一般理論』(塩野谷祐一訳，東洋経済新報社，1995年)からの引用です。文中の強調部分は著者が付けました)。

>　「彼［個人］が当期の所得からあるいは以前の貯蓄から蓄えた将来消費に対する支配力を，（中略）即時的，流動的支配力の形態（すなわち，貨幣またはそれに等しいもの）で保有することを欲するだろうか。それとも，彼は特定期間または不特定期間にわたって即時的支配力を手離す用意があるだろうか——その場合には，必要が起こったさい，特定財に対する繰り延べられた支配力を，財貨一般に対する即時的支配力に転換する条件［利子率］の決定は，これを将来の市場状態にゆだねなければならない。」（第13章，p.164）
>
>　「富を保有する手段としての貨幣に対して流動性選好が存在するためには欠くことのできない必要条件がある。この必要条件は，利子率の将来に関する不確実性，すなわち将来の各時点に成立するさまざまな満期についての利子率の複合体に関する不確実性の存在である。（中略）その上，債権を売買するための組織化された市場が存在する場合には，利子率の将来についての不確実性の存在から流動性選好が生じるもう一つの根拠がある。（中略）将来の利子率が市場によって想定されている率より高くなると信ずる個人は，実際に流動的な現金を保有する理由をもち，他方，それとは反対の方向に市場と意見を異にする個人は，長期の債権を購入するために短期の借入れをする動機をもつであろう。［債権の］市場価格は「弱気筋」の売りと「強気筋」の買いとが均衡する点において決定されるであろう。」（第13章，pp.166–168）

　貨幣保有の投機的動機に基づく流動性選好においては，将来の利子率の不確実性に関する個人の予想の違いが重要であることがわかります。

◯ 流動性の罠

ケインズは『一般理論』の中で,「貨幣当局が期間と危険を異にする債権に対して一定の利子率の複合体を確立する能力には若干の制約がある」(第15章, p.204) と述べています。その制約のひとつが, 流動性の罠 (liquidity trap) です。

> 「利子率がある水準にまで低下した後では, ほとんどすべての人が, きわめて低い率の利子しか生まない債権を保有するよりも現金の方を選好するという意味において, 流動性選好が事実上絶対的となる可能性がある。この場合には, 貨幣当局は利子率に対する効果的な支配力を失っているであろう。」(第15章, p.204)

このように流動性の罠とは, 名目利子率が十分に低いために, これ以上利子率が低下し, 債権価格が上昇することはまったく予想できない状況を指しています。そこは,「弱気筋」が完全に支配してしまい, 長期債権に対する需要が枯渇し, 流動性に対する選好が無限大になる状態です。また, 少しでも利子率が上昇し, 債権価格が低下すると, キャピタル・ロスのリスクが減少し, 強気筋が増勢してくることから, 流動性選好が大幅に低下します。つまり, 貨幣需要の利子弾力性が無限大となっていると考えられます。

◯ 資産バブル

貨幣の流動性は, 土地や株式などの投機的な取引によって発生してきた歴史をもつバブルと類似した性質をもっています。取引が永遠に続くという予想の連鎖が生じるからこそ貨幣が保有されるのと同じように, 土地や株式などが, より高い価格で売買されていくことが予想される結果, 資産バブルが生まれます[12]。ケインズの『一般理論』は,「土地」と貨幣との類似性について, 次のように指摘しています。

---

12) 資産バブルに関する(討論・主題発見のための)設問1.8が章末にあります。

> 「ある歴史的環境においては，土地の所有は富の所有者の心の中では高い流動性打歩［liquidity premium］によって特徴づけられていたことであろう。そして土地は生産および代替の弾力性がきわめて低いという点で貨幣に類似しているために，歴史上，土地を所有しようとする欲求が，利子率を過度に高い水準に維持する上で，現代において貨幣が演じているのと同じ役割を演ずる場合があったことは想像に難くない。」（第17章，p.23）

資産バブルは，あたかも流動性の罠の状態のように，投資家の間で土地や株式などの資産が永遠に取引され続けるという予想が支配し，資産のもたらす流動性に対する選好が絶対的となる場合に生じる現象です。

○ 地域通貨

同じく貨幣であっても，わたしたちの目にする法定通貨（fiat money）と異なり，顔の見える関係の中でしか流通することができない「地域通貨」が，近年，世界的に流行しています。著名な例として，2001年末，金融危機に陥ったアルゼンチンにおいて，日々の生活における交換手段として地域通貨が活躍しました。地域通貨は，一般的受容性を前提とはしていません。地域通貨のOrganizerは，通貨の番人である中央銀行ではなく，非営利団体（non-profit organization, NPO），地方公共団体，あるいはシンクタンクです。流行している背景には，グローバリゼーションの進行によって金融の不安定性が増す中でのセーフティネットの要求，または情報技術（information technology, IT）の急激な進展の裏側で失われた共同体意識の回復などがあり，地域内での繋がりとして利用されるケースが多いようです[13]。

地域通貨の具体的な提案としては，セルビオ・ゲゼル（Silvio Gesell；1862-1930）の「スタンプ付き貨幣」（『自然的経済秩序』）が有名です。これはケインズの『一般理論』の中でも，取り上げられています。そこではゲゼルの提案の利点についての解説のみならず，その欠陥についても指摘されています。

---

[13] 地域通貨に関する（討論・主題発見のための）設問1.9が章末にあります。

「有名な「スタンプ付き」貨幣という（中略）提案によると，政府紙幣（銀行貨幣の少なくともある種の形態のものにも，この提案が同じように適用される必要があることは明らかであるが）は保険カードと同じように，人々が郵便局で印紙を買って毎月それを貼付しなければ，その価値を保持することができない。もちろん，スタンプ料金は適当な額に定めることができる。（中略）スタンプ付き貨幣の背景をなす考えは健全なものである。もちろん，それを控え目な規模で実行に移す手段を見出すことは可能である。しかし，ゲゼルが取り上げなかった多くの困難がある。とくに，貨幣はそれに付随する流動性打歩をもつという点において唯一無二のものではなく，ただその程度が他の多くの財貨と異なっているにすぎず，貨幣の重要性は他のいかなる財貨よりもより大きな流動性打歩をもつことから生ずる，ということに彼は気づかなかった。したがって，もしスタンプ制度によって政府紙幣から流動性打歩が取り去られるとしたなら，一連の代用手段——銀行貨幣，要求払いの債務，外国貨幣，宝石，貴金属一般など——が相次いでそれにとって代わるであろう。」（第23章，pp. 357-358）

スタンプ付き貨幣の提案は，流動性の罠に陥った経済において，貨幣保有のコストを高めることによって，貨幣の流通を促す効力をもちます。しかし，流動性選好が絶対的である限り，スタンプ付き貨幣に代わる「流動性打歩」をもった手段が登場し，その資産バブルが発生する可能性があります。

本章のまとめ

1 多様な形態を有してきた貨幣ですが，3つの貨幣の機能（交換手段・決済単位・価値貯蔵手段）は，永遠不変です。

2 貨幣の機能と密接に関係する，貨幣の保有動機には，取引・予備的・投機的動機の3つがあります。

3 貨幣需要の理論は，フリードマンらによる貨幣数量説とケインズらによる流動性選好理論の系譜に大きく分かれます。

4 貨幣のもつ特質である「流動性」という概念は，ケインズをはじめ多くの学究を惹き付けてきました。

5 「流動性」は現代的問題，たとえば，名目利子率が十分に低い状態において，貨幣需要の利子弾力性が無限大になっている「流動性の罠」，土地などの資産が貨幣と同じく高い流動性をもつ状態である「資産バブル」，ゲゼルのスタンプ付き貨幣に代表され，金融危機に陥った国で交換手段として利用される，一般的受容性を有しない「地域通貨」などに関係する重要な概念です。

（確認・応用のための）問題[14]

1.1 3者3財の場合における「欲望の（偶然の）二重の一致」の例を考えなさい。

1.2 時給800円でアルバイトをしているAさんは現在，利子率が2%の銀行預金の形で100万円を保有しています。預金を引き出しに銀行へ行くのに30分かかります。このとき，Aさんの最適な平均現金保有額，消費額はそれぞれいくらか計算しなさい。

1.3 貨幣の定義（表1.2）におけるマネー・サプライの分類ごとに，日本のデータを使って，「貨幣の流通速度」の時系列（time series）グラフをExcelなどの統計ソフトを用いて描きなさい。順循環的か否かを確かめなさい。

1.4 「流動性」の定義を述べなさい。また，「流動性の罠」の状況について説明しなさい。

（討論・主題発見のための）設問

1.1 （**貨幣の歴史：歴史**）　固定された交換比率をもたない2つの金属の鋳貨が国家内で同時流通する「並行通貨」制度は，歴史上稀にしか観察されていません。ヒックス『経済史の理論』（新保博（訳），日本経済新聞社，1970年），ハイエク『貨幣発行自由化論』（川口慎二（訳），東洋経済新報社，1988年），黒田明伸『貨幣システムの世界史——〈非対称性〉を読む』（岩波書店，2003年）は，国際貿易や隔地間貿易に使用された「大」通貨あるいは貿易通貨と，一般的流通性の低い地方通貨との並存の歴史について述べています。これらの参考文献を読み，多元的な貨幣の存在する世界について理解を深めなさい。

---

14) ヒントと略解が本の末尾にあります。

1.2 （**貨幣の歴史：理論**）　「悪貨は良貨を駆逐する」という「グレシャムの法則」を非対称情報の下での人々の合理的な意思決定の結果として示した論文，Akerlof, George A. "The Market for 'Lemons': Quality Uncertainty and the Market Mechanism." *Quarterly Journal of Economics*, 84(3), 1970, pp.488-500. を読みなさい。

1.3 （**貨幣の機能：歴史**）　西欧において金や銀の貴金属が貨幣として最初に果たした機能は，「価値貯蔵手段」機能であったと考えられます。価値貯蔵手段として一般性を獲得した後，「交換手段」と「決済単位」機能を果たすようになってきました（ヒックス『経済史の理論』より）。しかし，中国では，印刷術の発明もあってか，「交換手段」として貴金属よりも紙幣の方が先に発達した独自の歴史をもちます。中国の紙幣の歴史について，Tullock, Gordon. "Paper Money–A Cycle in Cathay." *The Economic History Review* 9(3), 1957, pp.393-407. を読み学びなさい。

1.4 （**貨幣の機能：理論**）　「情報の(偶然の)二重の一致」が成立しない状況における交換手段としての貨幣が満たすべき条件を明らかにした Alchian(1977)の現代版といえる Kiyotaki, Nobuhiro and Randall Wright. "On Money as a Medium of Exchange." *Journal of Political Economy*, 97(4), 1989, pp.927-954. を読みなさい。

1.5 （**貨幣の保有動機：理論**）　「平方根ルール」を導くボーモル＝トービンモデルを一般均衡モデルにまで高めた Romer, David. "A Simple General Equilibrium Version of the Baumol–Tobin Model." *Quarterly Journal of Economics*, 101, 1986, pp.663-685. を読みなさい。

1.6 （**貨幣需要の理論：現状**）　90年代後半以降「流動性の罠」を経験してきた日本における貨幣需要関数をデータを使って推定し，利子（準）弾力性を計測しなさい。貨幣需要関数は，被説明変数として実質貨幣残高（名目貨幣残高（貨幣の定義を参照）を一般物価水準で割る）の対数変換値，説明変数として名目利子率（コール・レート）の原数値と実質所得（実質GDP）の対数変換値を用いるのが一般です。推定期間をずらし，90年代後半における利子（準）弾力性の大きさをそれ以前の数値と比較してください。

1.7 （**貨幣需要の理論：歴史**）　経済史家マーク・ブローグ（Mark Blaug）教授らの *The Quantity Theory of Money :From Locke to Keynes and Friedman*（M. Blaug, W. Eltis, D. O'Brien, D. Patinkin, R. Skidelsky, and G. E. Wood. Edward Elgar. 1995）は，貨幣数量説の歴史について，マネタリズム・ケインジアン双方の立場からまとめられた歴史書です。単純に見える貨幣数量説のもつ重層的な歴史について学びなさい。

1.8　(流動性：現状)　日本の80年代後半から90年代初頭にかけての株式・土地の「資産バブル」が当時の人々にもたらした心理的状況について，日本経済新聞社編『犯意なき過ち』(日本経済新聞社，2000年)を読み，追体験しなさい。

1.9　(流動性：現状)　日本における地域通貨の拡がりについて，西部忠『地域通貨を知ろう』(岩波ブックレット No.576, 2002年)と坂本龍一・河邑厚徳『エンデの警鐘「地域通貨の希望と銀行の未来」』(NHK出版，2002年)を読み実感しなさい。

第 2 章

銀　行

　いまではリスクが低いと思われている銀行ですが，成り立ちから，リスクの高い産業だということがわかります。銀行が歴史的に獲得してきた2つの機能，資金決済と資金仲介に関して，理論モデルを用いて理解していきましょう。そこでは，①銀行がリスクをとることによって，わたしたちの効用が高まっており，②銀行による委任された監視が効率性を保つためには，貸出の分散化が必要であることがわかります。最後に，銀行の現在について，メイン・バンク制，公的金融，グローバリゼーションの側面から見ていきます。

○ KEY WORDS ○
市場，資金決済（流動性供与）機能，
資金仲介（情報生産）機能，流動性リスク，
要求払い預金，銀行取付け，ナロー・バンク論，
モラル・ハザード，委任された監視，預金契約，
貸出の分散化，メイン・バンク，カウベル効果，
グローバリゼーション

2.1 成り立ち

「銀行」とは何か，その成り立ちについて，序章で紹介したジョン・ヒックスの『貨幣と市場経済』(花輪俊哉・小川英治訳，東洋経済新報社，1993 年) に従って見ていきましょう。ヒックスの説明は，「市場が貨幣を作る」というものです。ここでの「貨幣」とは銀行貨幣，すなわち預金通貨を意味します。「市場」が，商業部門内での信用に基づいた取引によって閉じていた時代においては，個々の取引の決済は，ある期間後に一定の金額を支払うことを約する手形に依っていました。商業部門内での手形による決済業務を専門に扱ったのが，「銀行」です。銀行は小口で短期間しか保有されない「預金」を受け入れることによって，預金口座間での資金移動による決済である，「振替」を可能にしました (図 2.1 [1])。

ところが，「市場」が商業部門以外の部門にまで拡大すると，信用に基づく取引は成立しません。そのため，決済の仕方が，手形から現金へと変化してきます。現金決済が前提になりますと，今まで発行されてきた手形を支払期日前に現金に換えるという，割引く (discount) 業務が発生します。その際銀行は割引料という収入を得ることができるのですが，このような「手形割引」を専門とする「為替ディーラー」業務が起こり，取引量が増加したため，銀行には現金を大量に保管する必要が生じ，「現金保管業務」が起こりました。銀行が果たすこれらの資金の決済に関わる機能のことを，「資金決済機能」と呼びます (図 2.1 [2])。

さらに，「銀行」は手形割引のために必要な資金以上を保有しなければならなかったため，余分な資金を手形市場の外部の借り手に対して貸し付ける業務を始めました。これを，銀行の「資金仲介機能」と呼びます (図 2.1 [3])。

このようにヒックスによると，商業部門からその他の部門へと「市場」が拡大することによって，手形決済のための預金・振替，手形割引，そして貸

1 民間商業部門内での手形決済業務

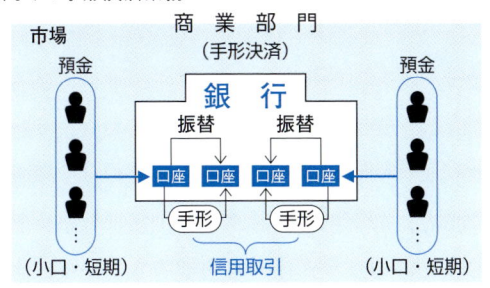

2 手形を割り引く為替・ディーラー業務

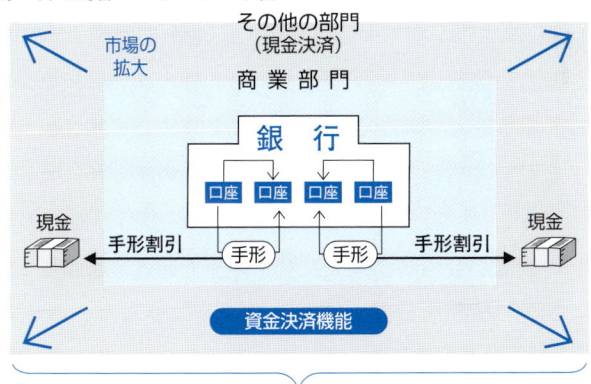

3 外部の借り手への積極的な貸し付け

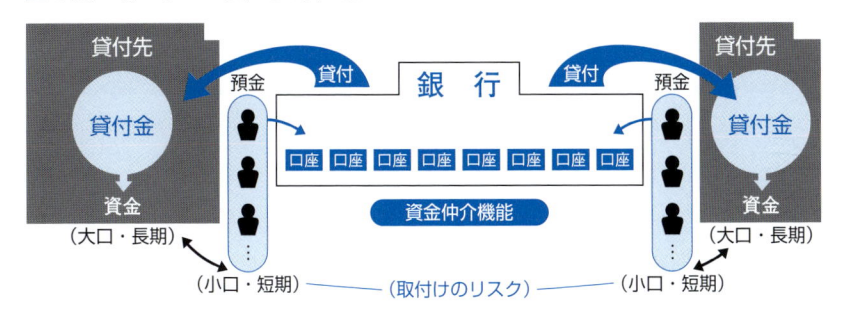

図2.1　銀行の機能の進化

出へと「銀行」の機能が進化してきたことがわかります（図2.1を参照）[1]。資金決済機能は，預金者に対する「流動性供与機能」とも，資金仲介機能は，企業の投資プロジェクトに関する信頼できる情報を創造する「情報生産機能」とも呼ばれます。

「貸出」は通常，大口かつ長期にわたるものです。そのため，小口・短期の預金を受け入れ，大口・長期の貸出を行う銀行には，預金者が預金の払戻しを求めて殺到すると，即座には応じきれず，常に「銀行取付け」が発生するリスクが存在します。つまり，成り立ちそのものから，銀行を始めとする金融機関は，リスクの高い産業といえます。取付け騒ぎが頻発した大恐慌（第9章で詳述します）からもわかるように，金融監督によって護られなければならないほど，銀行はリスクが高く，公共性の高い機能を果たしています（この点は，第5章「プルーデンス政策」で詳述します）。

そのリスクを軽減するためのさまざまな方策が考案され，実施されてきました。その一つが，「ナロー・バンク論」です。これは，銀行の直面するリスクは，同一の機関が資金決済機能と資金仲介機能とを兼ねることから生じているので，2つの機能を分離し，別々の機関に委ねるという考え方です（詳しくは次節で後述します）。

2.2　機　能

銀行が資金決済機能および資金仲介機能を有していることを，その成り立ちから確認しました。次に，これらの機能について，銀行に関する代表的なモデルを使って説明していきます。

なお，ここで取り上げるモデルは，第5章でも利用しますので，少しレベルが高いですが，大まかにでも理解してください。以下，個人の効用最大化

---

1) 銀行の成り立ちに関する（討論・主題発見のための）設問2.1が章末にあります。

の問題について数式を用いて説明します。たとえば

$$\max_{(x)} F(x)$$
$$s.t. \ y = G(x)$$

は,「目的関数 $F(x)$ を制約条件 $y = G(x)$ の下で($s.t.$ は subject to(〜に従って)の略),変数 x に関して最大化する」ことを意味する記号です。まずは慣れることが大切です。

◯ 資金決済機能

　資金決済機能(あるいは流動性供与機能)について説明するのに,ダイヤモンドとディビッグ(Diamond=Dybvig, 1983)[2]のモデルを用います。銀行のもつ流動性供与機能とは,家計がいざ流動性を必要とするときに,いつでも引き出すことができる資産を保有しておけるように,銀行が要求払い預金(demand deposit)を提供することを意味します。以下では流動性のリスクに対する家計のリスク・シェアリング(risk sharing)について,①金融取引がない場合,②観察される情報(public information)に基づいて金融取引がなされる場合,そして③銀行の要求払い預金がある場合,それぞれのケースについて最適なリスク・シェアリングと比べながら説明していきます。

〈生産技術と流動性リスク〉

　モデルの設定は以下の通りです。0期,1期,2期の3期間を生き,0期に初期賦存量として1だけの資産をもつ個人が,期待効用を最大化するように行動します。このとき,個人が生産のために投資することのできる技術には,1期間に確実に1だけのリターンを保証する価値保蔵技術と,2期目に $R > 1$ だけのリターンを与えますが,もし1期目に生産を中断する場合にはリターン(L)がディスカウントされる($L < 1$)非流動生産技術の2種類

---

2) Diamond, Douglas W. and Philip H. Dybvig. "Bank Runs, Deposit Insurance, and Liquidity." *Journal of Political Economy*, 91, 1983, pp.401–419.

図2.2　生産技術

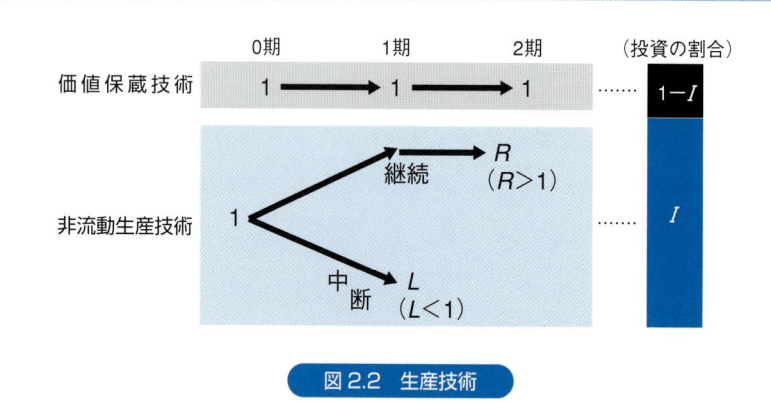

があります（図2.2）。個人による非流動生産技術に対する投資の割合をI，価値保蔵技術に対する投資の割合を$1-I$とします。

　個人には2種類のタイプが存在し，1期目に消費してしまうタイプ1と2期目まで我慢して消費しないタイプ2がいます（1期目に何かすぐにお金が必要になることが起きる場合のことをタイプ1と考えてもかまいません）。しかし，個人がどちらのタイプなのか，1期目になって初めてわかり，0期の段階では確率的にしかわかりません。タイプ1である確率がπ_1，タイプ2である確率が$\pi_2 = 1-\pi_1$です。しかも，個人がどちらのタイプであるのかは，私的な情報（private information）であり，公的に観察される情報（public information）ではありません。この0期において個人のタイプがわからないという事前（ex ante）のリスクを「流動性リスク（liquidity risk）」と名付けます。あくまで私的な情報ですので，事後的に観察される情報に基づいて保証が行われる保険契約を事前に結ぶことによって，個人はこの流動性リスクをシェアすることはできませんので，uninsurable risk あるいは idiosyncratic risk とも呼ばれます。

　いま，個人の1期，2期における消費をそれぞれC_1，C_2，将来実現する価格を現在の価値に変換する時間選好率を$\overset{\text{ロー}}{\rho}$とします。個人の効用関数

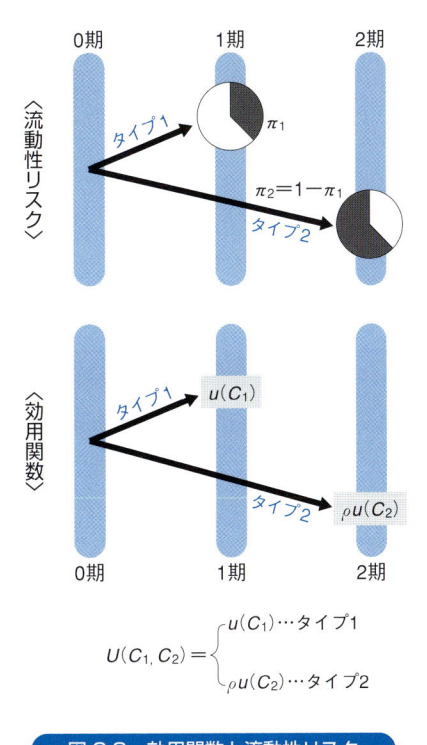

図2.3 効用関数と流動性リスク

$U(C_1, C_2)$ は0期の時点では事前的に同一ですが，1期目には個人のタイプによって図2.3のように異なってきます。すなわち，タイプ1は1期に消費を行い，タイプ2は1期は消費を我慢して2期に消費を行います。

また，時間選好率，効用関数は，次の性質を満たしていると仮定します。

$$R^{-1} < \rho \leq 1$$
$$\frac{-cu''(c)}{u'(c)} > 1$$

上の条件の意味は，後ほど明らかになります。下の条件は，$cu'(c)$ が c の減少関数であることを表します[次頁3]。

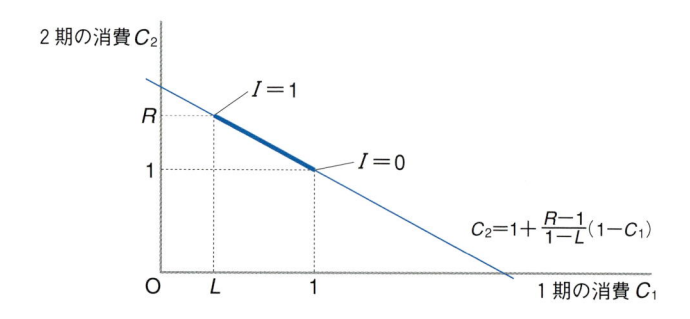

図 2.4 予算制約式（金融取引のないケース）

〈金融取引のないケース〉

　まず，資金貸借や債券売買など金融取引が一切存在しない場合に，個人がどのような選択を行うかについて考えてみましょう。1期目になってはじめて判明するタイプが，1あるいは2である場合，個人の予算制約式はそれぞれ

$$C_1 = (1-I) \times 1 + I \times L = 1 - I(1-L),$$
$$C_2 = (1-I) \times 1 \times 1 + I \times R = 1 + I(R-1),$$
$$0 < I < 1$$

となり，2つの生産技術への投資割合が制約されます。つまり，C_1, C_2 の2つの式から I （非流動生産技術への投資割合）を消去して得られる予算制約式

$$C_2 = 1 + \frac{R-1}{1-L}(1-C_1)$$

---

3) $cu'(c)$ が c の減少関数であるとは，
$$\frac{dcu'(c)}{dc} < 0$$
を意味します。左辺は，$u'(c) + cu''(c)$ ですので，
$$\frac{-cu''(c)}{u'(c)} > 1$$
が成り立ちます。

および $0 < I < 1$ より導かれる2つの不等式

$$L < C_1 < 1,$$
$$1 < C_2 < R$$

を満たすように、個人は効用最大化を図ります（図2.4の太線に対応）。

〈観察される情報に基づく金融取引のあるケース〉

　流動性リスクは私的な情報であるために、保険契約によって完全なリスク・シェアリングはできませんが、観察される情報（public information）に基づいた金融取引がなされる場合について考えます。ここでの観察される情報は、非流動生産技術から得られるリターンです。非流動生産技術のリターン R に対する請求権を表す金融資産として、1期間後に1単位のリターンを約束する債券（bond）を想定しましょう。もし個人がタイプ1であることが1期目に判明する場合、この債券を売却することによって流動性を確保し、消費することが可能になります。いま、2期目に1単位のリターンを与える債券の1期目における価格を P とします。

　このとき、個人はタイプ1であることが判明する場合には債券を売却しますので、個人の予算制約式は、

$$C_1 = (1-I) \times 1 + I \times P \times R = 1 - I(1-PR),$$
$$0 < I < 1$$

となります。

　一方、個人がタイプ2である場合には、非流動生産技術への投資割合以外の $(1-I)$ だけを1期での債券購入に充てますので、予算制約式は、

$$C_2 = \frac{1-I}{P} \times 1 + RI = \frac{1}{P} + I\left(R - \frac{1}{P}\right),$$
$$0 < I < 1$$

となります。

　個人は0期において自らのタイプを予想しながら、以下の式で表される期待効用を最大化するように、投資割合 I を決定します。

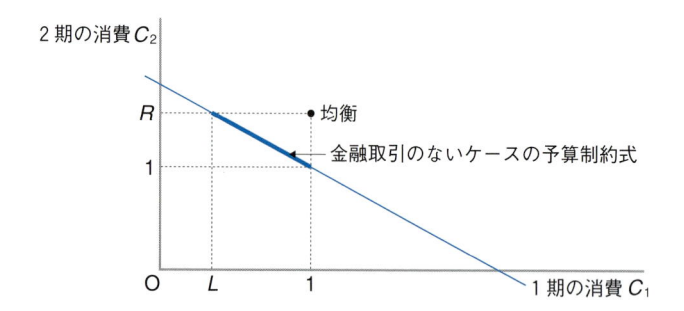

図 2.5　効用最大化（観察される情報に基づく金融取引のあるケース）

$$\max_{\{I\}} U = \pi_1 u(C_1) + \pi_2 \rho u(C_2)$$
$$s.t. \ C_1 = 1 - I(1 - PR)$$
$$C_2 = \frac{1}{P} + I\left(R - \frac{1}{P}\right)$$

この最大化問題の解法の手順は，まず C_1, C_2 の式を効用関数に代入して，

$$U = \pi_1 u[1 - I(1 - PR)] + (1 - \pi_1)\rho u\left[\frac{1}{P} + I\left(R - \frac{1}{P}\right)\right]$$

を得ます。次にこの関数を選択する変数 I で微分してゼロとおくことにより，

$$\left(R - \frac{1}{P}\right)[\pi_1 P u'(c_1) + (1 - \pi_1)\rho u'(c_2)] = 0$$

を得ます。この式の2項目の [ ] 内は必ず正の値をとりますので，

$$P = \frac{1}{R}$$

が成立します。最後に，この式を予算制約式に代入して，

$$C_1 = 1, \ C_2 = R$$

が均衡として得られます（図 2.5 を参照）。

　この均衡は金融取引が存在しないケースの予算制約式よりも，必ず右上の領域にあります。したがって，均衡においては，1期，2期の消費とも，金

融取引のないケースに比べて等しいかあるいは上回り、パレート改善（Pareto improving）しています。

〈最適なリスク・シェアリング〉

ここで、流動性リスクが存在する場合における最適なリスク・シェアリングの状態を想定します。たとえ流動性リスクが存在しても、あたかもリスクが存在しないかのように、1期に C_1、2期に C_2 だけ消費することが可能である状態です。

その場合、最適なリスク・シェアリングのために0期の時点において決定される消費の組合せ (C_1^*, C_2^*) は、

$$\max_{\{C_1, C_2\}} U = \pi_1 u(C_1) + \pi_2 \rho u(C_2)$$

$$s.t. \quad \pi_1 C_1 + \pi_2 \frac{C_2}{R} = 1$$

を解くことによって得られます。予算制約式を C_2 について解いた式

$$C_2 = \frac{R}{1-\pi_1}(1-\pi_1 C_1)$$

を効用関数に代入した式

$$\pi_1 u(C_1) + (1-\pi_1)\rho u\left[\frac{R}{1-\pi_1}(1-\pi_1 C_1)\right]$$

を C_1 で微分してゼロとおくと、

$$\pi_1[u'(C_1) - \rho R u'(C_2)] = 0$$

が得られます。その結果、$\dfrac{u'(C_1^*)}{u'(C_2^*)} = \rho R$ を満たす消費の組合せが最適なリスク・シェアリングを達成します。

先の観察される情報に基づく金融取引のある場合の均衡 $C_1 = 1$、$C_2 = R > 1$ は、上の予算制約式 $\pi_1 C_1 + \pi_2 \dfrac{C_2}{R} = 1$ を満たします。ところが、先の均衡 $C_1 = 1$、$C_2 = R > 1$ は、最適なリスク・シェアリングの条件 $\dfrac{u'(C_1^*)}{u'(C_2^*)} = \rho R$ を満たさず、$\dfrac{u'(1)}{u'(R)} > \rho R$ となります。なぜなら、先の仮定

$\dfrac{-cu''(c)}{u'(c)} > 1$ より，$cu'(c)$ が c の減少関数であり，また仮定 $R^{-1} < \rho \leq 1$ より，$1 < \rho R \leq R$ であることから，$Ru'(R) < 1 \times u'(1)$ が成立し，

$$\rho Ru'(R) < \rho u'(1) \leq u'(1)$$

が導かれるからです。

観察される情報に基づく金融取引がある場合，1期の消費を増加させ，2期の消費を減少させていくと，最適なリスク・シェアリング（C_1^*，C_2^*）に近づきます（$1 < C_1^* < C_2^* < R$）。このように，流動性リスクそのものが私的な情報であるために，観察される情報に基づく金融取引によっては，完全なリスク・シェアリングを行うことは不可能です。

〈要求払い預金のあるケース〉

ここで，以下のような要求払い預金（demand deposit）のサービスを提供する銀行を導入しましょう。このときはじめて，通常の金融取引では達成することができない最適なリスク・シェアリングが，「いい均衡」（good equilibrium）として実現する可能性が出てきます。

いい均衡をもたらすのは，次のような条件を満たす要求払い預金の存在です。預金が，0期に預けられた1単位について，1期目に取り崩した預金者に対しては，固定利子 $r_1 (>1) = C_1^*$，2期目まで保有する預金者には，$\dfrac{R(1-r_1\pi_1)}{1-\pi_1} = C_2^*$ を支払うとします。この預金契約は，最適なリスク・シェアリングの場合の予算制約式

$$\pi_1 C_1 + \pi_2 \dfrac{C_2}{R} = 1$$

を満たします。また，事後的にタイプ1であるとわかる個人は事前に，$1 < C_1^*$ より，価値保蔵技術より預金契約の方を選びます。また，タイプ2の預金者は，1期目に預金を下ろし，価値保蔵技術に投資しても2期目に C_1^* しか得られませんから，$C_1^* < C_2^*$ より，2期間預金を保有し続けます。結局，タイプ1，タイプ2とも，最適なリスク・シェアリングを実現することができます。

しかしながら，銀行の要求払い預金が存在する場合，均衡は最適なリスク・シェアリング（C_1^*, C_2^*）である「いい均衡」だけではありません。個人の期待いかんでは，均衡において銀行取付け（bank run）が生じる「悪い均衡」もあります。ダイヤモンドとディビッグが着目したのは，正しくこの点です。

いま，ある個人が預金を1期目に引き出すと他の個人が予想するとしましょう。もしすべての個人が同じような期待を抱く場合には，預金の総引き出し額は r_1（> 1）となり，1期目における銀行の流動価値（liquidation value）である1（0期目に1の資産をすべて価値保蔵技術に投資する場合のリターン）を上回ってしまい，銀行が倒産してしまいます。その場合，すべての預金者に預金の元本が保証されるわけではありませんので，すべての預金者が一刻も早く銀行預金を引き出しに行く行動，つまり「取付け」が生じることになります。

〈ナロー・バンク論〉

それでは，銀行に特有な現象である取付けのリスクを回避する方法はないのでしょうか。一つの提案として，ジェームス・トービン，ロバート・ライタン（Robert Litan；1950–）が唱えたナロー・バンク（narrow bank）論と呼ばれる主張があります。

そもそも銀行取付けが生じる可能性があるのは，銀行の資産と負債の満期（maturity）構成が一致していないからです。短期で小口の預金を受け入れ，長期で大口の貸出を行うのは，成り立ちからして，銀行の本来の姿です。ところが，ナロー・バンク論は，要求払い預金の提供に見られる資金決済機能と，貸出による資金仲介機能とを分離し，銀行から取付けのリスクをなくすことを主張します。日本でも，コンビニエンス・ストアなどにATMを置くセブン銀行など，資金決済機能に特化した銀行が生まれつつあります。

預金の利子として毎期（C_1, C_2）を支払うとしますと，ナロー・バンクは，価値保蔵技術に対する投資割合 $1-I$，非流動生産技術への割合 I について，

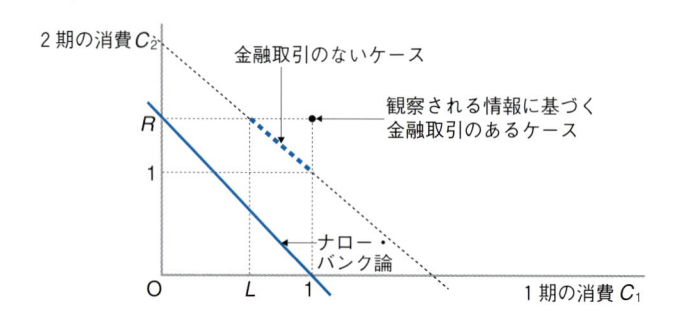

図2.6 予算制約式（ナロー・バンク論）

$$C_1 \leq 1-I,$$
$$C_2 \leq RI,$$
$$0 < I < 1$$

つまり，$C_1 + \dfrac{C_2}{R} \leq 1$，$0 < C_1 < 1$，$0 < C_2 < R$ を満たさなければなりません（図2.6参照）。

そのため，個人の選択可能な消費の組合せ（図2.6の実線）は，観察される情報に基づく金融取引があるケース（図2.6の点）はもちろん，金融取引が存在しないケース（図2.6の点線）に比べても劣ることになり，パレートの意味で経済厚生が低下することは明らかです。ナロー・バンク論によれば，銀行という制度が内包する取付けのリスクを回避するために，個人の効用を犠牲にすることになります[4]。

◯ 資金仲介機能

銀行の2番目の機能である資金仲介機能（あるいは情報生産機能）について，ダイヤモンド（Diamond, 1984）[5]のモデルに沿って説明します。ダイヤモンドのモデルは，銀行と資金の貸し手との関係をプリンシパル–エージェ

ント(principal-agent)の関係(たとえば,患者と医者,被告と弁護士などの関係と同じく,プリンシパル(依頼人)は直接に行動することができないので,エージェント(代理人)に見返りを与えながら行動を任せ,プリンシパルの利益を図るという関係を指します)として分析しました。企業の投資プロジェクトに対する融資を監視(monitoring)する場合,そのプロジェクトへの資金の貸し手が個々に監視する場合には,社会的に見ると多大の審査コストがかかってしまい,非効率です。プリンシパルである資金の貸し手は,銀行というエージェントを通して企業への貸出を行い,銀行に監視を委任すること(delegated monitoring)によって,コストを最小化するのが,望ましいことになります。問題は,銀行が正しく監視しているかどうかを監視すること(monitoring the monitor)ができるかどうかです。実は,銀行と貸し手との間の預金契約(deposit contract)によって,それを達成することができます。

〈委任される監視〉

投資プロジェクトのために1単位の資金を必要としている同質的な企業がn社あるとします。プロジェクトから得られるキャッシュ・フロー$\tilde{y}$は,企業ごとに独立に決まり,同じ分布に従う確率変数ですが,資金の貸し手には観察不可能であるとします。その場合,企業の投資行動には,情報の非対称性に伴うモラル・ハザード(moral hazard)の問題(プリンシパルとエージェントの間に,エージェントの行動に関して情報の非対称性が存在する場合,エージェントが自己の利益のためにプリンシパルの利益に反する行動をとる可能性があること)が生じます。

企業のモラル・ハザードの問題を貸し手が回避するための方策として,2つ選択肢があります。コストKをかけて企業を監視する(monitor)か,非

---

4) 資金決済機能に関する(討論・主題発見のための)設問2.2が章末にあります。
5) Diamond, Douglas W. "Financial Intermediation and Delegated Monitoring." *Review of Economic Studies*, 51(3), 1984, pp.393-414.

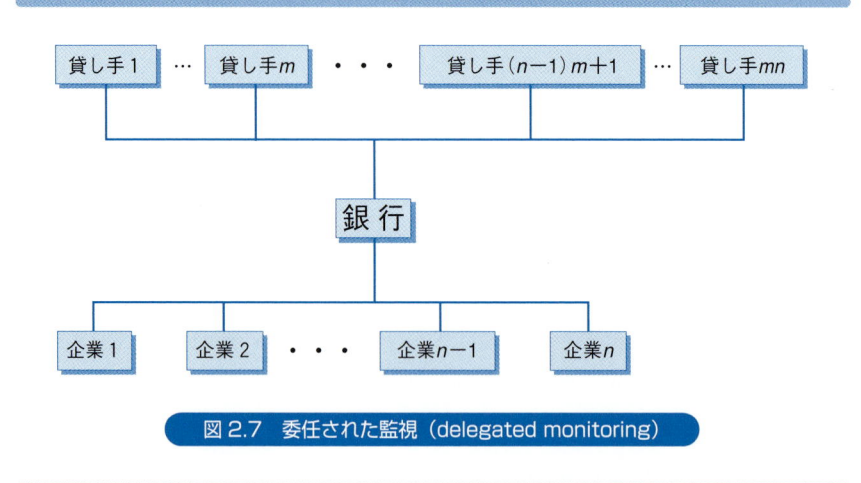

```
貸し手1 … 貸し手m  ・・・  貸し手(n−1)m+1 … 貸し手mn
                        銀 行
企業1   企業2   ・・・   企業n−1   企業n
```

図 2.7　委任された監視（delegated monitoring）

金銭的コスト C をかけて債務契約（debt contract）を組むか，どちらかです。ここでは，債務契約のコスト C は外生的であり，監視コストと債務契約コストの関係が $K<C$ であると仮定します。この場合，個々の貸し手にとっては監視する方が効率的です。

資金の貸し手は，それぞれ $\frac{1}{m}$ 単位の資金しかもたない個人投資家で，すべての企業の投資プロジェクトがファイナンスされるように，全部で $m\times n$ 人いるとします。個々の貸し手が直接企業に貸し出す場合には，合計で $mn\times K$ だけの監視コストがかかります。

ここで，1つの銀行が現れるとしましょう。この銀行が各投資家から委任され，各企業を監視する役割（委任された監視，delegated monitoring）を果たしますと，発生する総コストは $1\times nK$ ですむことになり，より効率的になります（図 2.7）。しかし，銀行が監視の結果を偽りなく報告し，企業への貸出によって得るキャッシュ・フローを正しく公表するかどうかという誘因両立性（incentive compatibility）の問題（契約によってプリンシパルの利益を最大化するようにエージェントの行動を誘引するための条件）が残ります。誘因両立性のために貸し手が直接監視を行うのは，非効率的です。こ

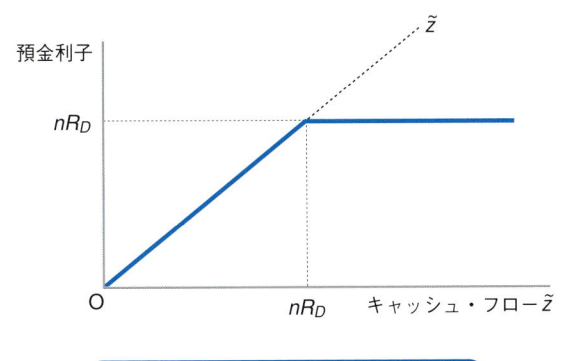

図2.8 誘因両立性を満たす預金契約

れから示しますように、銀行と貸し手との間で次のような預金契約（deposit contract）を結ぶことが、効率的な方法になります。

以下の条件を満たす預金契約を考えます。銀行は預金者に対して、$\frac{1}{m}$単位の預金につき利子$\frac{R_D}{m}$だけの支払いを約束します。しかし、企業への貸出から得るキャッシュ・フローとして銀行が公表する額$\tilde{z}$が、銀行による預金に対する総支払い額nR_D $(= mn \times \frac{R_D}{m})$よりも少ない場合には、銀行は解散させられ、資産を没収されます（liquidation）。このような預金契約は、非金銭的なペナルティ・コストと組み合わせれば、貸し手へ直接に（direct）かつ正直に（truthful）キャッシュ・フローを報告するように銀行を仕向けることができ、誘引両立性の問題を解決することができます。なぜなら、いかなるキャッシュ・フローを報告するにしても、銀行にかかるコストは一定（R_D）であるとすることができるので、偽りの報告を冒しても銀行は何も得られないからです（図2.8）。

銀行が正直にキャッシュ・フローを報告する結果、銀行が得られるキャッシュ・フローは、プロジェクトから得られるキャッシュ・フローから銀行の監視コストnKを差し引いた$\tilde{z} = \sum_{i=1}^{n} \tilde{y}_i - nK$となります。貸し手が危険中立

的（risk neutral）であるとしますと，リターンの期待値のみに基づき意思決定が行われます。代替的な外部の投資機会から得られるリターン R を所与として，貸し手は次のような裁定（arbitrage）を行います。

$$E[\min(\sum_{i=1}^{n}\tilde{y}_i - nK,\ nR_D)] = nR$$

ここで min( ) は ( ) 内の最小のものを求める，ということを表します。左辺は銀行が解散するリスクを考慮して期待される預金から得られる貸し手のリターン，右辺は外部の投資機会からの安全なリターン（企業数×リターン）です。いままで外生的であると考えていた債務契約のコスト C は，銀行の解散によるコストを意味し，

$$C = E[\max(nR_D + nK - \sum_{i=1}^{n}\tilde{y}_i,\ 0)]$$

によって表されます。このとき，銀行に発生する期待コストは預金利子と債務契約のコスト C の和

$$E[\min(\sum_{i=1}^{n}\tilde{y}_i - nK,\ nR_D)] + E[\max(nR_D + nK - \sum_{i=1}^{n}\tilde{y}_i,\ 0)] = nR_D$$

となり，銀行から融資を受けた企業のキャッシュ・フロー総額 $\sum_{i=1}^{n}\tilde{y}_i$ にかかわらず一定となり，委任された監視を行う銀行の誘因両立性が満たされます。

〈貸出の分散化〉

それでは，先の委任された監視が効率的であるための条件は満たされるのでしょうか。委任された監視が，貸し手による直接貸出と比較して効率的であるということは，

$$nK + C < nmK$$

が満たされることに等しくなります。この不等式の両辺を n で割ると，$K + \dfrac{C}{n} < mK$ が得られます。$\lim_{n \to \infty} \dfrac{C}{n} = 0$ であれば，$m > 1$ より，上の不等式が満たされます。貸出先の企業数 n を大きくするということは，銀行が貸出を分散化（diversification）するということです。銀行の貸出の分散化は，

委任された監視が効率的であるための十分条件になるわけです。

銀行は貸出を分散化させることによって，平均値が理論的な期待値に近づくという**大数の法則**（law of large number）$\frac{1}{n}\sum_{i=1}^{n}\tilde{y}_i = E(\tilde{y})$ に従って，個々の企業への貸出から得られるキャッシュ・フローの平均値を，同一の確率分布に従うキャッシュ・フローの期待値に収束させることができます。よって，貸し手の裁定を表す先の式より，

$$\min(E(\tilde{y})-K,\ R_D) = R$$

が成立します。また，投資プロジェクトに収益性が期待されることを前提にしますと，

$$\min(E(\tilde{y})-K,\ R_D) = R_D$$

すなわち均衡における預金利子率 R_D は，外部の投資機会に対するリターン R と等しくなります。

最後に，$E(\tilde{y}) > K+R$ より

$$\lim_{n \to \infty} \frac{C}{n} = \max(R_D + K - E(\tilde{y}),\ 0) = \max(R + K - E(\tilde{y}),\ 0) = 0$$

となり，**銀行が委任された監視を行うことが効率的な資金仲介手段である**ことが証明されました。

2.3　銀行の現在

資金決済機能，資金仲介機能を有する銀行の現在について，触れておきます。第一は，資金仲介機能を効率的に果たすために必要な「委任された監視」の見本と考えられてきた日本の「メイン・バンク制」を取り上げます。第二は，日本の金融システムの特徴の一つである肥大化した公的金融について述べます。第三に，グローバリゼーションに直面する銀行を取り巻く問題について指摘します。

図 2.9 過剰な情報生産

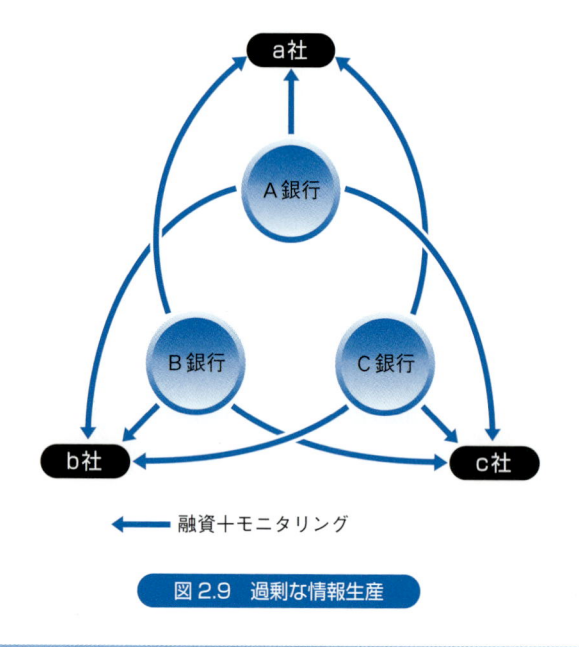

○ メイン・バンク

多くの銀行による「事実上の協調融資団」である**メイン・バンク**の定義として，**①企業に対する最大の融資シェアを占める，②最大の持株シェアを有する，③役員を派遣している**，という事実に加えて，**④長期固定的な総合取引を行っている，⑤経営危機に対する救済策を行う**，などが挙げられます。ある企業のメイン・バンクとなることによって，その他の銀行がメイン・バンクである企業の「**情報生産のただ乗り**」を行い，二重の情報生産をなくし，効率性に寄与してきたといわれます。

たとえば，3社（a社，b社，c社）・3行（A銀行，B銀行，C銀行）から成る世界において，図2.9のように，3行が3社それぞれを監視する場合には，過剰な情報生産が行われます。ところが，図2.10のように，3社それ

図2.10 メイン・バンク制

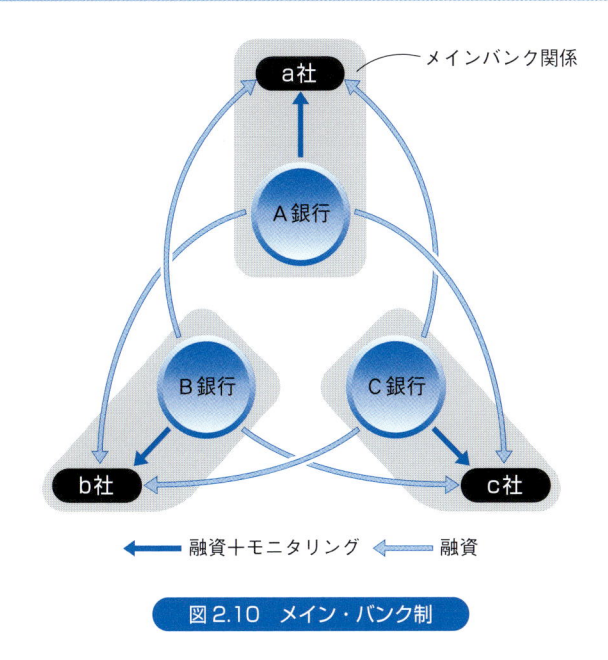

矢印凡例: 融資＋モニタリング / 融資

それにメイン・バンクを有する場合には、自行がメイン・バンクになっていない企業に対する融資は、その企業の最大の融資シェアを占めるメイン・バンクの監視による情報生産にただ乗りすることによって、行われます。この場合、過剰な情報生産が行われず、効率性が高まるといえます。

メイン・バンクとなる銀行は、企業の経営に対する支配権を強めるために、持株シェアを高め、役員を派遣し、長期固定的な総合取引を行います。万一、企業の経営が破綻するような場合には、情報生産にただ乗りした他行の損害を最小限に抑えるために、経営危機に対する救済策を施すのも、メイン・バンクの役割と考えられています。

また、メイン・バンクと同様の関係は、金融システムが日本と同じく商業銀行主義に依っている米国における「ライン・バンク」や、ユニバーサル・バンキングの形態が主流であるドイツにおける「ハウス・バンク」にも見ら

表2.1 3つの金融システムの比較

	日本	ドイツ	アメリカ
	メイン・バンク	ハウス・バンク	ライン・バンク
銀行の株式保有	○	○	×
救済方法	銀行融資	増資・新株の引受け 倒産リスクは株主負担	衡平的劣後化*

＊衡平的劣後化：再建が失敗した場合，再建関与者の債権は全額他の債権に劣後する。

れます[6]。ただし，米国では銀行による株式取得が認められてはおらず，再建が失敗した場合，再建関与者の債権は全額他の債権に劣後するという「衡平的劣後化」（equitable subordination）により，ライン・バンクによる救済は難しいといわれます。一方，ドイツのハウス・バンクは，株式取得が認められているけれども，倒産リスクはあくまでも株主が負担するべきであるとの考えより，企業の救済には増資・新株の引受けの形をとることが多く，日本のメイン・バンクによる企業の救済とは異なります。

日本のメイン・バンクは，銀行の株式保有が認められ，融資を通じて企業の救済を行います。メイン・バンクによる「委任された監視」を預金者である資金の貸し手が，前節のダイヤモンドのモデルのように規律付けることができているか，疑問は残っています。

○ 公的金融

メイン・バンクと同様に，情報生産のただ乗りによって効率性を高めてきたといわれるのが公的金融の役割です。日本の政府系金融機関は，政策的な優先度の高いプロジェクト，企業，産業に対して優先的に融資を行うことによって，民間金融機関の融資を促進するという「カウベル（cowbell）効果」があるとされてきました[7]。民間金融機関は，情報生産のためのコスト

をかけずに優良な融資先に対して貸出を行うことができますので，国から補助金を受けていることになります。

　米国には政策金融に該当するものは存在しません。しかし，連邦レベルでの債務保証による中小企業等に対する公的支援のプログラムがあります。債務保証とは，資金の借り手が債務を返済することができなくなった場合に，貸し手に対して債務履行を代行することを保証する仕組みをいいます。ベンチャー企業のように信用力のない借り手に対しても，貸し手が貸しやすいように便宜を図る制度です。日本の政策金融が政府系金融機関による直接貸出が中心であるのとは，対照的です。

○ グローバリゼーション[8]

　最後に，本書を貫くテーマである「グローバリゼーション」について触れます。グローバリゼーションは，とりわけ，日本の銀行には耳の痛い話です。グローバリゼーションに関する数多くの著作のうち，トーマス・フリードマン著『レクサスとオリーブの木―グローバリゼーションの正体（上）（下）―』（東江一紀・服部清美訳，草思社，2000 年）は，グローバリゼーションを冷戦後の世界を規定するシステムとして捉えた出色の時論です。その中で取り上げられている，グローバリゼーションの時代における予言的な発言を拾ってみます。

　　〈モンサント社（バイオテクノロジー関連事業）のロバート・シャピロ会長〉
　　　「秘密中心に作り上げられた文化は，もっと遅い世界に適した遅い文化である。企業は決まって，自分の知っていることを過大評価し，誰でも見えるところにあるものを過小評価するようになる。『さあ，このシステムの仕組みについて知っていることを，すべて話そう。それでもまだ，これを作る頭脳は我々の方が優っている』という方が，ずっといい。なぜなら，実のところ，長い間独占情報に頼ることはできないからである。結局，重要なこと，

---

6) 商業銀行主義，ユニバーサル・バンキングについては第 5 章 5.1 節に詳述しています。
7) 日向野幹也『金融機関の審査能力』（東京大学出版会，1986 年）。
8) グローバリゼーションの歴史に関する（討論・主題発見のための）設問 2.3 が章末にあります。

長続きすることは，完全に開かれたレースにおいて，より優れた競技者になることである。情報を管理し，交換する方法，企業全体として学習する方法，持続できる優位点は，この2つだけである。開放的になったとき，自分が知っていると考えるものの犠牲になる可能性は，閉鎖的になったときよりもずっと減る。いい例が，日本の銀行業である。」
〈ジェフリー・サックス（コロンビア大学地球研究所所長）〉
「開放的な経済は，閉鎖的な経済よりも，毎年1.2ポイントずつ成長が速い。なぜなら，開放的になればなるほど，今日存在するアイデア，市場，技術，経営革新の世界的なネットワークに組み入れられるからである。」

開放性こそが，グローバリゼーションにおいて，とりわけ日本の銀行が生き残るための戦略だといえます[9]。国際的な業務を営むための自己資本比率規制を求めたバーゼル合意については，第5章で触れることにします。

本章のまとめ

1 ヒックスの言葉通り，商業部門からその他の部門へと「市場」が拡大して，資金決済機能から資金仲介機能へと銀行が進化してきました。

2 流動性リスクの下で要求払い預金の存在は，最適なリスク・シェアリングを達成する可能性と同時に，銀行取付けの均衡をもたらす危険性もあります。

3 ナロー・バンクは，取付けを回避しますが，経済厚生を低めます。

4 銀行が貸手から委任されて，借手企業に対して監視を行うことは，貸出の分散化の下で効率的な資金仲介につながり，銀行がモラル・ハザードを起こさないように誘引両立性を満たすためには，非金銭的なペナルティを伴う預金契約が必要となります。

5 メイン・バンク制は情報生産の「ただ乗り」によって，効率性に寄与してきました。

6 政府系金融機関による融資には，「カウベル効果」があるとされてきました。

7 グローバリゼーションの時代において，開放性こそが日本の銀行が生き残る戦略です。

---

9) グローバリゼーションの現状に関する（討論・主題発見のための）設問2.4が章末にあります。

（確認・応用のための）問題[10]

2.1 ヒックスの「市場が貨幣を作る」という言葉について詳しく解説しなさい。

2.2 「メイン・バンク」の定義を挙げなさい。

2.3 「カウベル効果」について説明しなさい。

（討論・主題発見のための）設問

2.1 （成り立ち：歴史） 明治時代以降の近代日本の金融制度について，体系的に記述した玉置紀夫著『日本金融史』（有斐閣，1994年）を参考にして，ヒックスの「市場が貨幣を作る」という考え方の観点から，日本における銀行の成り立ちについて考えなさい。

2.2 （資金決済機能：理論） ダイヤモンド=ディビッグモデルにおける銀行取付け「均衡」を事前に（0期の段階において）排除するために有効な政策・制度について，Diamond, Douglas W. and Philip H. Dybvig. "Bank Runs, Deposit Insurance, and Liquidity." *Journal of Political Economy*, 91, 1983, pp.401–419. に沿って考え，「ナロー・バンク論」と経済厚生に関して比較しなさい。

2.3 （グローバリゼーション：歴史） ハロルド・ジェームス『グローバリゼーションの終焉—大恐慌からの教訓—』（高遠裕子訳，日本経済新聞社，2002年）は，19世紀末からの資本，情報，モノ，人の移動による世界経済の一体化が，1920年代末から30年代にかけての大恐慌によって途絶・後退した歴史的事実から，現代におけるグローバリゼーションへの反動・反応についての教訓を得ようとしています。19世紀末からのグローバリゼーションとその影響に対処するために発達した制度について学び，現代的課題を見つけなさい。

2.4 （グローバリゼーション：現状） 著名なジャーナリストであるトーマス・フリードマンの書いた『レクサスとオリーブの木—グローバリゼーションの正体（上）（下）—』（東江一紀・服部清美訳，草思社，2000年）には，国際的な債券格付け機関であるムーディーズ（Moody's）やスタンダード・アンド・プアーズ（Standard & Poor's）が自由な資本移動の促進のために「情報生産」の側面で果たす役割について触れられています。「銀行」の情報生産機能と比較する観点から，当該箇所を読みなさい。

---

[10] ヒントと略解が本の末尾にあります。

第3章

中央銀行

　中央銀行は，民間銀行間の決済の仕組みにおける変化に対応して進化してきました。現代では，準備預金制度が決済システムを規定しています。また，中央銀行は「政府の銀行」として貨幣発行から利益を生み出し，インフレのコストを発生させています。90年代以降，多くの国では「中央銀行の独立性」が高められ，政府からの独立が進められています。静かに変貌しつつある中央銀行について学びましょう。

○ KEY WORDS ○

内部貨幣・外部貨幣，最後の貸し手，
貨幣鋳造益，利子率の季節性・平準化，
貨幣発行自由化，清算機関，決済リスク，
準備預金制度，積みの進捗率，
政府の予算制約式，インフレ税，
靴底コスト，中央銀行の独立性，
インフレ・ターゲティング，調整インフレ

3.1 中央銀行の成立

中央銀行 (central bank) の成立は，取引に伴う決済 (settlement) の仕方と関係しています。もともと個人や企業が取引をする際には，財と貨幣を交換し，受取りと支払いとが同時になされ，決済が同時に行われていました。そのためには，財を購入する際に，常に貨幣を持ち歩かねばならず，取引が不便でした。支払額と支払期限のみが記載された手形による決済が行われるようになると，たとえば図 3.1 のように C から A へ，そして A から B へとモノの取引に伴う移動がある場合，手形の最終的な保有者である C が支払いを約束された期限までに支払額をモノの所有者である B から受け取ることによって，決済が完了するようになりました。手形は，取引の媒介として使われるので，内部貨幣 (inside money) と呼ばれます。

ところが，取引する相手が不特定多数になりますと，どんな相手が手形を発行したのか把握できなくなります。手形を発行する企業が倒産してしまう場合，手形は不渡りとなり，債務不履行が生じます。こうした情報の非対称性の問題を回避するために，2.1 節の銀行の成立で述べたように，信用力のある銀行による手形割引の業務が発生しました。手形割引とは，手形の支払期限までに流動性を必要とする受取人から銀行が手形を買い取ることをいいます。その際の価格は，支払期限までに発生する利子の機会費用（割引料）を手形の支払額から差し引いた額となります。銀行は，こうして企業の保有する支払期限前までの手形を割引く (discount) のと交換に，信用力が高く一般受容性（流動性）の高い銀行券を発行します。銀行による手形割引は，支払期限前に流動性を欲する企業，安価に手形を購入し差益を得る銀行双方にとって有益となります。手形と同じく，銀行券も内部貨幣になります。

手形割引は，銀行の信用力に基づく制度ですが，銀行のリスク管理が不十分である場合には，銀行の発行する銀行券は，債務不履行のリスクのある手

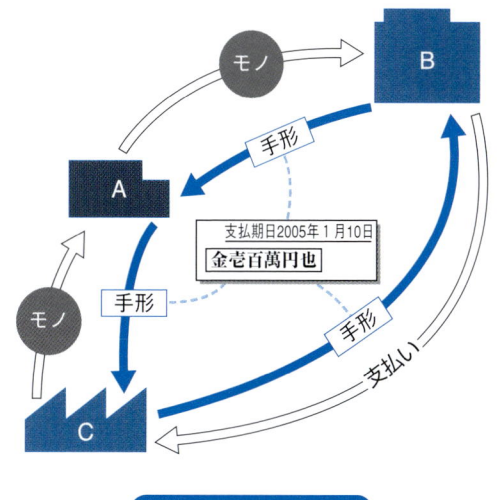

図3.1 内部貨幣

形と同じく，リスクの高い債券となってしまいます。そこで，銀行券の発券を信用力のある国家が独占するようになります。そのための制度こそ，中央銀行です。中央銀行の発行する銀行券は，内部貨幣とは異なります。手形や銀行券という内部貨幣は，その保有者にとって資産ですが，発行者にとっては負債です。つまり，民間部門全体にとって，内部貨幣は資産でもなく負債でもない存在です。一方，中央銀行という国家の機関が負債として発行する銀行券は，民間部門全体にとっての資産となりますので，外部貨幣（outside money）と呼ばれます。

「発券銀行」としての中央銀行は，中央銀行の口座を利用した振替決済業務の発生から，いわゆる「銀行の銀行」となります。たとえば図3.2のように，個人あるいは企業 a と b が取引を行い，それぞれA銀行，B銀行が手形割引によって銀行券を発行している場合を考えましょう。中央銀行がない場合には，A銀行とB銀行の間の預金口座間での資金移動による振替決

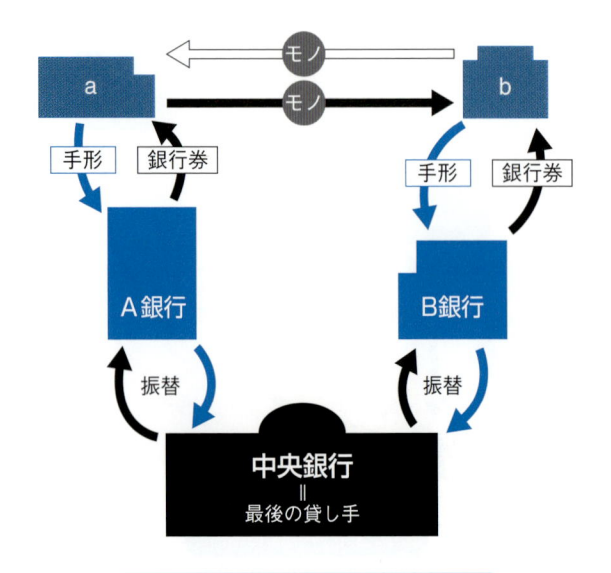

図 3.2 銀行の銀行としての中央銀行

済が用いられます。A銀行，B銀行に対してモニタリングを行う中央銀行がある場合には，A銀行，B銀行が中央銀行に保有する預金口座を通じた振替によって，決済が完了します。中央銀行は，取引銀行の状態をモニタリングしながら，流動性が一時的に不足してしまった銀行に対して，**最後の貸し手**（lender of last resort）として資金を供給することができます（図 3.2）。

さらに，発券銀行としての中央銀行が政府によって認可された見返りとして，政府への貸与を要求されるようになります。そこでは，中央銀行は「政府の銀行」としての性格を帯びてきます。中央銀行が発行する銀行券つまり貨幣は，政府による支出を賄なうので，貨幣発行による政府の収入を**貨幣鋳造益**（seigniorage）と呼びます。貨幣鋳造益は，政府の歳入のひとつの手段です。貨幣発行によって引き起こされるインフレは，わたしたちの得る所得の購買力を目減りさせますので，貨幣鋳造益のことを「**インフレ税**」とも呼びます。

○ 利子率の季節性の除去と「最後の貸し手」機能

1668年に創立された世界最古のスウェーデン銀行はともかく，イングランド銀行（1694年），日本銀行（1882年）など諸外国に遅れること1914年11月，米国にはじめて中央銀行，連邦準備制度（Federal Reserve System）が誕生しました[1]。

米国ではそれ以前，銀行券発券の責務を負った国法銀行（national banks）が金融システムの問題に対処し，歳入を得る手段として機能していました。しかし，農作物の播種・収穫のための時期にあたる春と秋には，農業に対する銀行信用への需要が季節的に急増したため，その前後で利子率が乱高下するという季節性が存在していました。たとえば，現在でもそうですが，クリスマスがある12月には，プレゼントを購入するために資金需要が増加しますので，一般に利子率が上昇する傾向があるのと同じです。

また，主にニューヨークやシカゴに拠点をもつ，準備（reserve）を過少にしか保有していない銀行から大量の預金引き出しが生じた場合や，多くの貸出先が破綻し不良債権が嵩んだ場合に，銀行は主に株式売買のために投資家に貸し出された短期資金を引き揚げざるを得なくなり，流動性リスクが発生していました。こうした度重なる銀行取付け騒ぎ（panic）は，ニューヨークやシカゴの銀行に準備を提供していた地方の銀行にまで波及するようになりました。なかでも1907年に生じた銀行取付け騒ぎは深刻で，国民的な危機感を募ったため，資金を弾力的に供給するための機関としての中央銀行，連邦準備制度が1914年に設立され，「最後の貸し手」として期待されました[2]。

「最後の貸し手」機能とは，1873年に出版されたウォルター・バジョット（Walter Bagehot；1826–1877）の著書『ロンバード街』（1873年）以降普及した考え方です。ここでは中央銀行は，①担保価値から判断して，②返済余

---
1) （討論・主題発見のための）設問3.1が章末にあります。
2) 中央銀行の創立に関する（討論・主題発見のための）設問3.2が章末にあります。

力を有するけれども一時的に流動性不足に陥っていると見られる民間銀行に対して，③ペナルティを課した利子率で，④いつでも貸す用意があることを事前に明らかにしながら，最後の貸し手になるべきだと説かれています。最後の貸し手機能が満たすべきこれらの条件は，バジョットの原則（Bagehotian principles）と呼ばれます[3]。

実際に米国では，連邦準備制度の設立後，農業の繁閑による利子率の季節性が大きく除去され，1928年までの時期には米国で銀行取付け騒ぎが生じたという報告はありません[4]。ところが，第9章で述べるように，1929年の金融大恐慌（The Great Depression）をはじめ，1933年までに5度にわたる銀行取付け騒ぎが発生しました。連邦準備制度の下で銀行取付け騒ぎが生じた理由は何かについては，第4章4.4節で詳しく述べます。

○ 貨幣発行自由化

現代の中央銀行が享受する貨幣鋳造益は，中央銀行による貨幣発行の独占を根拠とします。しかし，歴史的には，たとえば連邦準備制度の設立される以前の米国（1838年から1863年まで）において，銀行が自由に発行できた預金証書が貨幣として流通していました。現在のスコットランドでも，イングランド銀行発行の貨幣に加え，3種類の銀行貨幣が並存して流通しています。貨幣発行権は必ずしも中央銀行の特権とはいえません。

ところが，貨幣となる金属鋳貨の重量と純度をごまかす贋金づくりが可能であった時代には，権威である政府が成分の保証の刻印を押す必要がありました。また，貨幣が何ら商品としての価値をもたない紙幣の形態を採るようになってからも，政府の保有する正貨である金や銀との兌換の可能性こそが貨幣の価値であったために，貨幣発行が政府の統制におかれてきました。

ハイエク（Friedrich August von Hayek；1899–1992）は，このような政府

[3)]「最後の貸し手」機能に関する（討論・主題発見のための）設問3.3が章末にあります。
[4)] 利子率の季節性の除去に関する（討論・主題発見のための）設問3.4が章末にあります。

の貨幣発行特権に基づく貨幣鋳造益の乱用こそ，インフレの歴史であることを指摘し，この不幸を克服するためには，貨幣を自由に発行させる権利を銀行に与える必要があると説きました[5]。さまざまな銀行預金が貨幣として競争する中で，人々が商品を購入する際，ある銀行預金の購買力が他の銀行預金に比べて安定していれば，その預金が貨幣として選択されます。貨幣となる預金を発行する銀行は，貨幣としての預金の価値を高めるべく銀行の名声を維持しながら，預金発行量を調整する結果，貨幣価値の低下，つまりインフレが避けられることになります。

ハイエクの貨幣発行自由化論は，第8章で述べるように，80年代後半に議論され始めたヨーロッパの経済統合が念頭にあり，実現した単一通貨ユーロの発行を否定する，時代に逆行する主張でした。

3.2 中央銀行の役割

○ 決済リスク

先の中央銀行の成立で述べましたように，中央銀行の在り方は取引に伴う決済と関連しています。現代の中央銀行は，図3.3のように，共同決済によって運営されています。清算機関（clearing-house）を中継して，取引銀行の中央銀行当座預金の間で決済が営まれています。

決済の仕方にはいくつかのパターンがあります。即時・相対(あいたい)決済では，取引が生じた時点において，取引の相手同士が決済を行います。しかし，決済件数が莫大になり，取引費用が嵩みます。時点・グロス決済では，A，B，C，Dの四者が取引を行っている場合，ある一定の時点において，それぞれ

---

5) F・A・ハイエク『貨幣発行自由化論』（川口慎二訳，東洋経済新報社，1988年）。

図 3.3　中央銀行の役割

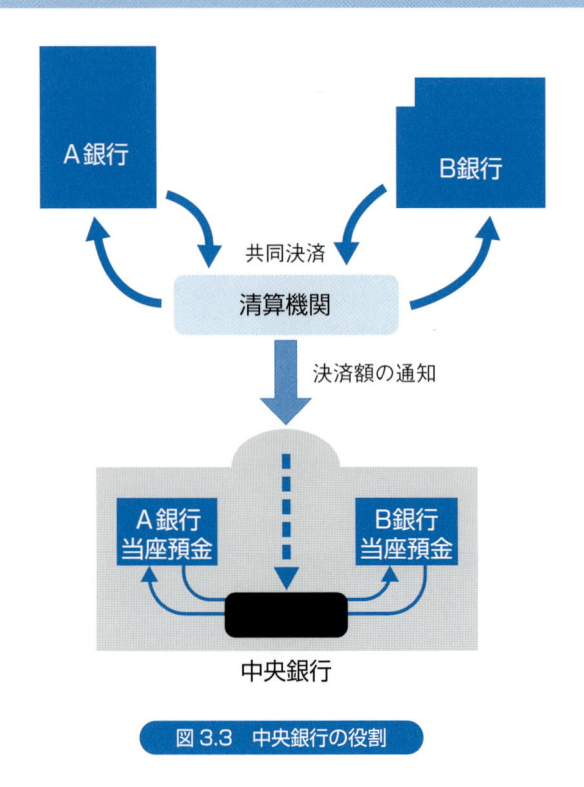

の取引相手との間でのグロスの取引額，すなわちお互いの間で総支払額と総受取額をやりとりする決済が行われます。この方法では，1回で4×3＝12通りの決済が行われなければなりません（図3.4）。

　決済の数を減らすためには，**時点・ネット決済**が必要です。グロスの取引額ではなく，ネットの額，すなわち各々総支払額と総受取額を相殺した後の差額を決済するようにすれば，1回で4×3÷2＝6通りの決済で済みます。ただし，取引を行う主体の数が増えると，ネット決済でも決済の数は莫大になります。このとき銀行に共同決済口座を設けておき，1口座で決済を行う**時点・共同決済**によれば，先の例の場合，4通りの決済で済みます（図

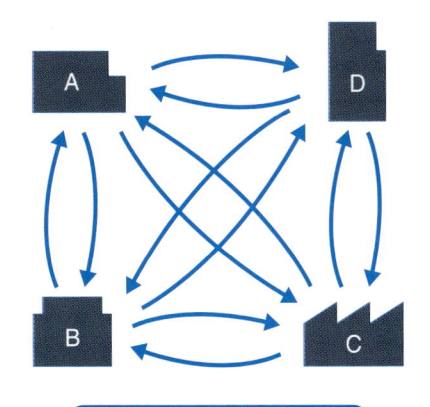

図3.4 時点・グロス決済

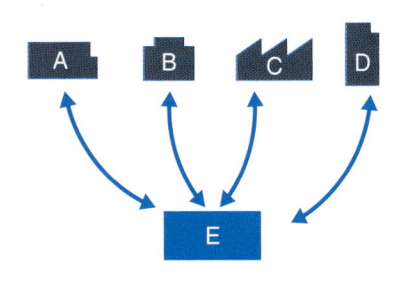

図3.5 時点・共同決済

3.5；EはA〜D間での共同決済口座のある銀行）。

　現在用いられている決済方法は，この共同決済です。決済の仕方は，効率的かつ決済に伴うリスクを小さくするものでなくてはなりません。決済リスクを高める要因には，2つあります。一つは，個々の取引の決済額です。もし，ある主体が万一支払い不能の状態になりますと，決済額に比例して被害が大きくなり，量的リスクが存在します。もう一つの要因は，決済までの時間です。決済までの時間が長くなると，流動性不足に陥る事件・事故が発生

する可能性が高まり，時間的なリスクが増します。つまり，これら2つの要因の積（決済額×決済までの時間）である未決済残高の大きさが，決済リスクを反映します。したがって，決済額の上限を設定し，同時決済をする方が，決済リスクを減少させるという意味において，望ましいことになります。

近年のコンピュータ技術の発展は，決済方法の進化に寄与しています。多くの中央銀行が採用し始めている即時グロス決済（real time gross settlement，RTGS）は，従来技術的に難しいとされてきた，即時にグロスの決済を行う画期的な方法です。RTGSは，決済に伴う時間的リスクを大幅に減少させ，未決済残高を低減させ，決済リスクの最小化に貢献しています。

○ 準備預金制度

中央銀行当座預金が，民間銀行を通じた取引活動に伴う決済のためのシステムの根幹を成しています。中央銀行当座預金は，「銀行の銀行」である中央銀行のバランス・シートにおける債務の一部であり，「準備預金」とも呼ばれます。民間銀行は，自らの債務である預金の引き出しに備えて，定められた比率（法定準備率）を預金量に掛けた量以上を準備として保有することが義務付けられています。この制度を準備預金制度といいます。預金に対する社会的な信頼を維持することを目的とする制度です。ただし，中央銀行の支払うべき準備預金の利子率はゼロです。そのため，通常，民間銀行に所要準備以上の準備預金（超過準備）を保有するインセンティブはありません。

実際の準備預金制度の仕組みは国によって異なります。日本銀行の採用する方式は，「後積み・同時積み混合方式」と呼ばれています。多くの国々で採用されているこの方式では，銀行は所要準備として，当該月の1日から月末までの預金の平均の残高（平残）に法定準備率を掛けた額を，当該月の16日から翌月の15日までの間に日本銀行預け金の平残として積まなければなりません。したがって，月の後半（16日から月末）は，自分の銀行への預金と同時並行して日本銀行への準備預金が積まれる「同時積み」の方式，

月の前半（1日から15日）は，所要準備が確定した後に準備預金が積まれる「後積み」方式になっています。

このような準備預金制度の下で中央銀行は，民間銀行間の短期資金貸借のための市場であるコール市場で決まるコール・レートを間接的に操作しています。

後積み・同時積み混合方式を，基本的には「後積み方式」と同じであるとします。所要準備が確定している積み期間中，民間銀行は，準備預金が所要準備を下回る（上回る）場合には，コール市場において短期資金を調達（運用）します。そのため，どの時点においてコール市場から資金調達（資金運用）するかが問題となります。銀行の予想する積み最終日におけるコール・レートの水準よりも，現在のコール・レートが低い（高い）場合には，現在コール市場で借りる（貸す）という裁定取引が生じます。積み最終日以前の各期におけるコール・レートは，積み最終日のコール・レートに対する各期における予想水準に鞘寄せされ，コール資金の取り手と出し手の間の裁定取引が生じなくなる状況において決定されます。

コール市場における「最後の貸し手」である中央銀行は，上記のメカニズムを利用して，積み最終日のコール・レートに対する予想を市場に「シグナル」の形で与えることにより，積み期間全体におけるコール・レートをコントロールすることができます。具体的には，民間銀行が実際に積んでいる準備預金の，確定している所要準備に対する割合である進捗率がシグナルであると考えられています。進捗率を速める（遅くする）ように中央銀行がコール資金の供給を多めに（少なめに）行っていることは，現実の日々のコール・レートが，中央銀行のコール・レートの誘導水準より高い（低い）水準にあることを表すシグナルであると，民間銀行が受け取るからです。

このように，準備預金の積みは，中央銀行と民間銀行との間のシグナルを通じた「ゲーム」として見ることができます[6]。

---

[6] 準備預金制度に関する（討論・主題発見のための）設問3.5, 3.6が章末にあります。

3.3 貨幣鋳造益

○ 政府の予算制約式

わたしたちにとって政府とは，大きくわけて2つの主体を意味します。一つは，予算編成をつかさどる財政当局，もう一つは，金融政策を運営する中央銀行です。実際，おのおのの主体は，t 時点において以下のようにそれぞれの予算制約に直面しています。

$$\begin{cases} 財政当局：G_t + \dfrac{i_{t-1}B_{t-1}^{T}}{P_t} = T_t + \dfrac{B_t^{T} - B_{t-1}^{T}}{P_t} + RCB_t \\ 中央銀行：\dfrac{B_t^{M} - B_{t-1}^{M}}{P_t} + RCB_t = \dfrac{i_{t-1}B_{t-1}^{M}}{P_t} + \dfrac{H_t - H_{t-1}}{P_t} \end{cases}$$

G：財政支出，i：名目利子率，B^T：国債発行残高
P：一般物価水準，T：税収
RCB：中央銀行の国庫納付金
B^M：中央銀行の国債保有残高
H：ハイパワード・マネー（市中銀行の準備金残高と現金通貨の総量）

財政当局が財政支出 G を賄うには，2つの方法があり，一つは税収 T，もう一つは国債発行 B^T です。一方，中央銀行は保有資産 B^M からの利子受け取りに加えて，ハイパワード・マネー H の追加発行によって支出を賄います。ここでは，簡単化のために，中央銀行の保有資産は，財政当局の発行する国債に限定します。中央銀行は，国債の流通市場から国債を購入します。中央銀行に発生する利益は，中央銀行から国庫への納付金 RCB の形で財政当局に納められます。つまり，財政当局と中央銀行の予算は，中央銀行の保有国債と国庫納付金において繋がっています[7]。

しかし，経済学で問題になるのは，財政当局と中央銀行個々の予算制約で

はなく，2つが統合された（consolidated）政府の予算制約式です。以下が，統合された政府の予算制約式です。

$$G_t + \frac{i_{t-1}B_{t-1}}{P_t} = T_t + \frac{B_t - B_{t-1}}{P_t} + \frac{H_t - H_{t-1}}{P_t}$$

$$B_t = {B_t}^T - {B_t}^M$$

B は，民間の経済主体の保有する国債残高にあたります。左辺は財政支出と国債の利払い，右辺は政府の歳入（revenue）を表し，右辺の第3項は特に，貨幣鋳造益を意味します。この予算制約は一時点 t における式ですが，将来にわたって政府が満たさなければならない通時的な（intertemporal）予算制約式は，以下のようになります[8]。

$$\frac{B_t}{P_t} = \sum_{i=0}^{\infty} \frac{T_{t+1+i} - G_{t+1+i}}{\prod_{j=0}^{i}(1+r_{t+j})} - \frac{H_t}{P_t(1+i_t)} + \sum_{i=0}^{\infty} \frac{i_{t+1+i}H_{t+1+i}}{P_{t+1+i}\prod_{j=0}^{i}(1+r_{t+j})}$$

この式は，一時点における政府の予算制約式の保有国債 B を時点をずらしながら逐次的に代入していき，最終的に負債を残すことはできないという，ねずみ講のような先送りを禁じる非ポンジー・ゲーム条件（non-Ponzi game condition）を課して得られます。非ポンジー・ゲーム条件は，政府の実質債務残高を実質利子率 r で割り引いた割引現在価値がゼロであること

$$\lim_{t \to \infty} \frac{B_t}{P_t \prod_{j=0}^{t-1}(1+r_j)} = 0$$

を表します。

政府の適時的な予算制約式において，左辺は現在（t 時点）における政府の実質債務残高，右辺の第1項は財政余剰の割引現在価値，第3項と第2項の差は貨幣鋳造益の割引現在価値を表します。第2項のマイナスの中身は，現在におけるハイパワード・マネーの供給による政府の負債，第3項は，ハイパワード・マネー H と名目利子率 i の積の割引現在価値を表します。名

---

7) 財政当局と中央銀行の関係について（討論・主題発見のための）設問3.7が章末にあります。
8) 記号は，
    $\prod_{j=0}^{i} a_j = a_0 \cdot a_1 \cdot \cdots \cdot a_{i-1} \cdot a_i$
を表します。

目利子率 i_t は人々の貨幣保有に関する機会費用を表しますので，政府はハイパワー・マネーの供給によって，各時点にハイパワー・マネーと名目利子率の積の分だけ人々に課税をしていることになります。

インフレのコスト

このように，政府の収入の形態は，通常の租税のみではありません。中央銀行による貨幣の独占的な発行によって得られる貨幣鋳造益も，代替的な手段となります。貨幣発行によって生じるインフレが家計の購買力を低下させるために，この手段はインフレ税（inflation tax）とも呼ばれます。しかし，2つの調達手段，租税およびインフレ税とも，社会的なコストを伴っています。社会的な損失を最小化する政府にとって，租税と貨幣発行のバランスをどのように図ればよいかが問題となります[9]。租税の社会的なコストについては，改めて第7章7.2節「課税平準化」で述べます。

3.4 中央銀行の独立性

2つの独立性

政府には，財政当局と中央銀行があることを述べました。それでは，両者の関係はどうなっているのでしょうか。中央銀行の独立性（central bank independence）について説明します。

中央銀行の独立性には，2種類が考えられます。一つには，目標独立性（target independence），もう一つは，手段独立性（instrument independence）です。この分類は，スタンリー・フィッシャー（Stanley Fischer）が，

---

9) 政府収入の社会的コストに関する（討論・主題発見のための）設問3.8が章末にあります。

従来まで曖昧な概念のまま使用されてきた中央銀行の独立性を明確にするために行ったものです。フィッシャーの表現を引用しますと,

> 「私は,(中央銀行の)独立性という用語を敢えて使うことにするが,目標独立性(goal independence)と手段独立性(instrument independence)とを区別する。不正確にしか定義されていない目標を有する中央銀行は,目標独立性を保持している。極端なケースとして,金融政策を行う権限と国民のためになる事をするという目標を中央銀行に与える場合を考えてみなさい。他方の極端なケースとして,ニュージーランドのように,目標が正確に規定されている場合には,中央銀行に目標独立性は与えられていない。物価の安定に対する法的根拠(mandate)はあるが,数量的な目標値がない中央銀行は,目標独立性が多少はあることになる。一方,目標を達成するために金融政策を実行する裁量と権限を有するとき,中央銀行は手段独立性を保持している。貨幣供給ルールに従わなければならない中央銀行は,手段独立性を持たないし,財政赤字を賄うことを求められる中央銀行も然りである。("Modern Central Banking." in Forrest Capie et al. *The Future of Central Banking*, Cambridge University Press, 1994, p.292)」

こうして定義された「中央銀行の独立性」の区別は,インフレ・ターゲティング(inflation targeting)論の問題を考える際に有用です。インフレ・ターゲティング論とは,中央銀行が望ましいインフレ率に関する目標値を設定し,その目標を達成することを公約する金融政策の枠組みです。イングランド銀行をはじめ,多くの国々で採用されつつあります。たとえば年率2%のインフレ目標を厳格に守るために,システマティックな細則が用意されなければなりません。その場合,インフレ・ターゲティングを採用する中央銀行の目標独立性はきわめて低いといえます。反面,インフレ率の目標値は,財政政策とは独立して達成されることを要求されますので,手段独立性は大変高いことになります。

一方,インフレ・ターゲティング論と似た議論として,調整インフレ(managed inflation)論があります。主に政治家が口にすることの多い,明確な定義が難しい用語です。あえて定義しますと,財政当局が決めた財政政

策の目標に追随する形で，政府の予算制約を満たすインフレ率の達成を，中央銀行が余儀なくされる状況を指します。この場合，中央銀行が目標とするインフレ率に関する明確な値は前提にされていないので，目標独立性の意味では大変高い独立性を有しています。しかしながら，手段独立性の意味では，大変低い手段独立性しか有していないことになります。その意味で，インフレ率に関する同様の政策的議論でありながら，インフレ・ターゲティング論と調整インフレ論とは，似て非なる関係にあります。

中央銀行の独立性指数

中央銀行の独立性は，どのように計測したらいいのでしょうか。代表的な調査である，世界銀行が中心になって作成した指標[10]を挙げます。この「中央銀行独立性指数」は，法律・総裁交代率・質問の3つのベースごとに定義されています。それぞれの回答に適当なウェイトを配して，加重平均値によって独立性の指標を作成しています（表3.1）。

たとえば法律ベースの独立性指数（総合指数）で見ると，1980年代における先進7カ国のランキングは表3.2の通りです。日本銀行は80年代，最下位だったことがわかります。

中央銀行の独立性とマクロ経済のパフォーマンス

米国のアレシーナ（Alberto Alesina），サマーズ（Laurence Summers）両教授は，1955年から88年において，中央銀行の政府からの独立性の程度とインフレ率との間には有意に負の相関が存在することを示しました[11]。この

---

[10] Cukierman, A.*Central Bank Strategy Credibility and Independence－Theory and Evidence－*. The MIT Press, 1992.

[11] Alesina, Alberto and Laurence H.Summers."Central Bank Independence and Macroeconomic Performance: Some International Evidence." *Journal of Money, Credit and Banking*, 25(2), 1993, pp.151-62.

表3.1 中央銀行独立性指数

1 法律ベース（総合指数）

1.1 総裁の任免・任期に関する規定：総裁の任期，総裁の任命権，総裁の更迭，総裁の兼職
1.2 金融政策の主体性に関する規定：金融政策の立案，政府代表の関与と最終決定権，政府予算への中央銀行の参加
1.3 中央銀行の政策目標に関する規定：最終目標としての物価安定
1.4 その他

2 総裁交代率ベース

3 質問ベース（法律ベースの項目に対応した質問）

3.1 意見の対立が生じた場合の対処法（ウェイト0.1）
 - 法定目標につき中央銀行が最終決定権をもつ（1.0）
 - すべて政府が決定権をもつ（0.0）
 - その他（0.5）
3.2 物価安定の実際の優先権（ウェイト0.15）
 - 第一義（1.00）
 - 固定為替レートに第一義（0.66）
 - 政策目標であるが，第一義ではない（0.33）
 - 法定目標はない（0.00）
3.3 その他

表3.2 G7の中央銀行独立性総合指数

ランキング	国 名	中央銀行独立性指数
1	ドイツ	0.66
2	米 国	0.51
3	カナダ	0.46
4	イギリス	0.31
5	フランス	0.28
6	イタリア	0.22
7	日 本	0.16

ことは，政府が主に選挙対策として中央銀行による金融政策を利用し，インフレの犠牲を伴う成長が志向されてきたことを反映していると解釈できます。

　ここでの中央銀行の独立性には，中央銀行総裁の任命・罷免の手続きや，金融政策のための委員会における政府代表の役割などの政治的独立性のみならず，財政赤字解消のための中央銀行借り入れの容易さという経済的独立性も考慮されています。日本の場合2.5と，米国（3.5）やドイツ（4）に比べれば低い数字でしたが，1998年における日本銀行法改正によって独立性指数は高まっています。日本より低い独立性を示した欧州諸国およびニュージーランドでも，1990年代に入って中央銀行に関する改革が行われてきました。

　対象国中最下位の成績であったニュージーランドでは，準備銀行法の改正により1990年からニュージーランド準備銀行総裁の責任の下，目標インフレ率圏の達成が義務付けられるようになりました。ただし，この短期的な目標圏の設定は，大蔵大臣と準備銀行との合意によって行われなければならないとされています。金融政策の政府からの独立の達成に力点をおく英国やフランスなどの欧州での改革とは，異なる方向性を示しています。

本章のまとめ

1 中央銀行の進化は，民間銀行間で生まれる決済リスクを小さくする決済システムの発展と深く関わっています。

2 「発券銀行」としての中央銀行は外部貨幣の供給者です。

3 「銀行の銀行」としての中央銀行はバジョットの原則にしたがう「最後の貸し手」機能を要求されます。

4 「政府の銀行」としての中央銀行は，政府の予算制約式を満たす貨幣鋳造益を享受します。ハイエクは，「貨幣発行自由化」が，民間銀行の発行する預金の貨幣としての競争を通して，インフレの弊害をなくすと主張しました。

5 利子率の季節性の平準化は，中央銀行の創立時から期待されてきた機能です。

6 準備預金制度は，積みの進捗率をシグナルとする，中央銀行と民間銀行との間の「ゲーム」です。

7 貨幣鋳造益は政府の収入になり，家計には「インフレ税」を負担させます。

8 目標および手段に関わる「中央銀行の独立性」の2つの定義の区別は，インフレ・ターゲティング，調整インフレの差異の理解に不可欠です。

（確認・応用のための）問題[12]

3.1 利子率の季節性を引き起こす制度的な要因（法制度，習慣，暦など）について，例を挙げなさい。

3.2 外部貨幣と内部貨幣の違いについて説明しなさい。

3.3 日本の貨幣鋳造益の大きさについてデータを使って計測しなさい。

3.4 中央銀行の独立性に関する2つの定義について，違いがはっきりするように説明しなさい。

（討論・主題発見のための）設問

3.1　（**中央銀行の成立：歴史**）　多くの中央銀行には付属した博物館があります。日本銀行『貨幣博物館』(http://www.imes.boj.or.jp/cm/htmls/index.htm) は，日本銀行のみならず，世界の中央銀行の歴史についての解説もあります。一度，実際に足を運んでください。

3.2　（**中央銀行の成立：歴史**）　『日本銀行百年史』（日本銀行，1982年）を読み，日本銀行が1882年に創立された際の経緯について，Miron, Jeffrey A. *The Economics of Seasonal Cycles*. The MIT Press, 1996. の米国のケースと比較しながら調べなさい。

3.3　（**中央銀行の成立：理論**）　中央銀行の「最後の貸し手」機能について，バジョット以降の文献として Bordo, Michael David. "The Lender of Last Resort: Alternative Views and Historical Experience." *Federal Reserve Bank of Richmond Economic Review*, January/February, 1990, pp.18-29. に依拠して，貨幣発行自由化論と対比しつつ，その利点と問題点について整理しなさい。

3.4　（**中央銀行の成立：歴史**）　Mankiw, N.Gregory, Miron, Jeffrey A. and David N. Weil. "The Adjustment of Expectations to a Change in Regime: A Study of the Founding of the Federal Reserve." *American Economic Review*, 77(3), 1987, pp.358-74. は，1914年の連邦準備制度の設立によって名目利子率の季節性が低減し，頻発していた銀行の倒産が抑えられるようになったことを米国のデータを使って実証しています。しかし，1914

---

12)　ヒントと略解が本の末尾にあります。

年は第一次世界大戦の勃発の年にもあたり，金本位制が中断したことも重なり，その後の研究によれば，必ずしも連邦準備制度の設立がそれらに貢献したとはいえないことが示されています。(Fishe, Raymond P.H. and Mark Wohar. "The Adjustment of Expectations to a Change in Regime: Comment." *American Economic Review*, 80(4), 1990, pp.968–76., Mankiw, N.Gregory, Miron, Jeffrey A. and David N. Weil. "The Adjustment of Expectations to a Change in Regime: Reply." *American Economic Review*, 80(4), 1990, pp.977–79., Angelini, Paolo. "More on the Behavior of Interest Rates and the Founding of the Fed." *Journal of Monetary Economics*, 34(3), 1994, pp.537–553., Mankiw, N. Gregory, Miron, Jeffrey A. and David N. Weil. "The Founding of the Fed and the Behavior of Interest Rates: What can be Learned from Small Samples?" *Journal of Monetary Economics*, 34(3), 1994, pp.555–59., Angelini, Paolo. "Testing for structural breaks: Trade-off between power and spurious effects." *Journal of Monetary Economics*, 34(3), 1994, pp.561–566.) 日本における同様の実証研究 (Fukuda Shin-ichi. "The Founding of the Bank of Japan and the Changed Behavior of Interest Rates and Inflation Rates." *Journal of the Japanese and International Economies*, 9(1), 1995, pp.56–74.) とともに，文献をフォローしなさい。

3.5 （中央銀行の役割：現状） 米国における準備預金制度について，横山昭雄『現代の金融構造―新しい金融理論を求めて―』(日本経済新聞社, 1977年), 翁邦雄『金融政策―中央銀行の視点と選択―』(東洋経済新報社, 1993年) を参考にして日本と比較しながら調べなさい。

3.6 （中央銀行の役割：理論） 準備預金に対する利子率がゼロであることの意味について，Goodfriend, Marvin. "Overcoming the Zero Bound on Interest Rate Policy." *Journal of Money, Credit and Banking*, 32(4), 2000, pp.1007–35. を参考にして考えなさい。

3.7 （貨幣鋳造益：歴史） 国家財政と通貨の関係について，ヒックス『経済史の理論』(新保博訳, 日本経済新聞社, 1970年) 第6章「国家の財政」を読み，理解しなさい。

3.8 （貨幣鋳造益：理論） 政府の予算制約式によれば，歳入の手段には税収と貨幣鋳造益の2つがあります。後者の発生に伴うインフレによる経済厚生上のコストが，靴底コストです。前者による厚生の低下は，ミクロ経済学，財政学で勉強する「課税による社会的死荷重(dead weight loss)」を意味します。歳出を一定にするとき，それを賄う歳入の手段に税収と貨幣鋳造益がある場合，社会厚生上のコストを最小にする歳入手段の組合せについて，Mankiw, N.Gregory. "The Optimal Collection of Seigniorage: Theory and Evidence." *Journal of Monetary Economics*, 20(2), 1987, pp.327–341. を読み考えなさい。

第4章

金融政策

　中央銀行の営む金融政策の成否はわたしたちの生活に直結するため，リカードゥ以来，金融政策の原因（cause）と効果（effect）に関して，正統も異端も含めて多くの学説が唱えられてきました。近年では，運営目標の選択，資産効果，政策ルール，インフレ・バイアスの解消などについては，精緻な理論モデルによって分析されています。しかし，現実の金融政策は，解明されていない問題が山積みの「ブラック・ボックス」そのものです。

○ KEY WORDS ○
貨幣の中立性，通貨学派・銀行学派，
リアル・ビルズ・ドクトリン，
ケインズとホートレー，コスト・チャンネル，
マネタリズム，グッドハートの法則，信用乗数，
操作目標・中間目標・政策目標，
資産効果（マンデル，フィッシャー），
インデクセーション，フィリップス曲線，
バロー=ゴードン・モデル，
インフレ・バイアス，ロゴフの保守主義，
中央銀行の独立性，物価水準の非決定，
ベンジャミン・ストロング

4.1 ケインズ以前と以後の学説史

　金融政策に関する体系的な理論を打ち立てた最初の経済学者は，リカードゥ（David Ricardo；1772-1823）です。英国の対ナポレオン戦争期（1793年-1815年）のインフレーションとその後の安定に際して，リカードゥは，名目貨幣数量の変化が「実質変数」とは独立に「名目変数」のみに影響を与えるという「貨幣の中立性」を主張しました。第1章「貨幣」で説明した貨幣数量説によれば，一般物価水準 P，実質所得 y，貨幣の流通速度 V，名目貨幣供給量 M に対して，

$$Py = MV$$

が成立しています。このとき，貨幣の中立性とは，名目貨幣供給量 M の変化に対して，実質所得 y は変化せず，一般物価水準 P の変化によって，名目所得 Py が一対一の割合で変化することを意味します。

　ナポレオン戦争後，1820年代の英国において，リカードゥの流れを汲む「通貨学派」（the Currency School）と，相反する「銀行学派」（the Banking School）との間で，金融政策に関する論争が生じました。通貨学派は，第3章「中央銀行」で述べた外部貨幣を念頭におき，貨幣（bank notes）の供給量は正貨である「金」と結びつけてコントロールされるべきであり，それによって物価水準の安定が図れることを強調しました。一方，銀行学派は，当時発展しつつあった銀行による信用制度の下で，銀行預金（deposit）の形態を採る内部貨幣の量は，銀行貸付け（credit, 信用）によって決定されると考えました。商業部門から銀行に持ち込まれる手形の割引が銀行信用であったので，貨幣量は手形等のリスクの少ない金融債，いわゆるリアル・ビル（real bill）の割引によって増減し，こうした中央銀行による手形割引では物価水準の上昇は起こりえないことが指摘されました（リアル・ビルズ・ドクトリン；Real Bills Doctrine）。

1844年の銀行特許条例（the Bank Charter Act，またはピール条例）によってイングランド銀行の供給する銀行券がその金準備と連結され，イングランド銀行以外の銀行券の発行が制限されるようになりました。この金本位制の確立は，通貨学派対銀行学派の論争が，通貨学派の勝利に終わったことを意味しました。

こうした時代の後，ケインズが登場します。ケインズは，第1章（1.2節）で触れたように，流動性選好理論を主張しました。彼は，貨幣需要のうち，投機的需要は利子率と負の関係にあると考えましたが，後のボーモルとトービンは，取引・予備的動機に基づく貨幣需要も利子率の負の関数であることをモデル化しました（1.2節「貨幣の保有動機と貨幣需要」参照）。

ケインズの同時代人として，ホートレー（Ralph Hawtrey；1879–1971）がいます。ケインズが利子率の変化をもたらす金融政策が第一義的に効果を与える経路は民間設備投資にあると考えたのに対して，ホートレーは企業の保有する在庫などの運転資金（working capital）こそ最初の経路であると主張し，ケインズと論争しました。ホートレーは，利子率の上昇を生む金融引き締めが，生産活動を行う企業に在庫保有の機会費用の上昇や運転資金のための銀行借入の金利の上昇を引き起こす経路を重視しました。この経路は，金融政策の効果に関するコスト・チャンネル（cost channel）と呼ばれます[1]。

先の通貨学派の流れを引き，金本位制下にない現代に貨幣数量説を復活させたのが，フリードマンらのマネタリズム（Monetarism）です。そこでは貨幣の中立性が通貨学派と同じく，主張されます。実際に，1979年に連邦準備制度理事会（Federal Reserve Board；FRB）の議長に就任したボルカー（Paul Volcker）は，1982年までの3年間にわたってマネタリズムに根ざした金融政策運営を行い，貨幣成長率を一定に保つ金融引き締め政策を実行しました。その結果，1914年に連邦準備制度が設立される以前のように，利子率の乱高下が生じました。ロンドン・スクール・オブ・エコノミクスのグッ

---

[1] コスト・チャンネルに関する（討論・主題発見のための）設問4.1が章末にあります。

ドハート（Charles Goodhart）教授は，こうした貨幣供給量をコントロールする政策が，利子率の変動を大きくする傾向が一般に見られることを発見し，これは「グッドハートの法則」と呼ばれています[2]。

4.2 金融政策の運営

現代の金融政策は，3段階の目標をもって運営されています（図4.1）。操作目標となるのは，コール・レートなどの超短期の銀行間市場金利，あるいは民間銀行が中央銀行に預けている当座預金残高（準備）です。中間目標は，コール・レートより長期の金利，あるいは貨幣供給量（マネー・サプライ）があたります。操作目標，中間目標を合わせて，運営目標とも呼びます。政策目標は，中央銀行による金融政策がもたらす究極の効果を表します。完全雇用，物価の安定，国際収支の均衡です。

○ 信用乗数

中央銀行が操作目標である準備のコントロールを通じて，中間目標である貨幣供給量（マネー・サプライ）に効果を及ぼす経路は，信用乗数メカニズムと呼ばれます。中央銀行は，バランスシートを操作することにより，民間金融部門および民間非金融部門のバランスシートに影響を与えることができます。中央銀行のバランスシートは，資産項目としては，外貨建ての国債などの対外資産，政府の発行した国債などの政府向け信用，金融部門に対する貸出などの預金通貨銀行向け信用などが，一方の負債項目としては，現金通貨発行高と中央銀行預金（あるいは準備）が計上されます。とりわけ，中央

---

[2] マネタリズムに関する（討論・主題発見のための）設問4.2が章末にあります。

図4.1 金融政策の3段階アプローチ

運営目標

- **操作目標**
  - コール・レート
  - 当座預金残高（準備）

- **中間目標**
  - 長期金利
  - 貨幣供給量（マネー・サプライ）

- **政策目標**
  - 完全雇用
  - 物価の安定
  - 国際収支の均衡

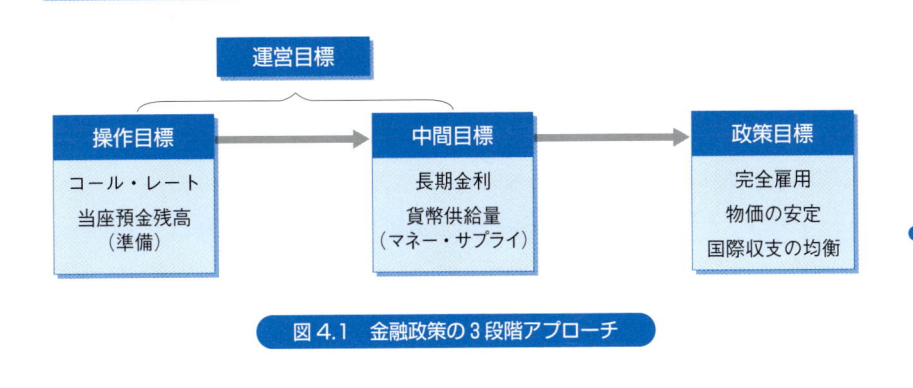

表4.1 中央銀行のバランス・シート

資　産	負　債
対外資産	現金通貨発行高
政府向け信用	中央銀行預金（準備）
国債	
預金通貨銀行向け信用	
貸出	
その他	

負債側の現金通貨発行高と中央銀行預金（準備）の合計＝ハイパワード・マネー

銀行の負債項目である現金通貨発行高と準備との合計を，ハイパワード・マネー（あるいはマネタリー・ベース）と呼びます（表4.1）。

　民間銀行は，準備預金制度（第3章3.2節「中央銀行の役割」参照）の下で，債務である預金に対して定められた比率（法定準備率）で準備を保有することを法的に義務付けられています。この準備預金制度は，創設当初，預金に対する社会的な信頼を維持するための制度として考えられていましたが，

現在では貨幣供給のコントロールのための手段となっています。

中央銀行の負債項目である現金通貨と準備の和として定義されるハイパワード・マネーに対して，**マネー・サプライ**は，民間非金融部門の資産項目である現金通貨と預金通貨の和として定義されます（貨幣の定義に関しては，第1章1.1節「貨幣とは何か」参照）。

ハイパワード・マネーのコントロールを通じて，マネー・サプライに影響を与えるメカニズムが，**信用乗数理論**です。中央銀行，民間金融部門，民間非金融部門の3つのバランスシートを使って説明しましょう。いま，簡単化のために，現金通貨が存在しないと仮定します。中央銀行は資産として預金通貨銀行向け信用である貸出B，負債として準備Rを保有しています。中央銀行の負債である準備Rは，民間金融部門の資産です。民間金融部門はその他の資産として，民間非金融部門に対する貸出Lを保有し，負債として中央銀行貸出Bと民間非金融部門の預金Dをもちます。民間非金融部門は，資産としての預金Dと負債としての借入れ（民間金融部門の貸出）Lを保有しています。この場合，ハイパワード・マネーは準備R，マネー・サプライは預金Dに等しいことになります。

中央銀行貸出Bの利子率は，**公定歩合**と呼ばれ，中央銀行による金融政策の手段のひとつです。公定歩合の変更は，金融政策の政策目標に対して直接影響を及ぼすというより，政策変更を世に知らせる**アナウンスメント効果**(announcement effect) があると考えられています。準備Rの利子率はゼロです。また，準備預金比率をβとします。

このとき，準備預金制度の下で，民間金融部門の保有する準備Rは，

$$R = \beta D$$

となります。なぜなら，民間金融部門が所要準備を超える**超過準備**を保有しても，ゼロの利子しか得られませんので，貸出から得られる収益率の分だけ機会費用が発生するからです。

中央銀行		民間金融部門		民間非金融部門	
B	R	$R=\beta D$	D	D	L
		L	B		

ここで、中央銀行がハイパワード・マネーを増加させる政策、具体的には、中央銀行貸出を ΔB だけ増加させる政策を採るとします。この政策は、民間金融部門が中央銀行におく準備の ΔR だけの増加の形によって実行されます。ただし、$\Delta B = \Delta R$ です。このとき、民間金融部門のバランスシートから、民間金融部門が超過準備を保有していることがわかります。つまり、民間金融部門は貸出から得られる収益を機会費用として発生させているわけです。

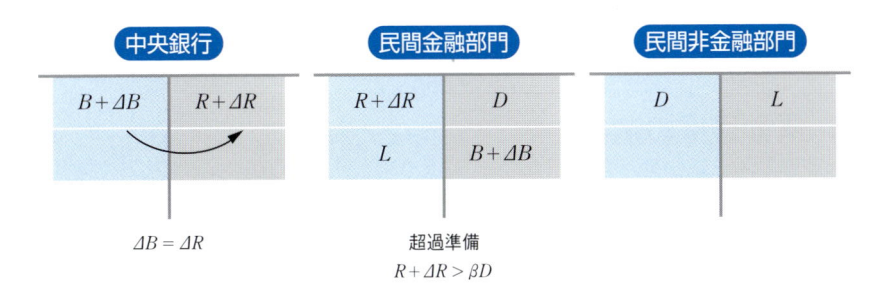

中央銀行		民間金融部門		民間非金融部門	
$B+\Delta B$	$R+\Delta R$	$R+\Delta R$	D	D	L
		L	$B+\Delta B$		

$\Delta B = \Delta R$

超過準備
$R + \Delta R > \beta D$

そこで、民間金融部門は超過準備を解消するために、民間非金融部門に対する貸出 L を ΔL だけ増加させます。貸出は、民間非金融部門全体の中の預金となり、預金も ΔL だけ増加します。民間金融部門が超過準備を解消するために民間非金融部門に対してどれだけ貸出を増やせばよいかは、以下の式から与えられます。

$$R + \Delta B = \beta (D + \Delta L)$$

よって、追加的貸出 ΔL は、$\Delta B / \beta$ になります。これ以上を貸し出すと、所要準備を満たしません。これ以下の貸出では、超過準備が残ります。

中央銀行			民間金融部門			民間非金融部門	
$B+\Delta B$	$R+\Delta R$		$R+\Delta R$	$D+\Delta B/\beta$		$D+\Delta B/\beta$	$L+\Delta B/\beta$
			$L+\Delta B/\beta$	$B+\Delta B$			

中央銀行貸出 ΔB ────────────────▶ 預金 $\Delta B/\beta$

$1/\beta =$ 信用乗数

　結局，中央銀行貸出を ΔB だけ増やすハイパワード・マネーの緩和を行うと，マネー・サプライが $\Delta B/\beta$ だけ増加することになります。ハイパワード・マネーの変化分に対するマネー・サプライの変化分の比率を，信用乗数と呼び，この場合，$1/\beta$ に等しくなります。こうして，信用乗数メカニズムを通じて，操作目標であるハイパワード・マネーの変化から中間目標であるマネー・サプライの変化へと金融政策が伝播していきます。

○ 運営目標の選択

　中央銀行がいかなる指標を運営目標とするべきかについて，プール（William Poole；現セントルイス連銀総裁）は IS−LM 分析に基づく分析を行いました[3]。運営目標として，マネー・サプライの量をコントロールする政策か，コール・レートなど利子率をコントロールする政策かの二者択一を考えます。政策目標は，所得水準の安定化にあるとしましょう。

　横軸に実質 GDP（所得）y，縦軸に利子率 r をとった図 4.2 において，右下がりの IS 曲線は財市場の均衡をもたらす (y,r) の組合せを表します。右上がりの LM 曲線は，貨幣市場の均衡をもたらす (y,r) の組合せです。IS 曲線と LM 曲線の交点では，財市場・貨幣市場の両方において均衡がも

---

[3] Poole, William. "Optimal Choice of Monetary Policy Instruments in a Simple Stochastic Macro Model." *Quarterly Journal of Economics*, 84(2), 1970, pp.197-216.

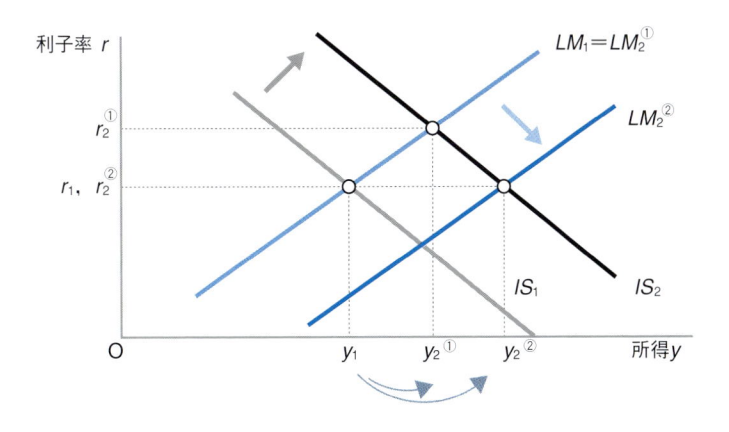

図4.2　運営目標の選択（IS ショックの場合）

たらされています。

　第一のケースとして，財市場の変動がある場合を考えましょう。消費や設備投資や財政支出などGDPのコンポーネントにプラスの影響を与える（正の）ショックが生じた場合，IS 曲線は，IS_1 から IS_2 へと右（ないし上）にシフトします。もし中央銀行の運営目標がマネー・サプライのコントロールにあるとすると，LM 曲線はシフトしないので，実質所得は y_1 から $y_2^{①}$ へと変動します。もし運営目標が利子率のコントロールである場合，IS 曲線のシフトに伴う利子率の上昇を平準化するために，中央銀行は準備あるいはマネー・サプライを追加的に供給しますので，LM 曲線は $LM_2^{②}$ へとシフトします。その結果，実質所得は y_1 から $y_2^{②}$ へと変動します。つまり，政策目標を実質所得の安定におく中央銀行は，財市場の変動に対しては，マネー・サプライのコントロールを運営目標とする方が望ましいことになります。

　第二のケースとして貨幣市場に変動が生じる場合を考えましょう。貨幣需要を増大させるショックが生じた場合，LM 曲線は LM_1 から LM_2 へとシフトします。もし中央銀行がマネー・サプライをコントロールする場合，LM

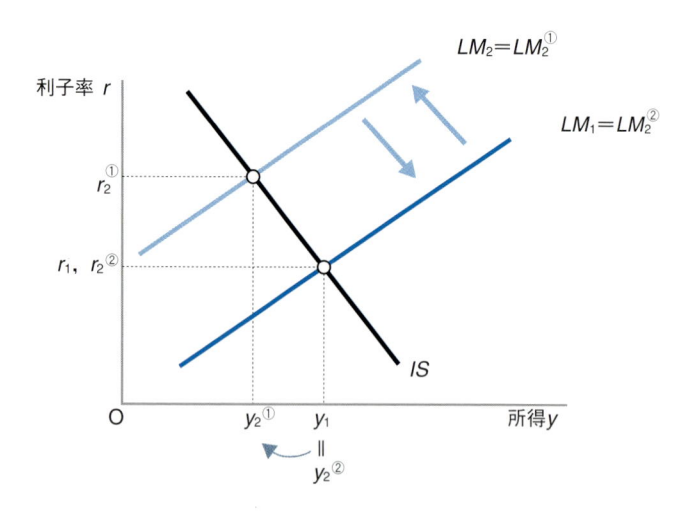

図4.3　運営目標の選択（LM ショックの場合）

曲線は $LM_2^{①}$ にシフトしたままになり，実質所得は y_1 から $y_2^{①}$ へと変動します。もし利子率をコントロールする場合には，中央銀行は LM 曲線をもとの位置に戻すようにマネー・サプライを増加させ，LM 曲線は $LM_2^{②}$ へ戻ります。その場合，実質所得はまったく変動しないことになります。つまり，実質所得の変動を最小化する金融政策には，貨幣市場の変動に対して利子率をコントロールする運営が求められます[4]。

○ グッドハートの法則

前節で述べたように，グッドハート教授は，過去における米国，英国の金融政策を振り返り，一つの法則を発見しました。それは，中央銀行がマネ

---

[4]（討論・主題発見のための）設問4.3が章末にあります。

ー・サプライか名目利子率のどちらかを運営目標にしていた時期を比較すると，マネー・サプライのコントロールを運営目標にしていた時期においてはその他の時期に比べて，名目利子率の変動が大きく，貨幣需要関数が不安定になるというものです。

米国では，1979年から1982年の3年間に，FRB議長であったボルカーが反インフレを掲げて，マネー・サプライを急激に引き締める政策を採りました。その結果，名目利子率の変動が従来とは比較にならないほど大きくなったため，ボルカー・ショックと呼ばれています。

グッドハートの法則は，「貨幣数量方程式」（第1章1.2節を参照）を考えれば明らかです。貨幣の流通速度が名目利子率の正の関数であるとします。数量方程式 $Py = MV(i)$ を対数変換したものを時間に関して微分して[5]，

$$\frac{\dot{V}(i)}{V(i)} = \frac{\dot{P}}{P} + \frac{\dot{y}}{y} - \frac{\dot{M}}{M}$$

が得られます。一般物価水準（P）あるいは実質GDP（y）に関するショックが生じる場合，マネー・サプライ（M）のコントロールを運営目標とする金融政策は，すべての変動は貨幣の流通速度（V）ひいては名目利子率（i）の変動が吸収してしまいます。ボルカーの行った政策はこの場合に該当します。一方，名目利子率（i）のコントロールを運営目標とする場合，貨幣の流通速度（V）が安定化され，すべての変動はマネー・サプライ（M）が吸収します。これが，グッドハートの法則が意味することです。

○ 金融政策の有効性

次に，中央銀行による運営目標の操作が政策目標に与える影響について説

[5) 時間 t の関数である変数 x_t を対数変換した $\log x_t$ を，時間 t に関して微分すると，
$$\frac{d \log x_t}{dt} = \frac{d \log x_t}{dx_t} \cdot \frac{dx_t}{dt} = \frac{1}{x_t} \cdot \dot{x}_t = \frac{\dot{x}_t}{x_t}$$
より，変数 x_t の伸び率 $\dot{x}_t/x_t$ が得られます。記号 $\dot{x}_t$ は「x_t ドット」と読み，時間に関する1階の導関数を表します。

明します。どのような条件の下で金融政策の有効性が発揮されるのかを，IS–LM 分析を用いて明らかにしましょう。ここでは，運営目標が貨幣供給量（マネー・サプライ）であり，政策目標が実質 GDP であるとします。また，IS–LM 分析が仮定するように，一般物価水準は一定であるとします。

金融政策の有効性を左右する要因として，貨幣需要の利子弾力性，設備投資の利子弾力性，限界消費性向の3つを取り上げます。

第一に，貨幣需要の利子弾力性です。以下の式のように，名目利子率 i と実質所得 Y に依存する実質貨幣残高に対する需要 $\frac{M}{P} = L(i, Y)$ を一次式で近似します。小文字で表された変数は，大文字の変数を自然対数で対数変換したものです。名目利子率はパーセンテージそのものですが，名目貨幣残高，一般物価水準，実質所得は対数変換した $m = \log_e M$, $p = \log_e P$, $y = \log_e Y$ を用います。

$$m - p = \alpha_0 - \alpha_1 i + \alpha_2 y \quad \rightarrow \quad i = \frac{1}{\alpha_1}(\alpha_0 + \alpha_2 y - m + p)$$

ここで，名目利子率を除く対数変換された各変数の係数は，弾力性（elasticity）を表します。たとえば，α_2 は，1% の実質所得の変化率の上昇によって貨幣需要の変化率が α_2% だけ上昇することを意味します。名目利子率にかかる係数 α_1 は，1% だけ名目利子率が上昇することによって貨幣需要が α_1% だけ低下することを意味し，準弾力性（semi-elasticity）を表します[6]。

このとき，貨幣需要の利子準弾力性 α_1 が上昇しますと，図4.4 のように LM 曲線がより水平になります。貨幣供給量 M が増加する場合，LM 曲線は利子準弾力性に依存せず，水平方向に同じだけ右にシフトします。しかし，LM 曲線がより水平，つまり貨幣需要の利子準弾力性が大きいケースの方が，IS 曲線との交点である均衡における実質 GDP は小さくなります。したが

---

[6] 一般に，関数 $y = f(x)$ の弾力性，準弾力性の定義は，

$$\left| \frac{d \log f(x)}{d \log x} \right|, \quad \left| \frac{d \log f(x)}{dx} \right|$$

です。| | は絶対値を表します。

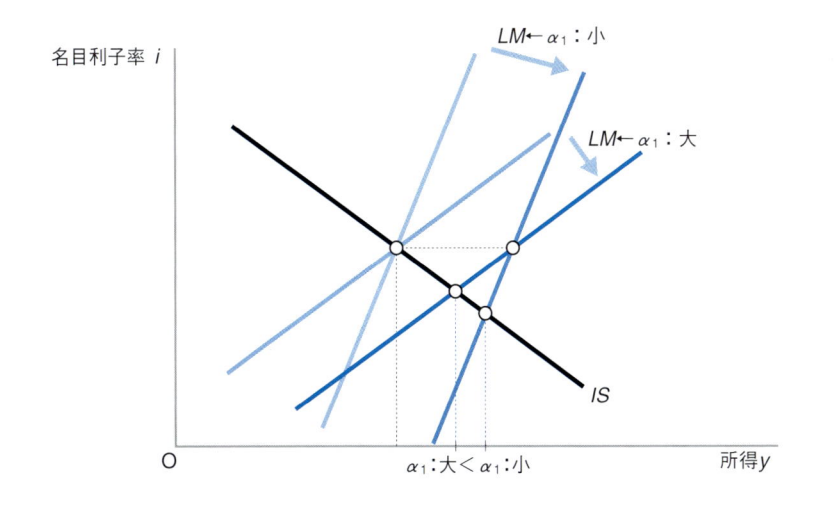

図 4.4　金融政策の有効性（貨幣需要の利子準弾力性のケース）

って，貨幣需要の利子準弾力性が大きい場合の方が，金融政策の有効性は小さくなります。

　図 4.5 のように，貨幣需要の利子準弾力性が無限大であるケースを想定しましょう。わたしたちが，もうこれ以上利子率は下がらないと考え，無限大の貨幣需要の下で利子率が少しでも上昇すれば，いっせいに資産選択が貨幣以外の資産に向けられる状態を指します。この場合，金融政策は無効になります。この状態を「流動性の罠」と呼びます（1.3 節「流動性」参照）。これは 1930 年代の米国やスウェーデン，あるいは日本において 1997 年以降引き続いているように，デフレが生じている場合に起こります。金融政策を営む中央銀行は，デフレを解消するために金融緩和を行い，名目利子率を引き下げたいにもかかわらず，名目利子率がゼロの下限によって制約されて，身動きのとれない状態です。一般に，流動性の罠から抜け出すには，LM 曲線に働きかける金融政策ではなく，IS 曲線を右にシフトさせる財政政策し

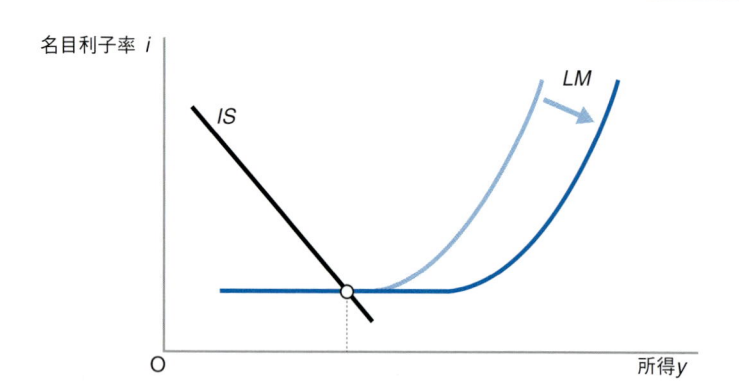

図4.5　金融政策の有効性（流動性の罠 $\alpha_1 = \infty$ のケース）

か有効ではありません。

第二に，設備投資の利子弾力性について考察します。IS 曲線は財市場の均衡を表す GDP と利子率の組合せです。いま，下の式のように財・サービスに対する需要が民間消費 C，設備投資 I，財政支出 G から成っているとします。

$$Y = C + I(r, \rho^e) + G$$

設備投資関数は，実質利子率 r と投資の限界効率 ρ^e とに依存します。実質利子率が上がるあるいは限界効率が下がると，設備投資が減少します。投資関数を以下のように自然対数 e の指数関数で表します。

$$I(r, \rho^e) = e^{\beta_0 - \beta_1 r + \beta_2 \rho^e}$$

このとき，財市場の均衡式 IS 曲線は

$$r = \frac{1}{\beta_1}[\beta_0 + \beta_2 \rho^e - \log_e(Y - C - G)]$$

となります。設備投資の利子準弾力性 $-\dfrac{\partial \log_e I}{\partial r} = \beta_1$ が大きい場合と小さい場合とを比較しますと，金融政策の有効性は図4.6からわかるように，

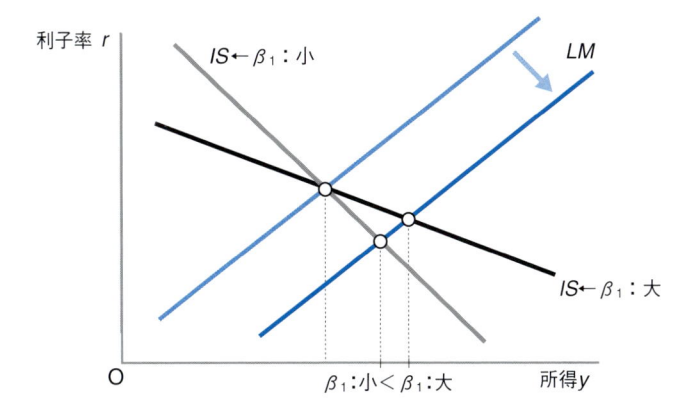

図4.6　金融政策の有効性（設備投資の利子準弾力性のケース）

利子弾力性が大きい方が強く働きます。

最後に，消費の限界性向について考えます。指数関数の設備投資に加えて，消費関数を一次式で近似しますと，

$$C(Y) = \gamma_0 + \gamma_1 Y$$

IS 曲線は，

$$r = \frac{1}{\beta_1}\{\beta_0 + \beta_2 \rho^e - \log_e[(1-\gamma_1)Y - \gamma_0 - G]\}$$

消費関数における所得にかかる係数 γ_1 は，所得の限界的な変化に対する消費の変化を表し，消費の限界性向（marginal propensity to consume）と呼ばれます。限界消費性向は，1より小さい正の数です。図4.7より，限界消費性向が大きい方が，金融政策の効果がより有効であることがわかります。

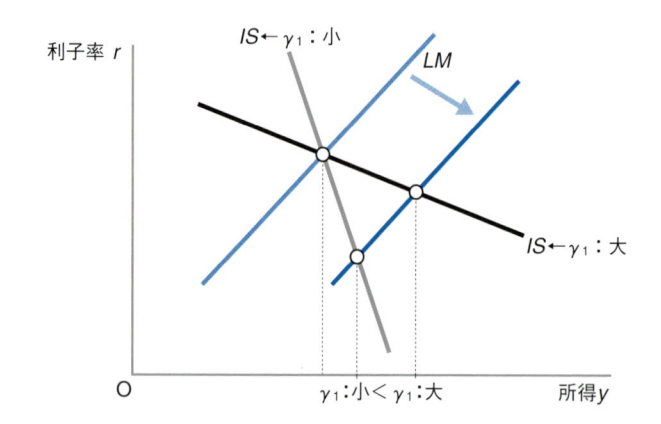

図 4.7　金融政策の有効性（限界消費性向のケース）

○ 資産効果

　ここまでは，一般物価水準が一定であると仮定して議論してきました。ここからは，一般物価水準の変化が金融政策の効果に与える影響について見ていきます。

　一般物価水準の変化がわたしたちの行動に与える影響には，2つがあります。第一には，実質貨幣残高を通じた効果です。一般物価水準の上昇は，実質貨幣残高の減少を意味しますので，LM 曲線を左にシフトさせます。第二の効果として，実質の資産が実質の消費に正の影響をもたらす消費の資産効果を考えます。

$$C = C\left(Y, \frac{W}{P}\right), \quad W \equiv M + B$$

貨幣 M と債券 B が富 W にあたります。実質単位で見た富（資産）W/P が増えると，実質の消費 C が増加する効果が，消費の資産効果（wealth effect）です。

ところが，一般物価水準 P の上昇が実質資産の低下を通じて，マクロ経済全体の実質消費を低下させるか否かについては，2つの考え方があります。第一に，マンデル（Robert Mundell）コロンビア大学教授は，一般物価水準の上昇による実質消費への資産効果は負の影響をもつと主張しました。この効果をマンデル効果（Mundell effect）といいます。

$$P\uparrow \Rightarrow \frac{W}{P}\downarrow \Rightarrow C\left(Y, \frac{W}{P}\right)\downarrow$$

第二の考え方は，第1章「貨幣」で紹介したフィッシャーによって主張されました。消費の資産効果自体は正の方向に働きますが，一般物価水準の上昇はマクロ経済全体の実質消費を上昇させるというものです。

ある一時点においてマクロ経済には，債権者と債務者の2種類の人しかいません。債権者とは，正の実質資産を有する人であり，債務者は負の実質資産を有する人です。両者は同じく資産の増加によって消費を増やします。しかし，一般物価水準の上昇の効果は，債権者と債務者とでは異なります。債権者にとっては，実質資産の低下を意味し，消費を減らしますが，債務者にとっては，実質債務の低下を意味し，消費を増やす効果をもちます。債務者は過剰に消費をして借金をかかえている主体ですから，一般に，資産の限界消費性向は債務者の方が債権者よりも高いと考えられます。

その結果，一般物価水準の上昇は，債権者の実質消費の低下分を上回るだけの，債務者の実質消費の上昇を生み，マクロ経済全体として，消費を増やす結果をもたらします。これをフィッシャー効果（Fisherian effect）と呼びます。

マクロ全体の $B=0$
$\begin{cases} 債権者（正の B, 消費性向小）：P\uparrow \to \dfrac{B}{P}\downarrow \to 消費減 \\ 債務者（負の B, 消費性向大）：P\uparrow \to \dfrac{B}{P}\uparrow \to 消費増 \end{cases}$
マクロ全体の $C\left(Y, \dfrac{W}{P}\right)\uparrow$

以上の2つの経路（実質貨幣残高，消費の資産効果）より，一般物価水準の上昇の影響は，図4.8のようになります。LM 曲線を左にシフトさせる

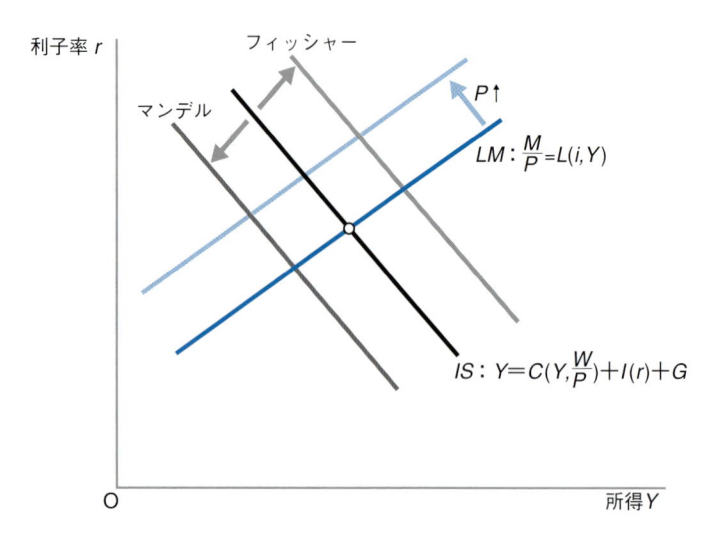

図 4.8　一般物価水準の影響（マンデル・フィッシャー効果）

グラフ内ラベル：利子率 r、マンデル、フィッシャー、$P\uparrow$、$LM: \dfrac{M}{P}=L(i,Y)$、$IS: Y=C(Y,\dfrac{W}{P})+I(r)+G$、所得 Y

と同時に，IS 曲線を右（フィッシャー効果の場合）ないし左（マンデル効果の場合）にシフトさせます。

○ インデクセーション

　フィッシャー教授は，会社の経営者でもありました。彼が創立に参画した Rand-Kardex 社は，卸売物価指数に元本・利子が連動する社債を発行しました。元本，利子が物価に連動（インデクセーション；indexation）する債券一般を，物価連動債（inflation indexed bonds）といいます。インフレによる影響を受けない利子率が保証されますので，物価連動債は，インフレ・リスクをヘッジするのに有効な手段となります。これまで，高いインフレを経験した多くの国々（フィンランド，イスラエル，アイスランド，ブラジル，チリ，コロンビア，アルゼンチン，英国，オーストラリア，メキシコ，カナ

ダ，スウェーデン，ニュージーランド，米国，フランス，日本など）において，主に消費者物価指数に連動する国債である，物価連動国債が発行されてきました。

しかし，これまで物価連動債があまり活発に発行されてこなかった背景として，法貨としての貨幣価値に関する法制度上の規定がありました。たとえば，南北戦争（1861-1865年）後，高率のインフレを経験した米国では，それまでドルが高い価値をもっていたときに貸し付けられた金融債権が弁済される場合に，現行のドルで計った額面で受け取らなければならないかについて，いわゆる「法貨事件」（legal tender cases）が最高裁判所において争われました。より切迫した事例としては，第一次世界大戦（1914-1918年）後のドイツにおけるハイパー・インフレーションのときが挙げられます。「1マルクは1マルク」という原則が貫かれ，戦前における債権者が莫大な損失を蒙ることになりました[7]。

金融契約上のインデクセーションのもつ潜在的な役割は，第1章で述べた貨幣の機能に関わる重大な問題です。インフレの影響を受けない「リアル」な債券である物価連動債が，「交換手段」としての貨幣とは別に，貨幣が受け持つもう一つの機能である「決済単位」として流通する時代が到来すると想定してみましょう。決済単位としての金や銀などの正貨が，交換手段としての兌換紙幣とともに用いられていた時代と同じ状況です。最も価格変動の小さい財と考えられ決済単位となってきた金や銀の存在が，来るべき時代に，物価連動債という単位に取って代わられることになるのでしょうか[8]。

---

[7] 物価連動債に関する（討論・主題発見のための）設問4.4が章末にあります。
[8] インデクセーションに関する（討論・主題発見のための）設問4.5が章末にあります。

4.3 ルールか裁量か

　中央銀行による金融政策がインフレに与える影響は，金融政策がルール（rule）に基づいて行われるか，あるいは裁量（discretion）によって運営されるかによって大きく異なります。ここでは，金融政策のルールの存在がインフレの発生にどのような効果をもたらすのかについて，理論的に考えます。

◯ フィリップス曲線

　その前に，インフレーションのある世界について説明します。一般に，インフレ率と失業率との間には，トレード・オフ（trade-off）の関係があります。インフレ率 π が上昇すると失業率 U が低下するという負の相関です。この関係をフィリップス（Phillips）曲線といいます。インフレ率は，失業率と負の関係にある部分 $f(U)$ に加えて，期待インフレ率に依存する部分 π^e から成り立ちます。

$$\pi = f(U) + \pi^e,$$
$$\frac{df}{dU} < 0$$

　フィリップス曲線は，図4.9のように表されます。長期的には，現実のインフレ率も期待インフレ率もゼロ $\pi = \pi^e = 0$ である状態に収束すると考えられますので，長期におけるフィリップス曲線は $f(U) = 0$，つまり自然失業率（natural rate of unemployment）U_N を通る垂直線となります。自然失業率は，期待インフレ率 π^e がゼロである場合のフィリップス曲線が，失業率の軸と交わる点を指します。

　わたしたちのインフレ期待 π^e について，ここでは，将来のインフレ率の予想形成を以下の線型の式で簡単化します。

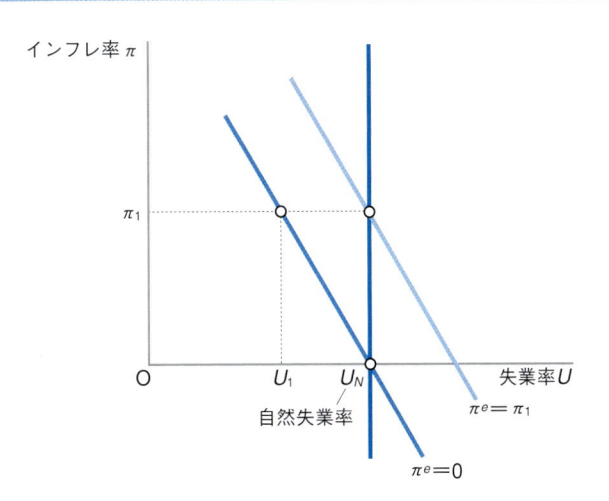

図4.9 フィリップス曲線

（グラフ中のラベル：インフレ率 π、π_1、U_1、U_N 自然失業率、失業率 U、$\pi^e = \pi_1$、$\pi^e = 0$）

$$\pi^e = \phi\pi \qquad 0 \leq \phi \leq 1$$

現実のインフレ率が高まると，わたしたちの期待インフレ率も比例して高まると想定します。このことは，個々の家計や企業が直面する物価が，周辺の物価変動と同様に変動するはずであると予想していることになります。係数 ϕ（ファイ）は**貨幣錯覚**（money illusion）の程度を表し，$\phi = 0$ の場合は完全な貨幣錯覚，$\phi = 1$ の場合は貨幣錯覚がないケースを指します。

期待インフレ率に依存するフィリップス曲線は，わたしたちの貨幣錯覚の程度によって形状が異なることになります（図4.10）。完全な貨幣錯覚のケース（$\phi = 0$）では，期待インフレ率がゼロとなりますので，フィリップス曲線は傾きが負の曲線です。一方，貨幣錯覚がないケース（$\phi = 1$）では，現実のインフレ率と期待インフレ率とが一致しますので，垂直な長期のフィリップス曲線があてはまります。両極端の中間のケースでは，完全な貨幣錯覚のケースのフィリップス曲線よりも傾きの大きい曲線となります。

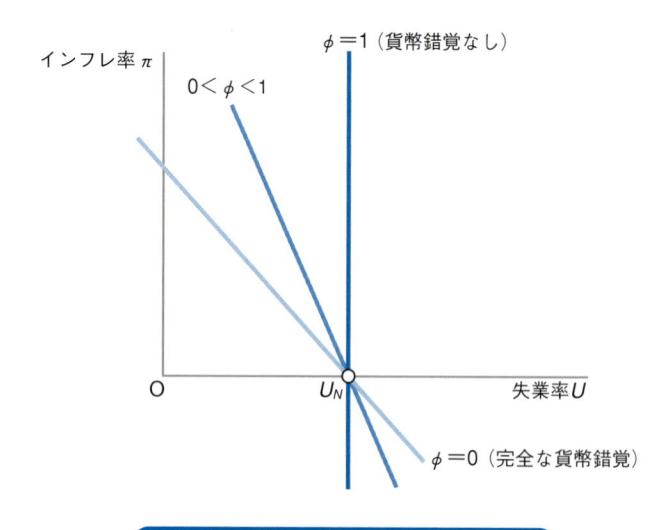

図 4.10　フィリップス曲線と貨幣錯覚

◯ バロー゠ゴードン・モデル

　フィリップス曲線の議論を前提にして，金融政策のルールあるいは裁量について考えます。基本は，バロー（Robert Barro）゠ゴードン（D. B. Gordon）両教授によるモデルです。ここでは，簡単化したモデルを提示します。

　中央銀行は，以下の式で表されるように，フィリップス曲線を制約条件にして，社会的損失関数（social loss function）を最小化するように，インフレ率と失業率の組合せを選ぶと考えます。社会的損失関数 L は，インフレ率 π の 2 乗の項と，失業率 U のその目標値からの乖離の 2 乗の項の和によって構成されます。後者に与えられるウェイトが ω（オメガ）です。このウェイトの経済学的な意味については，後で議論します。目標となる失業率は，$U_N - a$ です。a は正の数ですので，中央銀行は，長期的に成立するだろう自然失業率 U_N よりもさらに低い失業率を目指していると想定します。図

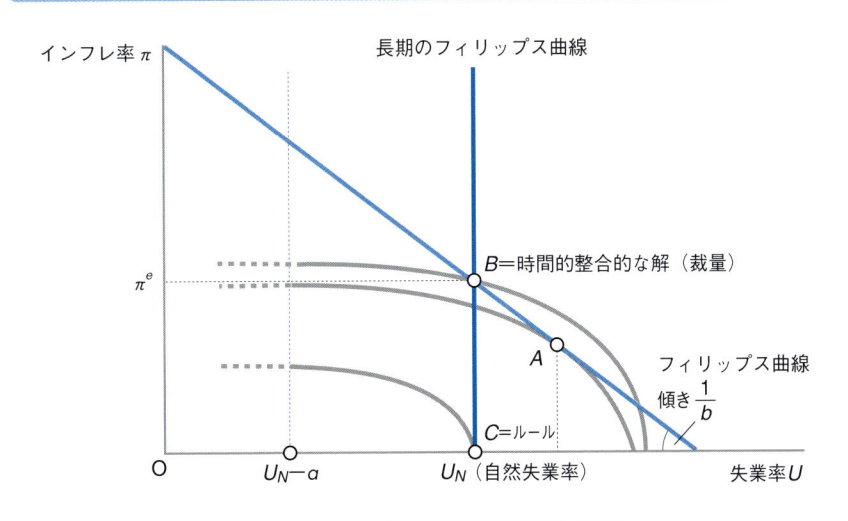

図 4.11 の縦軸はインフレ率 π、横軸は失業率 U。長期のフィリップス曲線は U_N で垂直。点 B=時間的整合的な解（裁量）、点 C=ルール、点 A、傾き $\frac{1}{b}$ のフィリップス曲線。

図 4.11 バロー＝ゴードン・モデル

4.11 において，社会的損失関数は，$(\pi, U) = (0, U_N - a)$ を中心とする楕円における中心からの距離によって表されます。また，フィリップス曲線 $\pi = f(U) + \pi^e = \frac{1}{b}(U_N - U) + \pi^e$ は，線型性を仮定します[9]。

$$\min_{(\pi, U)} L = \pi^2 + \omega \underbrace{(U - U_N + a)^2}_{U-(U_N-a)} \quad a > 0$$

$$s.t. \quad \pi = \frac{1}{b}(U_N - U) + \pi^e$$

わたしたちの選択する期待インフレ率 π^e は，先の期待形成式における貨幣錯覚がないケース（$\pi^e = \pi$），つまり完全予見に従って決められると仮定します。このとき，金融政策がルールに従って行われる場合と裁量による場合に分けて議論しましょう。まず，ここでのルールとは，中央銀行がインフレ

---

[9] 記号「$\min f(x, y) \ s.t. \ y = g(x)$」は，関数 $y = g(x)$ を制約条件にして，関数 $f(x, y)$ を (x, y) について最小化する（minimize）ことを意味します。

を起こさないことを守るように，インフレ率ゼロというルールを制約として課すことを意味します。このルールの下では，期待インフレ率もゼロとなります。したがって，中央銀行の選ぶインフレ率と失業率の組合せは，長期のフィリップス曲線上で社会的損失関数を最小化する点，$(\pi, U) = (0, U_N)$ です。図 4.11 の点 C です。

次に，裁量による金融政策では，ルールによって金融政策の選択に制約を課しません。その場合，制約条件であるフィリップス曲線の式を代入した社会的損失関数を失業率 U に関して最小化するための十分条件 $\frac{dL}{dU} = 0$ [10] より，最適なインフレ率は，

$$\pi = \underbrace{\frac{b^2\omega}{1+b^2\omega}}_{>1}\pi^e + \frac{ab\omega}{1+b^2\omega}$$

となります。中央銀行が裁量の下で選ぶインフレ率と失業率の組合せは，図 4.11 における点 A です。ところが，この裁量的金融政策は，わたしたちのインフレ期待形成を考慮していません。完全予見となるインフレ期待形成の式を代入して，裁量的金融政策の結果は，$(\pi, U) = (ab\omega, U_N)$ となり，図 4.11 の点 B となります。つまり，点 A よりも社会的損失をより大きくする結果をもたらしてしまいます。

この結果を現実のインフレ率と期待インフレ率の関係について解釈します。わたしたちの形成する期待インフレ率は，完全予見の仮定より，インフレ率と等しくなります（図 4.12 中の 45°線である PP 線）。中央銀行による社会的損失関数の最小化により，裁量による金融政策の満たす条件から，インフレ率は期待インフレ率と比例関係にあります（図中 AA 線）。この2つの関係を同時に満たす点が，$(\pi, \pi^e) = (ab\omega, ab\omega)$ です。

もし期待形成が $\pi^e = \pi_{-1}$ が成立する静学的期待形成に従っているとすると，π^e が裁量政策の下での均衡インフレ率 $ab\omega$ から乖離しても，長期的なイン

---

[10] $L = \left[\frac{1}{b}(U_N - U) + \pi^e\right]^2 + \omega(U - U_N + a)^2$ より，$\frac{dL}{dU} = 0$ から $U_N - U = \frac{-b}{1+b^2\omega}\pi^e + \frac{ab^2\omega}{1+b^2\omega}$ を得，フィリップス曲線の式に代入して，最適なインフレ率を得ます。

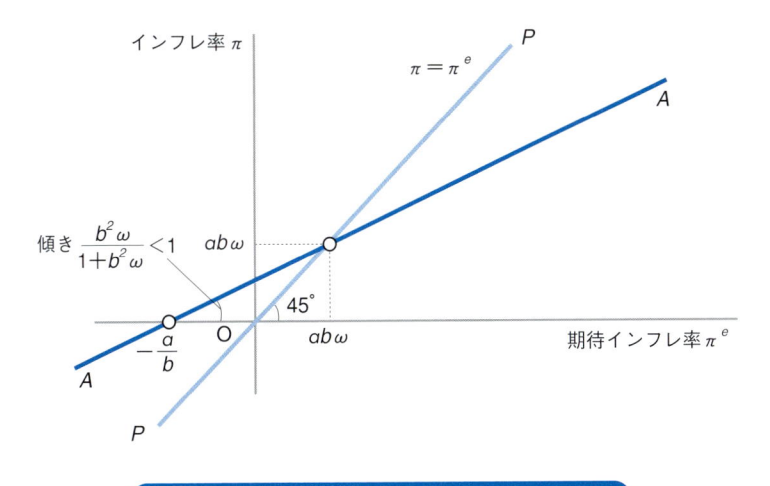

図4.12 時間的整合性(time-consistency)

フレ率は均衡インフレ率 $ab\omega$ に収束することがわかります。すなわち，この点によって表される裁量的金融政策のもたらす結果は，期待形成に関して安定した構造をもち，時間的整合的な(time-consistent)解であるといいます。ルールの下でのゼロ・インフレと比べて，こうした裁量政策を採る中央銀行がもつ傾向のことを，インフレ・バイアス(inflation bias)と呼びます。

以上より，社会的損失関数の観点から見て，図4.11の点 C をもたらすルールによる金融政策が，点 B をもたらす裁量的金融政策よりも優れていることがわかります。金融政策のルールは，中央銀行のインフレ抑制的な態度に対する信認(credibility)を高めることによって実現されます。その具体的な方策として，3.4節で触れた中央銀行の独立性を高める制度の導入が進められてきました。

◯ ロゴフの保守主義

ロゴフ（Kenneth Rogoff）[11]は，いかなるタイプの中央銀行家（central banker）を総裁にすれば，社会的に見て望ましいのかについて理論的に考察しました。その枠組みは，先のバロー=ゴードン・モデルにおいて社会厚生上望ましいことが示されたルールによる金融政策が，非現実的であるとの前提から始めます。

バロー=ゴードン・モデルにおける社会的損失関数は，わたしたちの選好（preference）を反映しています。とりわけ，失業率の2乗項にかかるウェイト ω の値がどれだけ小さいかは，インフレにどれだけ重きをおいた選好をわたしたちがもっているかを表します。その社会的損失関数の下において，裁量的金融政策の結果，$ab\omega$ だけのインフレ率が発生します。したがって，インフレの発生による社会的損失をできるだけ小さくするためには，ウェイト ω が小さい中央銀行家に金融政策を担当させるのが望ましいということになります。わたしたちの構成する社会の平均よりも一層インフレ抑制的な中央銀行家に，金融政策を担当させれば，社会一般の選好から得られる社会的損失を小さくすることができます。これはインフレによる限界コストを高めることによって，インフレ・バイアスを減らすさまざまな方策の一つです。ロゴフの発想は，ロゴフの保守主義（Rogoffian conservatism）と呼ばれ，3.4節で言及した中央銀行の独立性の理論的な背景となる考え方です[12]。

---

11) Rogoff, Kenneth. "The Optimal Degree of Commitment to an Intermediate Monetary Target." *Quarterly Journal of Economics*, 100(4), pp.1169-89.
12) インフレ・バイアスに関する（討論・主題発見のための）設問4.6が章末にあります。

4.4 流動性の罠:再論

◯ 名目利子率ゼロの意味

第1章(1.3節)で触れたように,流動性の罠とは,名目利子率が十分に低いために,これ以上利子率が低下することがまったく予想されない状況を指しています。名目利子率がゼロに限りなく近い状態です。また,第1章(1.2節)で述べたように,実質貨幣需要の決定要因である名目利子率は,貨幣保有の機会費用です。したがって,流動性の罠にある経済では,貨幣保有の機会費用がゼロであるため,貨幣と債券とが完全に代替的であることになり,流動性の面で優る貨幣に対する選好が絶対的となっています。

この名目利子率ゼロの意味について,日本の1990年代後半における流動性の罠を例にして理論を展開したのが,クルーグマン(Paul Krugman)[13](1998)です。クルーグマンは,消費を行うには現金を前もって保有しておかなければならないという現金制約(cash-in-advance constraint)の付いた消費者の効用最大化問題を考え,名目利子率がゼロであるとき,実質貨幣需要を決める現金制約が有効(binding)ではなくなるため,実質貨幣需要,さらには貨幣市場の需給均衡によって決定されるはずである一般物価水準までが,非決定になること(indeterminacy)を示しました。そこで,一般物価水準が決定されるためには,中央銀行が直接 P を決定する仕組みとして,「インフレ・ターゲティング」の金融政策の枠組みを採用するしかないというのが,クルーグマンの主張です。クルーグマンによれば,従来までの捉え方と異なり,流動性の罠とは物価水準の非決定の問題であることになります。

---

[13] Krugman, Paul R. "It's Baaack! Japan's Slump and the Return of the Liquidity Trap." *Brookings Papers on Economic Activity*, 1998:2, pp.137–87.

◯ 米国における 1929 年の大恐慌

　1914 年に設立された米国連邦準備制度（FRB）は，最後の貸し手として機能し，金融パニックの防止に役立ってきたように見えました。ところが，1929 年の金融大恐慌をはじめ，1933 年までに 5 度にわたる銀行取付け騒ぎが発生しました。また，1929 年の金融大恐慌の後，年率 10% 近い大幅なデフレを経験しました。適切な金融緩和の必要なこの金融危機時に，貨幣供給残高が大幅に減少していることから，大恐慌を The Great *Contraction* と呼ぶ研究[14]もあります。ここでは，設立後順調に見えた FRB において，この時期に何があったのかについて触れておきます。大恐慌の原因については，第 9 章「金融危機と国際機関」で包括的に扱います。

　ニューヨーク連邦準備銀行の初代総裁ベンジャミン・ストロング（Benjamin Strong；1872-1928）は，そのカリスマ性から FRB においてリーダーシップを誇っていましたが，1928 年に亡くなります。彼の死後，FRB 内で権力の移行・分散が行われ，ストロングほどのリーダーシップを発揮する人物は現れませんでした。そのことが，大恐慌に対して連銀が迅速な金融緩和策を採るのが遅れた背景にあったといわれます。

　一方，ストロングの死後も一貫して採られていたバーガス=リーフラー=ストロング・ドクトリン（Burgess-Riefler-Strong Doctrine；BRS ドクトリン）と呼ばれる理論自体の誤謬に，FRB による大恐慌に対する不適切な対応の原因を求める研究もあります。BRS ドクトリンとは，公定歩合で FRB から民間銀行に貸し出される借入準備残高（borrowed reserve）を金融政策の指標として用いるという考え方です。当時の低い市場利子率の下での民間銀行の FRB からの借入準備額の減少は，民間銀行に資金が十分にあり，金融市場が緩和状態にあることを示していると，FRB は理解していました。そのため，金融危機にもかかわらず，FRB は金融市場での取引を通じる公開市

---

14) Friedman, Milton and Anna Jacobson Schwartz. *Monetary History of the United States, 1867-1960*. Princeton University Press, 1963.

場操作において，資金供給のための買いオペ（買いオペレーション）を積極的に行いませんでした。このドクトリンは，後に連銀議長の顧問となるリーフラー（Winfield Riefler；1897-1974）の理論の下，ストロングのみならず，ストロングの後を継いだニューヨーク連銀総裁ハリソン（George Harrison；1887-1958）を支えた銀行家バーガス（Randolph Burgess；1889-1978）も信奉していました。

BRSドクトリンが大恐慌を招いた可能性があることを教訓として生かして，FRBは1979年から1982年のボルカー議長の時期に「非借入れ準備残高（non-borrowed reserve）」を金融政策の指標として用いました[15]。

本章のまとめ

1 金融政策に関する学派は，貨幣の中立性を説くリカードゥの流れをひく通貨学派およびマネタリズム，銀行信用を重んじる銀行学派およびリアル・ビルズ・ドクトリンの2系譜に大きく分かれます。

2 金融政策の第一義的な効果が，ケインズは民間設備投資に現れると考えたのに対して，ホートレーは企業の保有する在庫などの運転資金にあると主張しました。ホートレーの考えは現在，コスト・チャンネルと呼ばれます。

3 現実の金融政策の運営は，操作目標・中間目標（運営目標）・政策目標の3段階に分かれています。

4 プールは運営目標として，ISショックに対しては貨幣供給量，LMショックに対しては名目利子率を選択するのが望ましいと考えました。

5 資産効果には，マンデル効果とフィッシャー効果の2種類があります。

6 裁量的金融政策は，ルールに基づく金融政策と異なり，インフレ・バイアスを伴います。ロゴフの保守主義に基づいて，中央銀行の独立性を高めることによって，インフレ・バイアスを減らすことが可能です。

7 流動性の罠では，名目利子率ゼロによる物価水準の非決定が生じます。インフレ・ターゲティングはその解決策の一つです。

---

15) BRSドクトリンに関する（討論・主題発見のための）設問4.7が章末にあります。

8 連邦準備制度が金融政策の指標として借入れ準備残高を用いたことが，米国大恐慌の一因と考えられています．

（確認・応用のための）問題[16]

4.1 Tobin, James. "Commercial Banks as Creators of 'Money'", in *Banking and Monetary Studies*, ed. By D. Carson, Richard D.Irwin, 1963, pp. 408–19. を読み，トービンの主張が通貨学派，銀行学派のどちらに属するか判断しなさい．

4.2 デフレのメリット・デメリットに関して，マンデルおよびフィッシャーの資産効果から論じなさい．

4.3 流動性の罠に関するクルーグマン（1998）の論文をフォローしながら，名目利子率ゼロと現金制約の有効性との関係について，理論的に示しなさい．

4.4 流動性の罠において，外部貨幣のもつ資産効果が何を意味するかについて，先のクルーグマンのモデルを参考にして，理論的に考えなさい．

4.5 日本のデータを使って，フィリップス曲線を描きなさい．

（討論・主題発見のための）設問

4.1（ケインズ以前と以後の学説史：理論） 金融政策のコスト・チャンネルは，金融政策が需要側ではなく供給側の要因に働きかけるという点が異色です．ホートレーのコスト・チャンネルの現代版ともいえる，Barth, M. J. III. and V.A.Ramey. "The Cost Channel of Monetary Transmission." in *NBER Macroeconomic Annual 2001* (The MIT Press, 2001, pp.199–239)を読み，コスト・チャンネルの現代的意義について考えなさい．

4.2（ケインズ以前と以後の学説史：歴史） DeLong, J. Bradford. "The Triumph of Monetarism?" *Journal of Economic Perspectives*, 14(1), Winter 2000, pp.83–94. を読み，マネタリズムの現在について考察しなさい．

4.3（金融政策の運営：理論） 金融政策の運営目標の選択に関するプールの議論を，第3章3.1節で述べた中央銀行の利子率の平準化の問題と関連付けた論文，Goodfriend, Marvin. "Interset-Rate Smoothing and Price Level Trend-Stationarity." *Journal of Monetary Economic*, 19(3), pp.335–48. を読みなさい．

---

[16] ヒントと略解が本の末尾にあります．

4.4（金融政策の運営：歴史） 米国において 1933-1977 年までに物価連動債の発行が，事実上違法であった事情について，参考文献 McCulloch, Huston. "The Ban on Indexed Bonds, 1933–77." *American Economic Review*, 70(5), 1980, pp.1018–1021. から学びなさい。

4.5（金融政策の運営：現状） グローバリゼーションの時代における物価連動債のもつインデクセーションの役割について主張を繰り広げるロバート・シラー『新しい金融秩序』（田村勝省訳，日本経済新聞社，2004 年）を読み，金融工学の現代的意味について考察しなさい。

4.6（ルールか裁量か：理論） バロー=ゴードン・モデルにおけるインフレ・バイアスを解消するための方策について，ロゴフの保守主義（Rogoff, K. "The Optimal Commitment to an Intermediate Monetary Target." *Quarterly Journal of Economics*, 100(4), 1985, pp.1169–89.）に加えて，以下の参考文献を読み，まとめなさい。

Barro, R.J. and D.B.Gordon. "Rules, Discretion, and Reputation in a Model of Monetary Policy." *Journal of Monetary Economics*, 12(1), 1983, pp.101–21.

Walsh, C.E. "Optimal Contracts for Central Bankers." *American Economic Review*, 85(1), 1995, pp.150–67.

Svensson, L.E.O. "Optimal Inflation Contracts, 'Conservative' Central Banks,and Linear Inflation Contracts." *American Economic Review*, 87(1), 1997, pp.98–114.

4.7（流動性の罠：再論：歴史） 米国の大恐慌を招いたとされる BRS ドクトリンについて，参考文献 Wheelock, David C. *The Strategy and Consistency of Federal Reserve Monetary Policy, 1924–1933*. Cambridge University Press, 1991. を読み，数量経済史のアプローチから勉強しなさい。

第5章

プルーデンス政策

　銀行が直面するリスクとは何か，銀行を護る根拠はどこにあるのか，望ましい銀行規制の在り方は何かを考えながら，金融システムの安定性のためのプルーデンス政策について学びます。BIS規制，ペイオフ，システミック・リスクなど，ニュースで取り上げられることの多い用語の専門的な意味について理解を深めるとともに，試行錯誤の末に考案されてきたプルーデンス政策の進化を実感しましょう。

○ KEY WORDS ○

プルーデンス政策，金融システム，BIS，
商業銀行主義，ユニバーサル・バンキング，
機能的・業態別アプローチ，流動性リスク，
金利リスク，信用リスク，
システミック・リスク，事前的・事後的措置，
バーゼル合意，FDIC，ロンバード型貸出，
ペイオフ，PA

プルーデンス政策（prudential policy）とは、「金融システム」（financial system）の安定性を維持するための措置を意味します。政策を担う主体はさまざまですが、主に中央銀行、金融監督を行う官庁、あるいは「中央銀行の中央銀行」である国際決済銀行（Bank for International Settlements, BIS）です。金融システムの中で大きな役割をもつ銀行から個別に発生する不安定性と、それが金融システムに波及する過程における不安定性（システミック・リスク）、それぞれを未然に防ぐ政策を行っています。第9章「金融危機と国際機関」で触れます「大恐慌」前後における銀行取付けに端を発する銀行恐慌が教訓になっています。ここでは具体的に、銀行による過大な信用リスク、市場リスクを抑えるためのBIS規制、破綻した銀行の預金者を保護する預金保険制度、そして流動性不足に陥った銀行への中央銀行による最後の貸し手機能を取り上げます。

5.1 銀行を護る根拠

日本の旧大蔵省（現 財務省）による銀行行政は、「護送船団方式」と呼ばれるように、一行たりとも破綻させない方針を貫いてきました。しかし、そもそも政府が銀行を護る根拠はどこにあるのでしょうか。その点について考える前に、望ましい「金融システム」のあり方とは何か、その中における銀行の役割について考えなければなりません。

○ 金融システムの中の銀行

「金融システム」とは、金融取引や金融機関のあり方を具体的に定めたルールとしての法律・規則、行政制度、慣行、金融サービスの提供のあり方に関する制度的枠組み（rule of the game）を表します。銀行業務内容を基準

として，大まかに分類しますと，商業銀行主義とユニバーサル・バンキングに分かれます。

ユニバーサル・バンキングは，ドイツ，フランスなどで見られる金融システムです。銀行が，短期金融，証券業務，長期金融，貿易金融など，多種多様な金融サービスを提供する点に特徴があります。

一方の商業銀行主義とは，第2章2.1節「銀行の成り立ち」で説明しましたように，銀行が主な資産として，短期かつ安全な商業手形の割引，主な負債として，流動性の高い要求払い預金を保有する形態を指します。短期金融業務へ特化する商業銀行を見本としています。英国，米国，日本などにおける金融システムがそれに分類されます。

なかでも，日本の金融システムの特徴としては，第一に，都市銀行，地方銀行，第二地銀，および長期金融機関（長期信用銀行，信託銀行）による銀行分業主義が挙げられます。第二に，「第二の予算」と呼ばれる財政投融資制度（第2章2.3節「銀行の現在」参照）の膨張によって公的金融のウェイトが高いことが指摘されます。第三に，「護送船団方式」の一環として銀行の業務範囲に対する規制が厳しい点があります。長短金融の分離，銀行・信託の分離に加えて，預金者と投資家の間の利益相反を理由に銀行・証券の分離が，1993年度以降，業態別子会社方式が実施されるまで貫かれてきました。

○ 機能的アプローチと業態別アプローチ

以上のように，制度的に規定された業態（institution）を基準とする金融システムの捉え方を業態別アプローチと呼ぶのに対して，金融サービスのもっている機能（function）を基準にして金融システム全体を区分する方法を，機能的アプローチといいます。主張者であるマートン（Robert Merton）MIT教授[1]は，金融システムが経済活動との関係において果たす基本的な機

---

1) Merton, Robert C. and Bodie, Zvi. "A Conceptual Framework for Analyzing the Financial Environment." in *The Global Financial System: A Functional Perspective*, Harvard Business School Press, 1995. が主な論文です。

能として，以下の6つを挙げます。(1)取引の円滑化のため，支払の清算と決済を行う方法を提供すること，(2)資源をプールし，企業の株式を再配分するためのメカニズムを提供すること，(3)産業，時間，国境を超えて資源を移転するための方法を提供すること，(4)リスク管理の方法を提供すること，(5)部門ごとが分権的に行う意思決定の調整を促す価格情報を提供すること，(6)利益相反が生じる可能性のある当事者の間におけるインセンティブの問題を解決する方法を提供すること，です。

　日本をはじめ多くの金融当局は従来，金融仲介機関という業態の役割に議論の重点をおきながら，金融システムを改革するという業態別アプローチを採ってきました。近年における金融技術の進展によって，業態の垣根を越える金融取引が日常化し，従来までの業態が有名無実化しています。機能的アプローチは，機能こそが外生的に与えられ，業態は金融環境とともに内生的に変化していくのが望ましいと考えます。

◯ 銀行のバランス・シートとリスク

　次に，銀行を取り巻くリスクについて見ましょう。銀行のリスクには大きく分けて，流動性リスク（liquidity risk）と金利リスク（interest rate risk）があります。前者は，預金が流出して取付けが生じ，銀行が破綻してしまうリスクです。後者は，銀行の資産と負債の間で，変動（variable），固定（fixed）の別に関してミスマッチが生じることから来るリスクです。以下では，例を用いてそれぞれのリスク，銀行の採り得る選択肢について説明します。

〈流動性リスク〉

　個別の銀行のバランス・シート（貸借対照表）を表5.1のように大まかに表します。ただし，準備預金制度（第3章3.2節「中央銀行の役割」参照）の下にある銀行は，準備と預金との間で以下の条件を満たさなければな

表5.1　銀行のバランス・シート

資　産	負　債
準備 R	預金 D
貸出 L	資本 C
証券 S	

りません。

$$\frac{準備 R}{預金 D} \geq 準備預金比率$$

たとえば，準備預金比率が10％であるとします。まず，預金流出のリスク，流動性リスクが生じるケースを取り上げます。銀行のバランス・シートとして，次のような例を考えます。当初，$\frac{R}{D} = \frac{1}{10} = 10\%$であり，準備預金比率を満たしています。ここで，1億円の預金の流出が生じ，預金が10億円から9億円に減少するとしましょう。その事態に対して，銀行の採り得る選択肢は，(1)準備を減らす，(2)貸出を減らす，(3)証券を売却する，(4)中央銀行から貸出を受ける，(5)他の銀行から借り入れるかです。

(1)の準備の減少のケースは，預金準備比率を満たしません。

準備 R　1→0 億円	預金 D　10→9 億円
貸出 L　9	資本 C　1
証券 S　1	

(2)の貸出減少のケースは，準備 R を 0.1 億円減らし，準備預金比率を満たす $\frac{R}{D} = \frac{1-0.1}{9} = 10\%$ と同時に，貸出を 0.9 億円減少させます。しかし，

貸出は長期間にわたる関係に基づきますので，貸出をいったん企業から引き揚げることは，企業と銀行との長期的関係の喪失を意味し，多大なるコストが銀行に発生します。

準備 R	1→0.9億円	預金 D	10→9億円
貸出 L	9→8.1	資本 C	1
証券 S	1		

(3)の**証券の売却**のケースは，(2)の貸出引き揚げと同様に，準備を0.1億円，証券を0.9億円減少させます。しかし，貸出と違って，証券取引は企業との長期的関係に基づきませんので，銀行が被るコストは，証券を急いで売却する際に，ディスカウントされることによって生じるコストですが，(2)の場合のコストより小さいと考えられます。

準備 R	1→0.9億円	預金 D	10→9億円
貸出 L	9	資本 C	1
証券 S	1→0.1		

(4)の**中央銀行貸出**のケースでは，準備を0.1億円減らすほかに，中央銀行から0.9億円の貸出を受けます。そのときの利子率が，公定歩合です。

準備 R	1→0.9億円	預金 D	10→9億円
貸出 L	9	資本 C	1
証券 S	1	中央銀行借入	0.9

(5)の**他銀行からの借入れ**の場合は，(4)の中央銀行からの貸出の代わりに，他銀行からの借入れが充当されます。借入れの利子率は，コール市場などのインターバンク市場における利子率です。通常，公定歩合と比較して，イン

ターバンク市場金利は高いですので，(5)のケースのコストは，(4)のケースより相対的に高いといえます。

準備 R 1→0.9 億円	預金 D 10→9 億円
貸出 L 9	資本 C 1
証券 S 1	他銀行からの借入 0.9

　銀行が預金流出に伴う流動性リスクに直面した場合，コストを小さくする対策として，準備預金比率を満たす所要準備以上の準備を保有していれば，コストを避けることができますが，準備預金にはゼロの利子率しか適用されないため，機会費用が発生します。代替として，証券を売却する方法は，相対的にコストが小さくなります。

〈金利リスク〉

　次に，金利リスクが生じるケースに移ります。いま，A銀行は，資産として変動利子資産（sensitive assets, SA）を2億円，固定利子資産（fixed assets, FA）を8億円，負債として変動利子負債（sensitive liability, SL）を5億円，固定利子負債（fixed liability, FL）を5億円保有しています。A銀行は，変動利子資産と変動利子負債に適用される利子率が今後，10%から15%に上昇すると予想しているとしましょう。A銀行が被る収益の減少は，(5億円(SL)−2億円(SA))×(15%−10%)＝0.15億円に上ります。A銀行は，これだけの金利リスクにさらされているわけです。

　ここで，次の条件を満たすB銀行が存在するとします。B銀行は，変動利子資産（SA）を3億円，固定利子負債（FL）を3億円保有しています。また，B銀行の方は，今後変動利子率が10%から5%へ低下すると予想していると想定します。B銀行の予想が実現すれば，B銀行は3億円(SA)×(10%−5%)＝0.15億円の損失を被ることになります。同じく，B銀行も金利リスクに直面していることになります。

表5.2 金利スワップ取引

A銀行

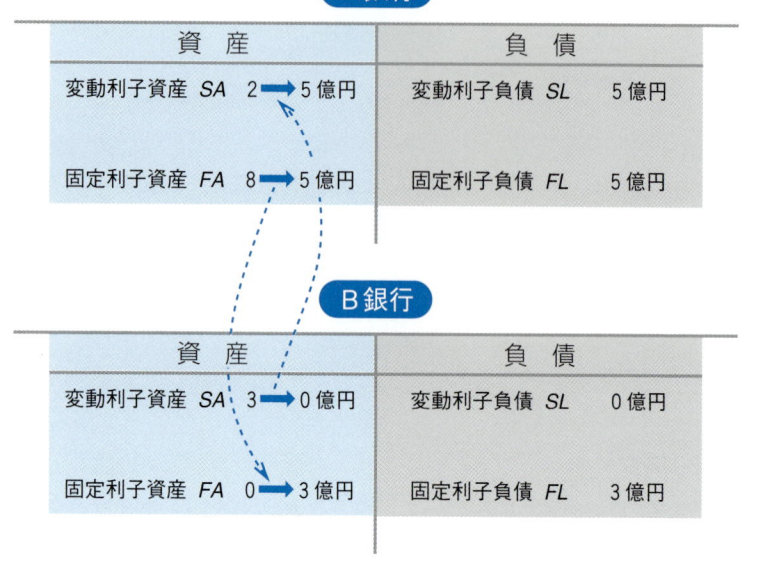

資　産		負　債	
変動利子資産 SA	2 → 5億円	変動利子負債 SL	5億円
固定利子資産 FA	8 → 5億円	固定利子負債 FL	5億円

B銀行

資　産		負　債	
変動利子資産 SA	3 → 0億円	変動利子負債 SL	0億円
固定利子資産 FA	0 → 3億円	固定利子負債 FL	3億円

　ここで，両行が次のような金利スワップ（interest swap）の取引をすると，両者とも金利リスクをなくすことができます。A銀行は，自らの保有する固定利子資産（FA）3億円分から得られる利子の取り分をB銀行に譲る代わりに，B銀行の保有する変動利子資産（SA）3億円分からの利子収入の権利を得ます。この金利スワップ取引が成立しますと，バランス・シートの上でA銀行は変動利子資産（SA）を5億円，固定利子資産（FA）を5億円保有していることになります。同じくB銀行は，固定利子資産（FA）を3億円だけ保有するようになります。その場合，変動利子に伴う収益の損失である金利リスクは，お互いゼロにすることができるわけです。

◯ 政府の介入の根拠

　これまで銀行に関するリスクについて考えてきました。しかし，銀行にリスクがあるという事実と銀行を護るために政府が介入しなければならないということとは，別の話です。リスクに直面する銀行に対して政府が採るさまざまな規制は，いったいどういう根拠に基づいているのでしょうか。

　第2章で述べた銀行の成り立ち・機能は，この疑問に一応の答えを与えてくれます。銀行には，資金決済機能（あるいは流動性供与機能）と資金仲介機能（あるいは情報生産機能）があります。前者の機能には流動性リスク，後者の機能には金利リスクが伴います。また資金仲介機能は，貸付けが焦げ付いてしまい回収できなくなるリスク，信用リスク（credit risk）も発生させます。個別の銀行それぞれが被るこれらのリスクに加えて，資金決済の面でつながりをもつ銀行間において，個別の銀行が経営の失敗などで決済が不能になる状況では，取引のある他の銀行へも次々に流動性リスクが降りかかっていくリスクも有り得ます。このシステミック・リスクは銀行の資金決済機能に基づくため，銀行に特殊なリスクです。

　以上より，政府の銀行への介入の根拠として考えられるのは，個別の金融機関の健全性を図るという点，および信用秩序の安定性を維持するという点が考えられます。前者は，個別銀行への対策の形で現われ，「事前的措置」の根拠となります。後者は，いわゆる金融危機への対策であり，システミック・リスクに対する「事後的措置」（セーフティネット）の根拠です。

5.2 事前的措置

　第2章で詳述した銀行の資金仲介機能に関するダイヤモンド[2]のモデルに基づいて，プルーデンス政策の中の「事前的措置」について，日本と米国における具体例に即しながら見ていきます。大きな柱は，競争制限規制，バランス・シート規制，そして銀行検査・考査・モニタリングの3つです。

◯ 競争制限規制

　日本では従来，金融当局による預金金利規制・業務分野規制・参入規制によって規定される，いわゆる「護送船団方式」が布かれてきました。また，米国でも，1933年の「グラス=スティーガル法」（Glass-Steagall Act）が銀行業と証券業との分離を規制した後，「レギュレーションQ」（Regulation Q）によって預金金利上限が規制され，1986年に撤廃されるまで続きました。1927年の「マックファーデン法」（McFadden Act）による州際業務の禁止はその後，銀行持株会社（bank holding company）の設立へと緩和されていきました。

　これらの競争制限規制は，ダイヤモンド（1984）モデルにおける銀行業の「自然独占」と対応しています。銀行には，企業への監視活動の「規模の経済性」に基づく「委任された監視」（delegated monitoring）によって，効率的な資金配分を達成することが期待されています。過剰な情報生産による非効率性を回避するべく，銀行間あるいは他の金融業務分野との間の競争によって収益性を損なわないように個別銀行の健全性を維持することが，競争制限規制の目的でした。

---

[2] Diamond, Douglas W. "Financial Intermediation and Delegated Monitoring." *Review of Economic Studies*, 51(3), 1984, pp.393–414.

◯ バランス・シート規制

バランス・シート規制の根幹は，「自己資本比率規制」です。国際決済銀行（BIS）によるBIS規制が代表です。1988年の「バーゼル（Basle）合意」では，個別銀行が国際業務を営むために，「クック比率」と呼ばれるリスク・アセット・レシオ（risk asset ratio）が8％の水準を越えていることを求めました。

$$\text{リスク・アセット・レシオ} = \frac{\text{自己資本}}{\text{リスク・アセット総額}} \geqq 8.0\%$$

分母にあたるリスク・アセットの計算には，それぞれの銀行資産にそのリスク・ウェイト（加重）を付けて総計を出します。銀行のバランス・シート（表5.1）からわかるように，最もリスクの高い銀行資産は，貸出です。そのリスク・ウェイトは1，つまり最大です。国際業務に乗り出したい銀行が，バーゼル合意が要求するリスク・アセット・レシオを達成するためには，分母を小さくすることが必要になります。つまり，バーゼル合意は，リスクの高い貸出を減らす誘引を銀行に与えることになり，銀行の「貸し渋り」の原因になったともいわれます。

ダイヤモンド（1984）におけるように，監視活動を委任された銀行が，自己資本の基準から見て，健全性を損なう場合には，企業への適切な監視活動が難しくなる可能性があります。しかし，ダイヤモンド（1984）のモデルでは，銀行の監視活動を資金の貸し手が監視する（monitoring the monitor）代わりに，銀行が直接（direct），正直（truthful）に，貸し手に対して企業への監視活動を報告するように仕向ける，つまり誘因両立性（incentive compatibility）を満たすためには，預金契約だけで十分であることを証明しています。バランス・シート規制における銀行の自己資本比率に対する規制は，必ずしも必要ではないことになります。

この点は，ドゥワトリポン（Mathias Dewatripont）＝ティロール（Jean Tirole）[※頁3]のモデルによって明らかにされます。不完備契約（incomplete contract）理論に基づく彼らのモデルでは，零細な預金者の代表として，BIS などの金融当局が銀行に対する監視を行うことの正当性が主張されます。

○ 銀行検査・考査・モニタリング

　銀行検査・考査，モニタリングとは，金融当局が個別銀行の経営内容を調査し，事前に問題が発覚した場合には，早期に是正するように指導，措置を講じることをいいます。米国においては，中央銀行である連邦準備制度（FRB）のほか，連邦預金保険公社（FDIC），貯蓄金融機関監督庁（OTS）および通貨監督庁（OCC）という複数の監督機関が，多くの金融機関に対して多重に検査，考査を行っています。一方，日本においては，日本銀行，金融庁による多重の検査，考査が近年になってなされ始めたばかりです[4]。

　ダイヤモンド（1984）モデルでは，貸し手による銀行に対する直接の監視（monitoring）活動は存在しますが，金融当局による監視は想定されていませんでした。この点についても，ダイヤモンド（1984）モデルに対する批判として指摘され，ドゥワトリポン=ティロール（1994）モデルでは想定されています[5]。

5.3　事後的措置（セーフティネット）

　次に，第2章2.2節「機能」で詳述したダイヤモンド=ディビッグ（1983）のモデルに基づき，プルーデンス政策の中の「事後的措置」について説明し

3）　Dewatripont, Mathias and Jean Tirole. *The Prudential Regulation of Banks*. The MIT Press, 1994.（ドゥワトリポン=ティロール『銀行規制の新潮流』北村行伸・渡辺努訳，東洋経済新報社，1996年）にまとめられています。
4）　金融庁のウェブ・サイト　http://www.fsa.go.jp で，プルーデンス政策を一覧して下さい。
5）　事前的措置に関する（討論・主題発見のための）設問5.1が章末にあります。

ます。内容は，中央銀行の最後の貸し手機能，預金保険制度の2つです。

○ 最後の貸し手機能

第3章3.1節「中央銀行の成立」でも説明したように，中央銀行は民間銀行が流動性不足に陥った場合に，流動性を供与できる唯一の主体です。その最後の貸し手機能は，バジョットの原則を満たすべきであると考えられてきました。その一つである「いつでも貸す用意があることを事前に明らかにする」という条件は，ダイヤモンド=ディビッグ（1983）モデルにおいて，要求払い預金の存在する場合に，最適なリスク・シェアリングである「いい均衡」をもたらします。なぜなら，全預金者が1期目に預金を引き出すと予想するとしても，銀行の流動資産の不足を補うべく，中央銀行が最後の貸し手機能を発揮することが事前にわかっているため，預金者は「取付け」に走らないからです。

日本銀行が果たしてきた最後の貸し手機能の事例として，第一次世界大戦後の1920（大正9）年の恐慌時に朝鮮銀行・台湾銀行・横浜正金銀行の救済のために行った特別融資，1965（昭和40）年に破綻した山一證券への特別融資，1997年以降では北海道拓殖銀行，山一證券，石川銀行，中部銀行の破綻時の特別融資，さらには，2001年に新設された，金融機関の申し出に応じて公定歩合で資金を貸す「ロンバート型貸出制度」が挙げられます。とりわけ，ロンバート型貸出は，バジョットの原則をすべて満たす点において特徴的です[6]。

○ 預金保険制度

預金取扱金融機関は，一定の料率の保険料を支払い，預金保険機構に強制

---

[6] （討論・主題発見のための）設問5.2が章末にあります。

的に加入させられています。万一，個別銀行が経営破綻をした場合に，預金者1人につき最高1000万円までの預金は保護されることになっています。これをペイオフ（payoff）と呼びます。預金保険機構は，破綻金融機関への資金援助を目的にしたものです。

ところが，日本の場合，1971年に制度が開始されて以降，2002年3月までは全額保護が原則となっていました。そして破綻した銀行が，健全な他の銀行によって合併されるように，金融当局は指導してきました。この方法をpurchase and assumption（PA，資産・負債の継承）と呼びます。しかし周知のように2003年4月からは，定期預金に対しては最高1000万円までの保護に変更になりました。普通・当座預金に対しては，2005年4月からペイオフの全面解禁がなされています。米国では，1980年代後半に，規制緩和の下でのモラル・ハザードによる貯蓄貸付組合（S&L）の大量破綻の問題が生じ，S&Lに対する預金保険と監督を受けもっていた連邦貯蓄貸付保険公社（FSLIC）の連邦預金保険公社（FDIC）への統合がなされました。

ダイヤモンド=ディビッグ（1983）のモデルは，明示的に預金保険制度を含んでいます。適切に設定された保険料の下で，取付けの生じない最適なリスク・シェアリングが達成されることを示しました。

このように，個別銀行の健全性が高まりますと，「事前的措置」が疎かになり，金融システムの安定性が脅かされ，「事後的措置」の必要性がますます高まります。逆に，金融システムの安定性のために「事後的措置」を手厚くしますと，銀行によるモラル・ハザードが顕在化し，金融機関の健全性が失われます。個別銀行の健全性と金融システムの安定性とは，その意味においてトレード・オフの関係にあるといえます[7]。

本章のまとめ

1 金融システムとは，金融取引や金融機関のあり方を定めたルールの総体です。

2 プルーデンス政策とは，金融システムの安定性を維持するための措置です。国際決済銀行（BIS）もその一翼を担っています。

3 金融システムの業態別アプローチによれば，ドイツ・フランスはユニバーサル・バンキング，英国・米国・日本は商業銀行主義に属します。

4 金融システムの機能的アプローチは，実在する機能ごとに，金融環境の変化に応じて適切な業態が内生的に創造されると考えます。

5 銀行固有のリスクであるシステミック・リスクを根拠として，政府の銀行への介入が正当化されます。

6 プルーデンス政策には，金融機関の健全性を図る事前的措置，信用秩序の安定性を維持する事後的措置の2種類があります。

7 事前的措置には，競争制限規制，バランス・シート規制，銀行検査・考査・モニタリングがあります。バランス・シート規制のひとつであるBIS規制は，日本の銀行の貸し渋りの原因ともいわれます。

8 事後的措置には，中央銀行の最後の貸し手機能と預金保険制度があります。

（確認・応用のための）問題[8]

5.1 金融システムに関する業態別アプローチと機能的アプローチの違いについて，説明しなさい。

5.2 プルーデンス政策の事前的措置，事後的措置の根拠それぞれについて，述べなさい。

5.3 事前的措置の具体例，事後的措置の具体例について述べなさい。

（討論・主題発見のための）設問

5.1 （事前的措置：理論） Dewatripont, Mathias and Jean Tirole. *The Prudential Regulation of Banks*. The MIT Press, 1994.（ドゥワトリポン＝ティロール『銀行規制の新

---

7) （討論・主題発見のための）設問5.3が章末にあります。
8) ヒントと略解が本の末尾にあります。

潮流』北村行伸・渡辺努訳,東洋経済新報社,1996年）を読み,モデルから得られる銀行規制に関する含意について,ダイヤモンド=ディビッグ（1983）モデルと比較しなさい。

5.2 （**事後的措置：歴史**）　米国の連邦準備制度が創立された1914年より以前の時期における米国の金融システムについて,中尾茂夫『FRB―ドルの守護神―』(PHP新書,2000年）の第2章を読み,学びなさい。

5.3 （**事後的措置：理論**）　1870年から1913年までの間の米国とカナダにおける銀行規制の違いに関する研究 Williamson, S.D. "Restrictions on Financial Intermediaries and Implications for Aggregate Fluctuations: Canada and the United States, 1870-1913." in *NBER Macroeconomics Annual 1989*. eds., Oliver Blanchard and Stanley Fischer. The MIT Press, 1989. を読み,銀行規制の在り方がマクロ経済にもたらす影響について学びなさい。

第 II 部

公 債

第 6 章

公　債

　政府の発行する借用証書である公債（国債・地方債）は，財政の金融的側面を表します。公債は，民間の企業の発行する社債など一般の金融債券と同じように市場で取引されます。しかし，同じく政府の資金調達手段である租税と異なるだけでなく，同じく政府の一部である中央銀行の負債である貨幣とも異なる存在です。金融と財政の両面に関わる公債に関して学ぶことは，財政当局と中央銀行との関係について考えることに繋がります。

○ KEY WORDS ○
マネタイゼーション，利子率の期間構造，
純粋期待仮説，合理的期待形成，
インプライド・フォワード・レート，
超過保有期間利回り，ターム・プレミアム，
期待仮説，流動性プレミアム，
リカードゥの中立命題，政府の予算制約式，
消費の恒常所得仮説，非ポンジー・ゲーム条件，
流動性制約，バローの中立命題，利他的遺産，
贈与の悦び，戦略的遺産，
シュタッケルベルグ・ゲーム，アコード，
物価連動国債，実質債券，
インフレ・プレミアム，期待インフレ率，
信認

公債とは，国や地方公共団体などの政府がその赤字を埋め合わせるために，民間から資金を借り入れる際に発行する債券です。政府が将来手にする歳入（revenue）を当てにして，歳入に対する請求権（contingency claim）を資金の貸し手に対して保証する証書のことです。国が発行する国債と地方公共団体が発行する地方債から成ります。

企業が債務として発行する社債は，公債と同じく借用証書です。資金の貸出先が公債の場合，政府であるのに対して，社債の場合，民間の企業であるだけの違いです。借り手である民間企業の側に借入れ資金の返済能力に疑問がある場合には，わたしたちは資金の貸付けに伴う契約において，企業の保有する土地や建物などに担保（collateral）を設定することが可能です。

一方，債務不履行の危険性がある政府から，わたしたちが公債を購入する場合，何が担保になり得るのでしょうか。第一の可能性は，政府にしか与えられていない徴税権です。万一いかなる手段に拠っても，政府が公債を償還することができなくなるとき，担保として設定された徴税権を，借り手である政府が貸し手あるいは第三者に売却する可能性もあるわけです。その結果，国家の主権（sovereignty）が移譲されることになります。そのため，ムーディーズやスタンダード・アンド・プアーズなどの格付け機関による国債の格付け（rating）においては，国債のことをソブリン（sovereign）と呼びます。

公債の担保として考えられる第二の可能性は，政府の一部を構成する中央銀行に独占的に付与された貨幣発行権です。第3章「中央銀行」で述べましたように，「政府の銀行」としての中央銀行は，財政窮乏下にある政府のために貨幣を発行し，貨幣鋳造益を獲得することができます。極端なケースとして，公債の償還のために中央銀行が貨幣発行を行い，高率のインフレを生じさせる結果，公債そのものが紙屑同然となる，マネタイゼーション（monetization）の危険性もあります。

このように，公債について考えるとき，以下の3つの点が重要になります。(1)政府の借用証書である公債の価格付けの問題を，企業の社債などの債券の価格付けと同様に扱えるか，(2)暗黙のうちに公債の担保として想定される徴

税権の下で徴収される租税と比較して，公債はどのように異なるのか，(3)政府の一部である中央銀行が発行する負債である貨幣と比較して，財政当局の発行する公債はどのように異なるのか，です。

以下では，6.1 節で(1)の観点に関して，利子率の期間構造について，6.2 節で(2)の観点に関して，リカードゥ=バローの中立命題について，そして 6.3 節で(3)の観点に関して，米国の 1951 年におけるアコード (Accord) に顕著に見られる，財政当局と中央銀行との関係について説明した上で，新しい公債の形態の一つとして，マネタイゼーションを避ける知恵ともいえる物価連動国債について紹介します。

6.1 利子率の期間構造

まず，(1)の観点（公債の価格付け）に関して，債券の利子率が返済までの満期 (maturity) の違いによってどのように決定されるのかについて，さまざまな理論を見ていきましょう。市場に存在するさまざまな債券の残存期間（満期）とそれらの債券に対して市場が決定する利子率との関係のことを，利子率の期間構造 (term structure of interest rates) と呼びます[1]。

○ 純 粋 期 待 仮 説

利子率の期間構造に関する理論として代表的なものは，純粋期待仮説 (pure expectations hypothesis) です。簡単化のため，満期が 1 期間，2 期間の 2 種類の債券しか市場に存在しないと仮定しましょう。純粋期待仮説によれば，各時点において，満期が 2 期間である長期債券の利子率 R は，満期

---

1) 日本の国債市場に関する（討論・主題発見のための）設問 6.1 が章末にあります。

が1期間である短期債券の今期の利子率 r と来期の期待利子率 r^e との単純平均に等しくなります。

「各時点における予想が，それぞれの時点における情報集合（information set）にあるすべての情報を用いて計算される数学的期待値に等しい」という合理的期待形成仮説（rational expectations hypothesis）を前提にして，純粋期待仮説について数式を用いて説明します。今期の長期利子率を R_t，今期の短期利子率を r_t，来期の期待短期利子率を r^e_{t+1} としますと，2期間にわたって長期債券を保有するケースと1期間ずつ短期債券を保有するケースを比較して，期待値の意味で両者が同一の収益率をもたらすためには，

$$R_t = \frac{1}{2}(r_t + r^e_{t+1}) = \frac{1}{2}(r_t + E_t r_{t+1})$$

が成立しなければなりません。記号 E_t は，今期（t 時点）における情報集合を用いて計算される数学的期待値を表します。

このとき，合理的期待形成仮説 $E_t r_{t+1} = r_{t+1} + \varepsilon_{t+1}$（ただし，期待誤差である ε_{t+1} は平均 $E_t \varepsilon_{t+1} = 0$，分散 $Var_t \varepsilon_{t+1} = \sigma^2 < \infty$，自己共分散 $Cov_t(\varepsilon_t, \varepsilon_{t-s}) = 0 (s = 0, \pm 1, \pm 2, \cdots)$ を満たす確率過程であるホワイト・ノイズ）の下で，次の3つの関係も成立しています。

第一に，長短スプレッド（長短金利差）$R_t - r_t$ と短期利子率の階差 $r_{t+1} - r_t$ の関係が，

$$R_t - r_t = \frac{1}{2}(E_t r_{t+1} - r_t) = \frac{1}{2}(r_{t+1} - r_t) + \varepsilon_{t+1}$$

となります。長短スプレッドの符号は，市場が短期利子率の上昇を予想しているか，あるいは低下を予想しているかによって決まります（図6.1）。一般に，短い方から長い方へ残存期間の異なる債券の利子率をプロットした図を，イールド・カーヴ（yield curve）といいます。右上がりの場合，順イールド，右下がりの場合，逆イールドと呼び，長短スプレッドの符号に対応します[2]。

---

2) （討論・主題発見のための）設問6.2が章末にあります。

図6.1 純粋期待仮説

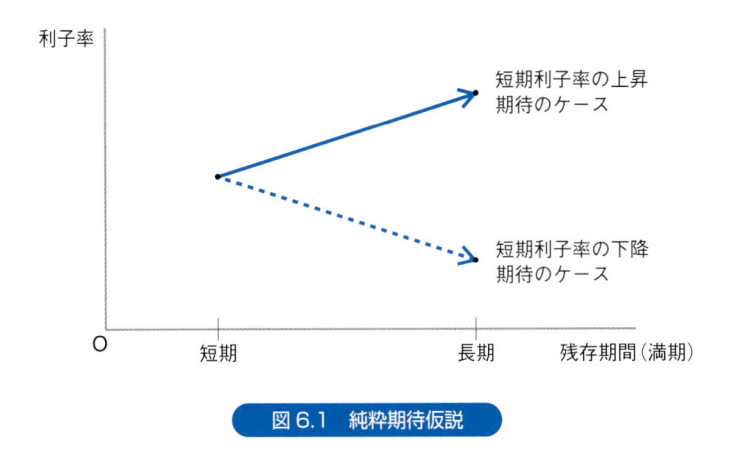

第二に、以下の式の左辺で定義される**インプライド・フォワード・レート**（implied forward rate）と来期の短期利子率との関係が、

$$2R_t - r_t = E_t r_{t+1} = r_{t+1} + \varepsilon_{t+1}$$

となります。インプライド・フォワード・レートとは、利子率の期間構造から導出される将来の利子率の予測値を表します。インプライド・フォワード・レートは、市場が予想する将来の利子率について有用な情報を有していますので、金融政策を営む中央銀行にとって重要な変数です。

第三に、以下の式の左辺で定義される**超過保有期間利回り**（excess holding-period yield）が、平均的にはゼロの水準にあることになります。

$$r_t + E_t r_{t+1} - 2R_t = r_t + r_{t+1} - 2R_t + \varepsilon_{t+1} = \varepsilon_{t+1}$$

超過保有期間利回りが平均的にゼロであることは、債券を2期間保有する投資家にとって、2期間にわたって長期債券を保有し続けるか、2期間短期債券をロール・オーバーして保有するかの2つの選択肢が、無差別である状態を意味しています。

◯ 期待仮説とターム・プレミアム

　純粋期待仮説は，投資家が長期債券を2期間にわたって保有し続けるケースと短期債券を1期間ごとにロール・オーバーするケースとが，完全に無差別になる状態を想定していました。しかし，2つのケースを比較すると，前者のケースにおいては，もし来期の短期債券の利子率が予想を超えて上昇したとしても，投資家は長期債券への投資をキャンセルして，短期債券に乗り換えることはできない，あるいはできるとしても，取引費用を覚悟しなければなりません。そのため，短期債に比べて長期債のリターンが相対的に高くないと，投資家は長期債への投資を躊躇するでしょう。この債券の期間（term）が長くなることに対して投資家が要求する高いリターンのことを，「ターム・プレミアム」（term premium）と呼びます。つまり，純粋期待仮説の下では平均的にゼロのターム・プレミアムが想定されていました。

　純粋期待仮説をより一般的にし，ターム・プレミアムが時間を通じて一定の正の値をとると想定する仮説が，期待仮説（expectations hypothesis）です。また，ターム・プレミアムが債券の償還期までの満期に依存し，満期の増加関数である場合，流動性プレミアム（liquidity premium）と呼ばれます。

　数式を使って説明しましょう。先のインプライド・フォワード・レートの定義から，満期が2期間，1期間物の債券に対する各時点 t におけるターム・プレミアムは，以下の式で表されます。

$$2R_t - r_t - E_t r_{t+1}$$

純粋期待仮説によれば，ターム・プレミアムは平均的にゼロ，すなわち

$$E_t(2R_t - r_t - r_{t+1}) = E_t \varepsilon_{t+1} = 0$$

でした。

　一方，期待仮説の下では，ターム・プレミアムは時間（t）に関して一定つまり不変的（time-invariant）である正の値となります。

$$E_t(2R_t - r_t - r_{t+1}) = a > 0$$

ここで注意したい点は，ターム・プレミアムが時間を通じては一定ですが，

満期（この場合，2期間）に関しては一定とは限らないことです。流動性プレミアム仮説によれば，ターム・プレミアムは，満期に関する増加関数となっていることが観察されるはずです。たとえば，各時点 t において，満期が3期間の（1期間物の）債券に対するターム・プレミアムを $\beta > 0$ としますと，先に挙げた満期が2期間の債券のターム・プレミアム $\alpha > 0$ と比較して，流動性プレミアム仮説の下では，

$$\beta > \alpha > 0$$

の関係が成立しています。一般に，満期の長い債券に関するターム・プレミアムほど，大きいことになります。

6.2　政府の資金調達に関する中立命題

次に，(2)の観点（公債と租税の相違）に関して，財政当局が資金調達を行う際に，租税によるか公債発行によるかは，資源配分上中立的であるというリカードゥ（Ricardo）の中立命題，同様の点に関して，家族（family）による利他的遺産（altruistic bequest）に基づき議論するバロー（Barro）の中立命題について説明します。

○ リカードゥの中立命題

一般に財政当局は，政府の消費にあたる財政支出を賄うために，所得税，法人税，消費税などの租税か，公共事業や経常赤字の財源のためあるいは借換えのために発行される公債のいずれか，によらなければなりません。第4章「金融政策」でも登場したリカードゥは，英国のナポレオン戦争にかかる戦費の調達方法について考察し，後にリカードゥの中立命題と呼ばれる命題を提出しました。それは，財政政策の与える効果は，政府の財源調達方法，

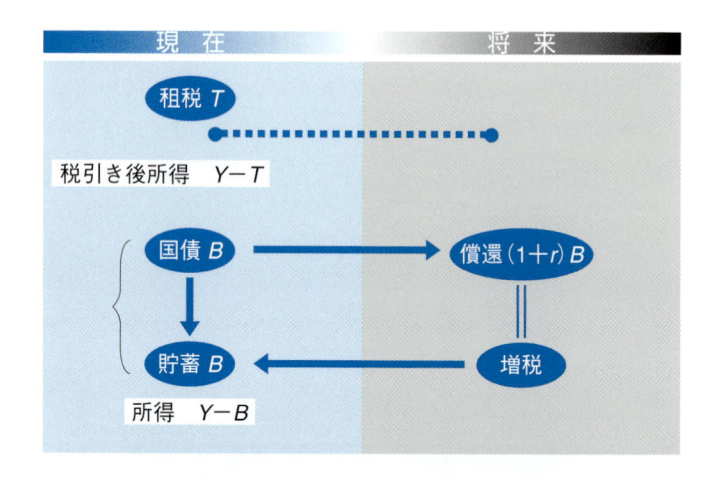

図6.2 リカードゥの中立命題（2期間モデル）

つまり租税か公債発行に依存しない、というものです。

現在と将来の2期間のモデルを使って、リカードゥの中立命題について説明します。図6.2のように、現在発行される国債が全額将来に償還されると仮定し、家計の現在の税引き前の所得をYとします。政府は、現在の財政支出Gを賄うために、租税Tによるか、国債発行Bによるか、二者のうちから選択できます。このとき、

$$G = T = B$$

が成立しています。また、利子率をrとします。

政府が現在の財政支出Gを租税Tによって賄う場合、家計の現在の税引き後の所得が$Y-T$に減るだけで、将来に一切負担を残しません。一方、公債Bによって賄う場合には、将来において公債の償還が必要であり、公債発行額の元利合計である$(1+r)B$だけの増税が避けられません。このことを合理的に予想する家計は、将来増税によって消費を控えることがないように、将来の増税に備えて現在、公債の形でBだけの貯蓄を行い、将来

$(1+r)B$ だけの収益が得られるようにします。その結果，現在の所得は $Y-B$ となり，消費も減少します。$G=T=B$ より，租税による場合の所得 $Y-T$ と公債発行による所得 $Y-B$ とは，一致します。したがって，現在における消費がどれだけ減少するかについても，同じです。

このように，財政支出 G を行うことは，家計の消費を減少させますが，その効果は，租税であろうと公債発行であろうと，財政支出のための資金調達方法に依存しません。これがリカードゥの中立命題です。

〈政府の予算制約式と消費の恒常所得仮説〉

リカードゥ自身も現実的ではないと考えていたように，リカードゥの中立命題が成立するためには，たいへん厳しい2つの条件が必要です。一つは，第3章「中央銀行」で説明した「政府の予算制約式」，もう一つは，家計消費に関する「恒常所得仮説」です。後者は，第1章「貨幣」で説明した貨幣需要に関する恒常所得仮説を消費に適用したものです。

第一の条件である政府の予算制約式は，財政が長期的に持続可能（sustainable）であるための条件です。先の2期間モデルでは，政府の予算制約式は租税のケースでは $G_t = T_t$ となり，将来に負担を残しません。公債発行のケースでは $G_t = B_t$ と $T_{t+1} = (1+r)B_t$ となり，現在の公債発行による負担を将来の増税によって償還しますので，政府債務は残りません。一般に，無限期間にわたる問題を考察するモデルにおいては，政策の選択肢は無限期先において政府債務残高が残らないように，つまり非ポンジー・ゲーム条件（第3章3.3節参照）を満たしていなければなりません。

たとえば，現在発行した公債 B を無限先にわたって公債の借換えで償還していく政策を考えましょう。このとき，毎期 $(1+r)$ の率で公債発行が増加していきますので，無限先において B だけの政府債務が残り，非ポンジー・ゲーム条件を満たしません。このようなポンジー・ゲームが可能な政策の下では，現在の公債発行が将来の増税を伴わなくても財政は持続可能ですので，リカードゥの中立命題は成立しません。

第二の条件である家計消費の恒常所得仮説とは，貨幣需要の場合と同様，フリードマンが考案したもので，家計消費が依存するのは，各期の所得そのものではなく，将来にわたって支払われると予想される恒常的な所得であるというものです。将来のどこかの時点で課される租税の恒常所得の意味における現在価値が同じであるならば，財政支出を賄うための租税が，どのタイミングで徴収されるのかは，家計の消費にとってまったく問題ではないことになります。先の2期間モデルでは，現在の租税 T と将来（1期先）の租税 $(1+r)B=(1+r)T$ とは割引現在価値で見ると，同じく T となります。

　しかし，現実には消費の恒常所得仮説が成立するのは，限られた状況においてです。一般に，家計の多くは消費に関して流動性制約に直面していると思われます。所得の制約のため，消費するのに精一杯で，貯蓄する余裕がない状況です。本来であれば，資金需要のある主体は，資金市場から利子率 r で借り入れることができるわけですが，流動性制約に直面している家計は，まったく借り入れることが不可能か，あるいは借り入れることができるとしても，r よりも高い利子率を資金の貸し手から要求されることによって，100％望み通りに資金を調達することができません。そのため，公債発行による財政の赤字を補填するために，将来増税が行われるとき，流動性制約に直面している家計は，貯蓄がないばかりか，資金市場から借り入れることが困難であるため，流動性制約のない家計よりも大きく消費を減らさざるを得なくなります。よって，リカードゥの中立命題が成立しなくなる可能性があるわけです。

◯ バローの中立命題

　リカードゥが19世紀はじめに中立命題を提出してから，約150年後の1974年，「公債は，純資産か」[3]と題する論文の中で，バローはリカードゥの中立命題を家族の利他的遺産の問題として明示的にモデル化しました。内容

---

3) Barro, Robert. "Are Government Bonds Net Wealth?" *Journal of Political Economy*, 82, November/December, 1974, pp.1095-1117.

的には，リカードゥの中立命題と同じですが，生起するメカニズムが，リカードゥのケースにおける同一の家計による異時点間（intertemporal）の所得移転ではなく，世代間（intergenerational）の所得移転であるために，リカードゥと区別して，バローの中立命題と呼ばれます。

バローの中立命題は，各世代が有する効用関数から直接求められます。世代 t の効用関数を V_t，世代 t の生涯にわたる消費を C_t としますと，世代 t が最大化する効用 V_t は以下のように，自らの消費のみならず，その子供の世代の効用 V_{t+1} にも依存するとします。

$$V_t = U(C_t) + \beta V_{t+1}$$

β は時間選好率です。この関係が将来にわたって続くとしますと，V を逐次代入して，

$$V_t = U(C_t) + \beta U(C_{t+1}) + \beta^2 U(C_{t+2}) + \cdots$$

が成立します。つまり，世代 t が最大化するのは，万世一系の家族による無限期間にわたる効用ということになります。そのため，生存している家族のメンバーは，自らの所得のみならず，将来生まれ来る家族のメンバーの所得も考慮して，消費計画を立てることになります。したがって，先の家計消費の恒常所得仮説が満たされ，リカードゥの中立命題が成立します。

〈利他的遺産〉

このとき現世代に減税が行われるとしましょう。その場合，将来の世代に増税が行われることが合理的に予想されますので，家族の恒常所得には変化がありません。減税によって手にする所得の増加分は，消費に廻されるのではなく，将来世代に課される増税に備えて，遺産（bequest）という形で世代間を移転していくことになります。こうした家族のメンバーのために自らの所得の一部を移転させる動機に基づく遺産のことを，利他的な遺産動機（altruistic bequest motive）といいます。

バローの中立命題は，この利他的な遺産に基づいています。しかし，現実にわたしたちが遺産を遺す動機には，利他的な遺産動機以外にも存在します。

大きく分けて，遺産には，意図しない遺産と意図した遺産があります。意図しない遺産とは，いつ死ぬのか予期できないことから生じます。意図した遺産には，利他的な遺産のほかに，2つの遺産動機が考えられます。

一つは，贈与の悦び（joy of giving）と呼ばれる動機で，以下の効用関数を想定しています。

$$V_t = U(C_t) + G(B_t)$$

今度は，世代 t の効用が自らの消費 C_t のみならず，子孫に遺す遺産 B_t にも依存します。この場合，遺産を遺す動機は，子孫の世代のことを考える利他主義ではなく，あくまでも自らの悦びにあります。そのため，現世代は将来世代の所得のことまで考慮せず，恒常所得仮説が満たされません。よって，バローの中立命題は成立しません。

もう一つ別の遺産動機として，戦略的遺産動機（strategic bequest motive）があります。この動機は，親子の間で契約を結び，親が生存している間は子供が親の面倒を見る代わりに，親が亡くなった後，親の遺産が子供に支払われるという，ギブ・アンド・テイクの関係に基づくものです。日本で一般的な「二世代同居」あるいは「三世代同居」は，この戦略的遺産動機に基づいているとも考えられます。この戦略的遺産動機の場合も，贈与の悦びと同様，親の世代は子供の世代の効用・所得を考慮しませんので，バローの中立命題は成立しません。

こうして，リカードゥの中立命題，バローの中立命題とも，厳しい条件の下でのみ成立することがわかります[4]。

---

4) 中立命題に関する（討論・主題発見のための）設問6.3が章末にあります。

6.3　財政当局と中央銀行との関係

　続いて，本章の公債を見る観点(3)（貨幣と公債の相違）に関して，政府を構成する2つの意思決定主体である財政当局と中央銀行の関係について理論的に説明します。

　現実には，多くの側面で財政当局と中央銀行とはオーバーラップしながら活動しています。例を挙げると，第1に，年度末の税収や地方交付税交付金の振込みなどによって資金閑繁が激しい中央銀行の金融調節における「財政要因」は，金融市場における季節性の大きな要因（第3章「中央銀行」参照）であるため，財政当局が中央銀行にもつ政府口座を通じて，中央銀行が供給するハイパワード・マネーの量に大きな影響をもっています。第2に，政府の予算制約式における中央銀行の国庫納付金（第3章「中央銀行」参照）は，財政当局と中央銀行の別々の予算制約を繋ぎ，統合された政府の予算制約式を導きます。第3に，銀行に対する事前的措置として，多重的な検査，考査を金融監督当局と中央銀行が行っています（第5章「プルーデンス政策」参照）。第4に，第8章「外国為替」で述べるように，財政当局が決定する外国為替市場への介入は，中央銀行が代理するだけでなく，「不胎化」に伴う受動的なハイパワード・マネーの増減操作を中央銀行が行っています。

　こうした両者の依存性が財政当局から中央銀行へと一方向的にしないための法制度上の規制が，第3章で述べた中央銀行の独立性です。中央銀行の独立性の指標は，中央銀行の意思決定に対して財政当局および政府が拒否権を有するか否か，発行国債の中央銀行による引き受けが禁止されているか否かなどを反映します。

　以下では，上記の多様な相互依存性を大幅に捨象して，財政当局と中央銀行が統合された政府が直面する単一の予算制約式の下で，一方の意思決定が他方の意思決定のもたらす経済的帰結に与える影響について考えます。

◯ 金融政策と財政政策の協調

　サージェント=ウォーレス（1981）[5]は，財政当局と中央銀行をゲーム理論の**シュタッケルベルグ**（Stackelberg）**均衡**[6]における「**リーダー**」（leader），「**フォロワー**」（follower）の関係として記述しました。そこで彼らは，金融政策の効果が財政政策との協調（coordination）に依存する点を強調し，2つの政策レジームを考えました。一つは，金融政策が財政政策に対して支配的になる（monetary-dominant-policy-regime）ケースであり，もう一つは，財政政策が金融政策に対して支配的になる（fiscal-dominant-regime）ケースです。前者の場合には，金融政策が物価やインフレーション等，名目変数を決定する要因となりますが，後者の場合，金融引締めが中央銀行の意図とは逆に，インフレーションを引き起こす可能性があるというパラドックスを示しました。

　先の例でもわかりますように，財政当局が中央銀行に対して支配的になる面が多いことから，ここではより現実的な財政政策が金融政策に対して支配的になるケースを見ます。注目する関係式は，以下の**統合された政府の通時的予算制約式**（第3章「中央銀行」参照）です。

$$\frac{B_t}{P_t} = \sum_{i=0}^{\infty} \frac{T_{t+1+i} - G_{t+1+i}}{\prod_{j=0}^{i}(1+r_{t+j})} - \frac{H_t}{P_t(1+i_t)} + \sum_{i=0}^{\infty} \frac{i_{t+1+i} H_{t+1+i}}{P_{t+1+i} \prod_{j=0}^{i}(1+r_{t+j})}$$

G は財政支出，r は実質利子率，i は名目利子率，B は公債残高，P は一般物価水準，T は税収，H はハイパワード・マネーを表します。非ポンジー・ゲーム条件の下で，左辺の実質債務残高は，政府余剰の割引現在価値（右辺の1項目）と貨幣鋳造益の割引現在価値（右辺の2項目と3項目）に等しくなります。

---

[5] Sargent, Thomas and Neil Wallace. "Some Unpleasant Monetarist Arithmetic." *Federal Reserve Bank of Minneapolis Quarterly Review*, 1981, Fall, pp.1-17.
[6] リーダーがフォロワーの予想される反応を戦略的に利用して，先手を打つ場合に得られる均衡をいいます。

財政政策が金融政策に対して支配的になるケースでは，財政政策の指標として，歳出から税収などの歳入を引いたプライマリー・バランス（ここでの記号では，$G-T$）の将来にわたる経路を，財政当局がシュタッケルベルグのリーダーとして設定します。また，将来における実質債務残高（$\frac{B}{P}$）の上限が，現在の水準によって決められ，公債発行が不可能であるとしましょう。

　このとき，フォロワーである中央銀行がハイパワード・マネーを引締める金融政策を発動するとします。上記の政府の通時的予算制約式が満たされるためには，将来においてハイパワード・マネーを緩和する金融政策が不可欠となります。そのことを民間経済主体は合理的に予想しますので，期待インフレ率が高まります。期待インフレ率の上昇は貨幣保有の機会費用である名目利子率を上昇させ，貨幣需要を減退させます。その結果，予算制約式が満たされるためには，以後ますます金融緩和が必要になりますので，合理的期待の下で期待インフレ率が一層高まります。こうして，当初意図された金融引締めが，持続的なインフレを引き起こす可能性があることになります。

　ここで考えられている財政政策は，実質債務残高の上限と将来のプライマリー・バランスの経路を設定することです。財政当局がこれらの変数をリーダーとして先決する財政政策が金融政策に対して支配的になるケースにおいては，フォロワーである中央銀行による金融引き締めが，政府の予算制約式と整合的となるように，貨幣鋳造益の増益の必要性，期待インフレの高まり，貨幣需要の減少，再び貨幣鋳造益の必要性へ，と悪循環が続いてしまいます。悪循環を断ち切るには，財政当局と中央銀行の協調が必要になります。

○ 米国におけるアコード

　財政当局と中央銀行の協調の見本は，米国における1951年の「アコード」です。アコードとは，1951年に米国の財務省（Treasury）と連邦準備制度（FRB）の間で結ばれた合意で，「財務省およびFRBは，国債管理と金融政策に関して完全な合意に達した。アコードは，政府の必要資金の調達を

確実にし，同時に国債のマネタイゼーションを最小に抑えるという両者の共同の目的を促進することを追求する」という内容です。

米国では，第二次世界大戦中から大量に発行されてきた国債が円滑に消化されるように，財務省がFRBに対して国債の買い支えを命じ，国債金利が高騰しないよう一定の水準に保つ（ペッグする）ことを要請してきました。一方，FRBは国債価格の暴落が銀行経営に与えるリスクを考慮して，財務省の要請に応えてきました。この国債価格維持政策は，リーダーである財政当局が発行した国債の，フォロワーである中央銀行によるマネタイゼーションを意味しますので，サージェント=ウォーレス（1981）の財政政策が金融政策に対して支配的になるケースに該当します。そのため，中央銀行による物価の安定を図る金融引き締め政策にもかかわらず，一時は年率10％を越えるインフレ率が記録されました。こうした財務省とFRBの対立の中で，当時の米国大統領トルーマン（Harry S. Truman）まで巻き込む政府内部での混乱が生じ，1951年に先の内容のアコードが締結され，金融政策が国債価格の維持のコミットメントから解放されました[7]。

○ 物 価 連 動 債

物価連動債（第4章4.2節「金融政策の運営」参照）とは，元本および利子が物価水準に連動する債券一般を指します[8]。投資家にとっては，債権の購買力がインフレによって低下するリスクをヘッジする手段となります。一方，発行体，とりわけインフレと実質収益とが正の相関関係を有する企業にとって，実質収益の変動リスクをヘッジする意味で名目債券に比べて有利な資金調達手段です。低インフレ期に実質収益が悪化している状態において，名目債券の発行は，実質利子率がインフレの影響を受けない物価連動債と異なり，実質利子負担を重くします。

---

7) アコードに関する（討論・主題発見のための）設問6.4が章末にあります。
8) （討論・主題発見のための）設問6.5が章末にあります。

〈歴史〉

　歴史的に確認できる古い例として，米国独立戦争の最中の1780年マサチューセッツ州が物価連動債を発行しています。戦費調達を目的とした貨幣鋳造の結果，インフレが兵役報酬の購買力の喪失をもたらし，士気の低下を懸念したためでした。元利が連動したのは，とうもろこし5ブッシェル，牛肉68 4/7ポンド，羊毛10ポンド，靴革16ポンド，合計4財の価格でした。第1章「貨幣」で説明したフィッシャー方程式で有名なアーヴィング・フィッシャーは，物価連動債の主唱者でした。彼自身が創立に参画したRand-Kardex社が，1925年に卸売物価指数に連動した社債を発行した記録も残っています。国債としては，1945年のフィンランドを始めとして，イスラエル・アイスランド（1955年），ブラジル（1964年），チリ（1966年），コロンビア（1967年），アルゼンチン（1972年），英国（1975年），オーストラリア（1985年），メキシコ（1989年），カナダ（1991年），スウェーデン（1994年），ニュージーランド（1995年），米国（1997年），フランス（1998年），日本（2004年）と，主として高インフレを経験した政府が相次いで発行体となってきました。連動させる物価指数は，多くは消費者物価指数です。

　物価連動国債の残高を見ますと，圧倒的に英国，米国の市場規模が大きいことがわかります。1981年以降市場性のある物価連動国債を発行してきた英国では，市場性のある国債の残高に占める物価連動国債のシェアは25%を超えています。1997年に遅れて発行を開始した米国では，国債全体に占める割合は5%程度にとどまっています。

〈仕組み〉

　元本および利子が物価指数に連動する物価連動債の仕組みを，図6.3に従い説明します。利払い日の物価指数 P_1 が，発行時の物価指数 P_0 に対してどれだけ変化したかを表す（グロスの）インフレ率 $(\frac{P_1}{P_0})$ を連動係数といいます。一定の額面金額 F と連動係数の積 $(F \times \frac{P_1}{P_0})$ を想定元金額といい，定期的に支払われる利子額は，発行時に固定された表面利率 r に想定

	発行日	利払い日	償還日
	表面利率 r 額面 F		
物価指数	P_0	P_1	P_2
連動係数	$\frac{P_0}{P_0}=1$	$\frac{P_1}{P_0}$	$\frac{P_2}{P_0}$
想定元金額	F	$F \times \frac{P_1}{P_0}$	$F \times \frac{P_2}{P_0}$
利子額	$r \times F$	$r \times F \times \frac{P_1}{P_0}$	$r \times F \times \frac{P_2}{P_0}$
償還金額	—	—	$F \times \frac{P_2}{P_0}$

図 6.3　物価連動債の仕組み

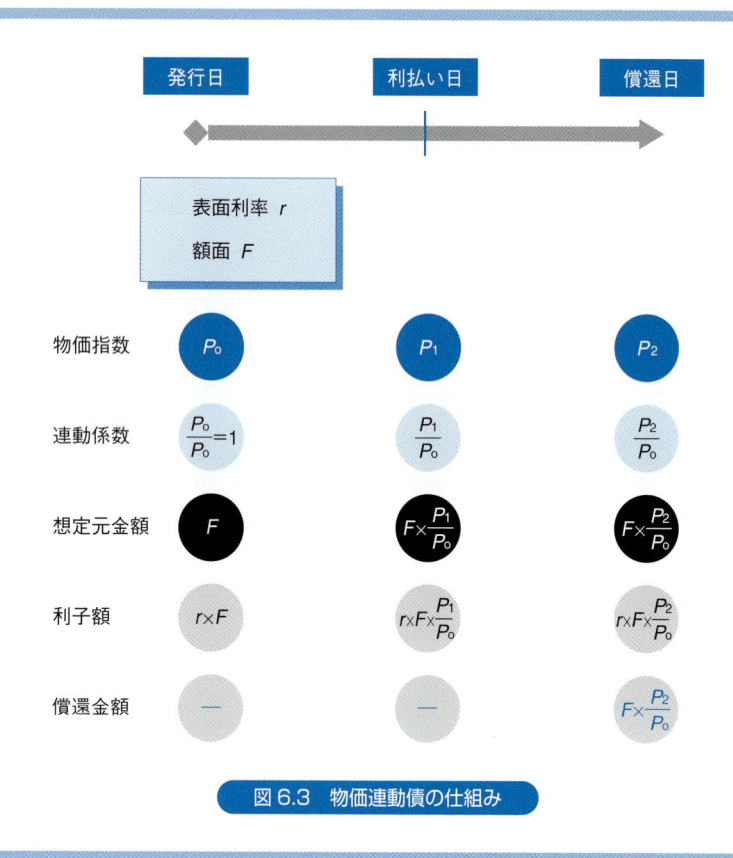

元金額をかけた値（$r \times F \times \frac{P_1}{P_0}$）です。ただし，償還金額は償還日の想定元金額（$F \times \frac{P_2}{P_0}$）に等しくなります。

　実際には，想定元金額の算出に適用される物価指数は，データの公表にラグを伴うために，利払い日の数カ月前の物価指数を用いざるを得ません。また，米国の物価連動国債には，物価が下落した際に生じる元本割れに対する保証が認められている点において特殊です。

〈機能〉

物価連動債の第一の機能は，期待インフレ率の指標となる点です。物価連動債は，その利子率が実質利子率である実質債券（real bond）です。実質債券である物価連動債と名目利子率を付ける名目債券との間で投資家が裁定（arbitrage）を行う結果，第1章「貨幣」で述べたフィッシャー方程式が成立します。フィッシャー方程式によれば，名目利子率と実質利子率の差は，投資家が名目債券に要求するインフレ・プレミアム（inflation premium）を除けば，期待インフレ率に等しくなります。インフレ・プレミアムとは，投資家が名目債券から得る収益がインフレ率の変動によって増減するリスクに対して要求する追加的な収益率を意味します。このインフレ・プレミアムが一定であると仮定すれば，実質利子率である物価連動債の利子率から，期待インフレ率の指標が得られます。期待インフレ率は，インフレのコスト（第3章「中央銀行」参照），フィリップス曲線の形状（第4章「金融政策」参照），金融政策の時間的整合性（第4章「金融政策」参照）の決定要因です。期待インフレ率は，物価の安定を目指す中央銀行にとって不可欠の情報となります

物価連動債の第二の機能は，インフレーション・バイアスを伴う政府への信認（credibility）を高める点にあります。インフレによって名目債務の実質負担を軽減するマネタイゼーションの誘因を政府がもっていることを知っている民間経済主体は，時間的に整合的な（time-consistent）期待インフレ率をいだきます。それに対して，物価安定のコミットメントを行いたい政府は，インフレによる実質債務負担の軽減のない物価連動債を発行することによって，コミットメントへの信認を高め，多額の債務発行を可能にすることができます。このように，物価連動債の発行は，政府の直面する時間的不整合性の問題を軽減させる機能をもっています。

本章のまとめ

1 政府の発行する借用証書である**公債**の裏側には，**徴税権**と**貨幣発行権**という国家の主権にかかわる問題が潜んでいます。

2 債券の満期と利子率との関係である**利子率の期間構造**に関する仮説には，ゼロの**ターム・プレミアム**を想定する**純粋期待仮説**，平均して正のターム・プレミアムを想定する**期待仮説**，ターム・プレミアムが満期の増加関数である**流動性プレミアム仮説**など，があります。

3 **リカードゥの中立命題**とは，財政政策の与える効果が政府の財源調達方法，つまり租税か公債発行かに依存しないことをいいます。

4 **リカードゥの中立命題**は，**政府の予算制約式**と**消費の恒常所得仮説**が満たされるとき成立します。

5 リカードゥの中立命題を世代間の所得移転の問題として考えたのが，バローです。**バローの中立命題**が成立するか否かは，家族のメンバーによる利他主義に基づく遺産の存在いかんによります。

6 遺産には，**意図しない遺産**と**意図した遺産**があり，意図した遺産の動機には，**利他的な遺産**動機の他に，**贈与の悦び**，**戦略的遺産**動機があります。これら2つの遺産動機の下では，バローの中立命題は成立しません。

7 財政当局が**シュタッケルベルグ・ゲーム**のリーダー，中央銀行がフォロワーである場合，統合された政府の通時的予算制約式から，中央銀行の金融引き締め策が，インフレーションを高めてしまう可能性もあります。

8 米国における1951年の「**アコード**」は，国債のマネタイゼーションをやめるために採られました。

9 元本・利子とも物価指数に連動する**物価連動債**は，**期待インフレ率**の指標を提供するだけでなく，政府の物価安定に対する信認を高める機能もあり，国債のマネタイゼーションを避ける知恵といえます。

（確認・応用のための）問題[9]

6.1 利子率の期間構造に関する純粋期待仮説と期待仮説の違い，および期待仮説と流動性プレミアム仮説との違いについて，説明しなさい。

---

9) ヒントと略解が本の末尾にあります。

6.2　リカードゥの中立命題が成立しないケースを2つ挙げなさい。

6.3　遺産動機について列挙しなさい。

6.4　フィッシャー方程式が実質債券と名目債券との間の無裁定条件（non-arbitrage condition）であることを説明しなさい。

（討論・主題発見のための）設問

6.1　(**利子率の期間構造：歴史**)　日本の国債市場における利子率の期間構造に関する代表的な実証研究は，黒田晁生『日本の金利構造』（1982年，東洋経済新報社）です。そこでは，日本の国債利回りの決定に関して，純粋期待仮説の妥当性が高いことを示しています。対立仮説として挙げられているのは，流動性プレミアム仮説，市場分断（segmented markets）仮説，直利志向（preferred habitat）仮説です。これらの対立仮説それぞれについて学習し，現代にもあてはまるかどうかについて，国債市場を取り巻く法制度の変化に着目して調べなさい。

6.2　(**利子率の期間構造：現状**)　日本銀行が採用してきたゼロ金利政策は，時間軸効果（duration effects）をもつといわれます。時間軸効果とは，利子率の期間構造に関する期待仮説の下で，超短期金利であるコール・レートをほぼゼロの水準に維持し続けることにコミットすることによって，イールド・カーヴを水平にする効果です。このゼロ金利政策が解除されることが予想されるときに，イールド・カーヴに何が起きるのか，また急激な変化が生じないようにするためには，どのような対策が講じられるべきであるか，考えなさい。

6.3　(**政府の資金調達に関する中立命題：理論**)　公債に関する包括的なサーベイであるElmendorf, Douglas and Gregory Mankiw. "Government Debt." Chapter 25 in *Handbook of Macroeconomics* Volume 1c, Taylor, J. B. and M. Woodford, eds., Elsevier Science, B. V., 1999, pp.1615–1699. を読み，リカードゥ・バローの中立命題の成立しないケースについて理論的に考察しなさい。

6.4　(**財政当局と中央銀行との関係：歴史**)　米国における1951年のアコードは，金融政策（monetary policy）の国債価格維持政策からの解放を意味しているが，FRBの日々の金融調節（credit policy）の財政的要因からの独立は意味していないと，Goodfriend, Marvin. "Why We Need an "Accord" for Federal Reserve Credit Policy: A Note." *Federal Reserve Bank of Richmond Economic Quarterly*, 87(1), Winter 2001, pp.23–32. は主

張しています．この論文を読み，金融調節におけるアコードの必要性について考えなさい．

6.5 （財政当局と中央銀行との関係：現状） ロバート・シラー『新しい金融秩序』（田村勝省訳，日本経済新聞社，2004年）第9章「マクロ市場―最大のリスクを取引する―」を読み，シラーが提案する GDP 連動債が果たす役割について考えなさい．

第7章

国債管理政策

　トービン教授が指南役であった米国ケネディ政権の下で実施されたオペレーション・ツイスト政策に見られる国債管理政策は，金融・財政政策と並ぶ重要なマクロ経済政策です。望ましい国債管理政策について，1)政府債務のもつ流動性，2)政府債務と代替的な課税による資源配分上の歪み，3)統合された政府の有するインフレ・バイアスの3つの観点から考えていきましょう。

○ KEY WORDS ○

国債管理，オペレーション・ツイスト，
限界流動性，等流動性曲線，
ビルズ・オンリー政策，課税平準化，インフレ税，
靴底コスト，時間と状態，公的債務管理，
コミットメント，繰返しゲーム，引き金戦略，
名声，物価連動国債

国債管理政策（debt management policy）とは，市中に残存する国債の満期構成，追加供給・償還される国債の種類・発行条件などを操作する政策です。大きく分けて，構造的国債管理，数量的国債管理の2種類があります。構造的国債管理政策は，国債の円滑・確実な発行・消化のために，市場を取り巻く制度的枠組みを整備するものであり，数量的国債管理政策は，国債の満期構成の操作によって，国債発行に伴うコストを低下させ，あるいは有効需要水準を引き上げることを目的とする政策です。国債市場が未発達である国では，構造的国債管理が中心となりますが，国債が金融市場全体において大きなシェアを占める多くの国では，数量的国債管理が主たる政策となります。ここでは，数量的国債管理に議論を絞ります。

国債管理が政府の主体的な活動として認知されるようになった最初は，米国のケネディ政権下におけるオペレーション・ツイスト（Operation Twist）政策でしょう。この政策の下で，当時のインフレーションの状況において，インフレ抑制を目的として短期利子率を引き下げないようにしながら，大きく嵩む財政赤字の負担を軽くするために，公開市場操作（open market operation）における国債の買いオペによって，国債の長期利子率を低く抑えようとしました。従来まで水平であったイールド・カーヴを，右下がりの形状に折り曲げる（twist）政策であったわけです[1]。

しかし，第6章「公債」で説明した利子率の期間構造の純粋期待仮説の下で，短期利子率の高め誘導と長期利子率の抑制とは両立しないことは明らかです。トービンエール大学教授も大統領経済諮問委員会（Council of Economic Advisers, CEA）の委員として経済政策に参画したケネディ政権で実践されたオペレーション・ツイスト政策が，トービン教授自身によるいかなる理論に基づいていたのかについて，7.1節で議論します。さらに，7.2節では，課税に資源配分上の歪みが存在する場合に，国債管理に求められる課税平準化の原則について説明します。

---

[1] オペレーション・ツイスト政策に関する（討論・主題発見のための）設問7.1が章末にあります。

7.1 最適債務構成

トービンは，流動性（第1章「貨幣」参照）を一定にする政府の債務構成のうち，政府が利子支払いを最小化するように最適な債務構成を選択する問題について考えました。政府の保有する全資産 W を構成する金融資産として，貨幣 M，短期政府証券 F，長期国債 G が存在するとします。

$$W = M + F + G$$

貨幣 M，短期債 F，長期債 G の保有から得られる流動性をそれぞれ $L_m(M)$，$L_f(F)$，$L_g(G)$ とします。以下の式を満たす一定の流動性 L を与える短期債 F，長期債 G の組合せを，等流動性曲線と呼びます。

$$L = L_f(F) + L_g(G) + L_m(W - F - G)$$

各資産が1単位増えることによる流動性の増加分を限界流動性と呼びます。限界流動性は，貨幣が最も大きく，短期政府証券，長期国債と続きます。

$$\frac{dL_m}{dM} > \frac{dL_f}{dF} > \frac{dL_g}{dG} > 0$$

また限界流動性は，それぞれの残高が増加すると逓減していきます。

$$\frac{d^2 L_m}{dM^2} < 0, \ \frac{d^2 L_f}{dF^2} < 0, \ \frac{d^2 L_g}{dG^2} < 0$$

総資産 W のうち，短期債の残高 $F = 0$ として，正の貨幣量 M と長期債残高 G のみを保有している場合に得られる流動性を L とします。このとき，政府が，短期債がゼロである状態（図7.1における L 点）から始めて，長期債と代替させながら短期債を限界的に増やしていく（図7.1で L 点から S 点に向かう）国債管理政策を考えます。

そこで，限界流動性の比で測った短期債と長期債との限界代替率は，等流動性曲線を全微分してゼロと置くことにより，

図7.1 等流動性曲線

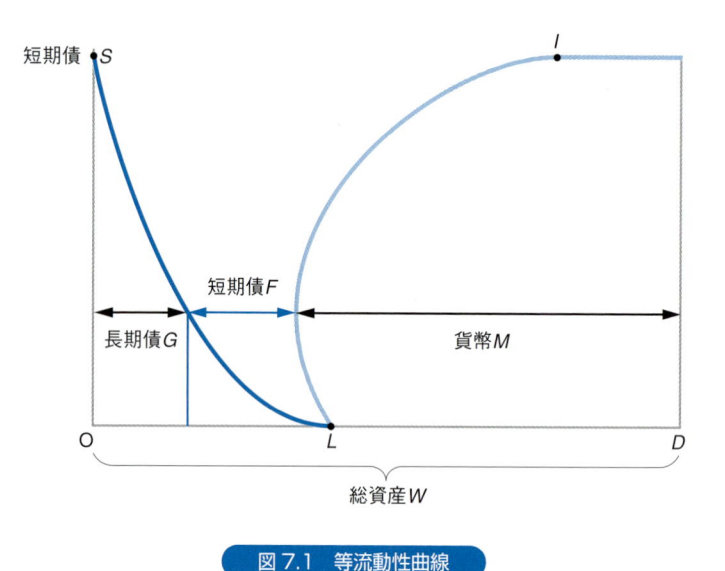

（図：縦軸に短期債S、横軸にO〜D、長期債G、短期債F、貨幣M、総資産W、曲線LI、点L、点S、点Iを示す）

$$-\frac{dF}{dG} = \left(\frac{dL_g}{dG} - \frac{dL_m}{dM}\right) \Big/ \left(\frac{dL_f}{dF} - \frac{dL_m}{dM}\right)$$

となります。図7.1で L 点から S 点へ債務の満期構成を短期化させていくと、限界流動性が逓減することから、限界代替率（の絶対値）は、短期債残高 F が増加する（長期債残高 G が減少する）と大きくなり、等流動性曲線は下に凸な曲線になることがわかります。なお、図7.1において、曲線 LI は、L 点から S 点に向かって長期債を短期債に代替させていく過程の各点において、縦軸方向の短期債残高と同じ大きさを横軸方向に伸ばした点の軌跡です。直線 OD が表わす総資産 W の大きさから曲線 LI の横軸方向の大きさ $(F+G)$ を引いた残りが、貨幣残高 M を表します。

　こうして得られる等流動性曲線に対応する貨幣 M、短期債 F、長期債 G の組合せのうち、利子費用を最小化する債務構成が、政府にとって最適になります。いま、貨幣の利子率はゼロ、短期債、長期債の利子率をそれぞれ i_f,

図 7.2　等費用曲線

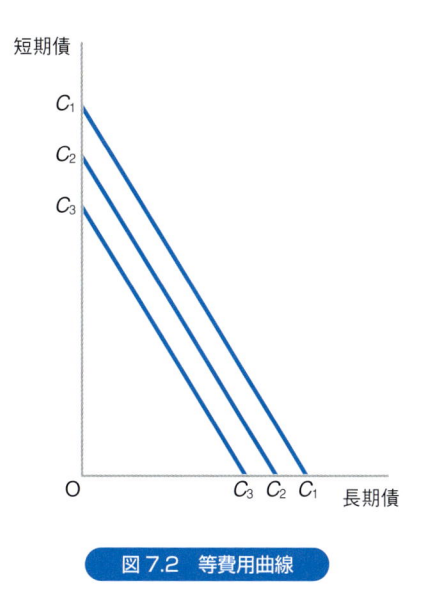

i_g とします。このとき，以下の式を満たす一定の利子 i を支払う短期債，長期債の組合せを，**等費用曲線**と呼びます。

$$i = i_f F + i_g G$$

図 7.2 において，1 単位の長期債の減少による利払いの低下を相殺する短期債の増加分は，$\frac{i_g}{i_f}$ となります。原点に近い等費用曲線の方が，費用が小さい国債の組合せを表します。もし長短利子率が国債残高から独立であるとすると，図 7.2 のように等費用曲線は直線になります。

このとき，図 7.3 (a) のように，長期利子率 i_g が短期利子率 i_f に比べて相対的に高いケースでは，短期債と貨幣しか保有しない S 点が，図 7.3 (b) のように，短期利子率 i_f が相対的に高いケースでは，長期債と貨幣のみから成る L 点が，最適な債務構成を表す場合があります。一般に，図 7.3 (c) のように，内点解 M 点が最適になります[2]。

2）（討論・主題発見のための）設問 7.2 が章末にあります。

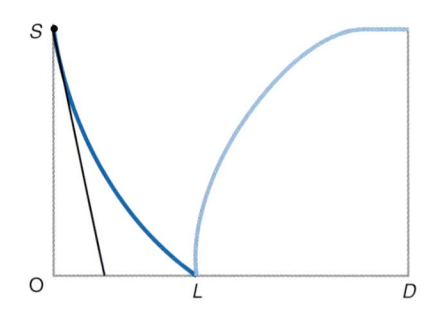

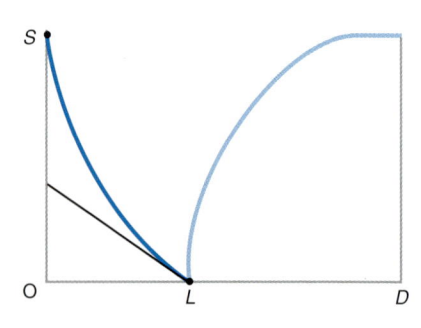

(a) 長期利子率が短期利子率に比べて高いケース

(b) 短期利子率が長期利子率に比べて高いケース

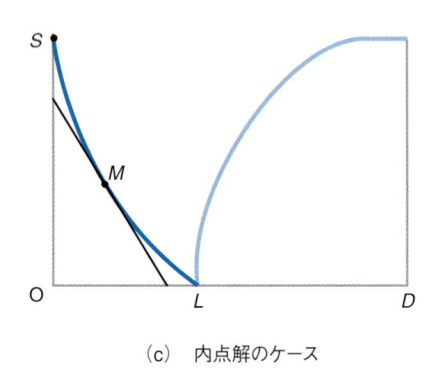

(c) 内点解のケース

図 7.3 最適債務構成

ビルズ・オンリー政策

　政府が債務構成を操作する手段として，公開市場操作（open market operation）を考えましょう。たとえば，中央銀行が民間銀行から長期国債を購入する買いオペを行うとします。そこでは，中央銀行は民間銀行に購入代金を準備（reserve）の形で支払いますから，市中に存在するハイパワード・マネーが準備と同額だけ増加します。その結果，信用乗数のメカニズム（第4章4.2節参照）を通じて，マネー・サプライが準備の信用乗数倍だけ増加することになります。こうして，公開市場操作はマネー・サプライを増減させる

金融政策の手段となっています。

　上記のトービンによる最適債務構成の理論は，長短利子率が国債残高から独立に決まっている場合において，長期利子率が短期利子率と比べて相対的に高いケースでは，政府債務が短期債と貨幣からしか構成されない政策が，最適となる可能性を指摘しました。債務構成の変更を公開市場操作によって行うとすると，この債務構成は，公開市場操作の手段を短期債券のみに限る政策を意味します。このように公開市場操作の手段を短期債，とりわけ政府短期証券(treasury bills)に限る政策のことを，ビルズ・オンリー政策といいます。ビルズ・オンリー政策を実践した例としては，前章で述べた1951年のアコードの後，財務長官からFRBに転じた米国のマーチン(William McChesney Martin)議長です。

　ビルズ・オンリー政策とは対照的に，短期利子率を高くし長期利子率を低く抑えることを狙ったオペレーション・ツイスト政策は，図7.3のケース(b)に相当します。この場合，政府の最適債務構成は，長期国債のみから成り，長期国債の買いオペがハイパワード・マネーの供給手段となります。

7.2　課税平準化

　以上は，政府債務の構成を決定する要因として，「流動性」に焦点をあてた議論でした。以下では，政府債務と代替的な資金調達手段である「租税」に伴って発生する，資源配分の歪みに着目する理論を説明します。課税による歪みの観点から国債管理政策について理論的に分析した嚆矢は，先のリカードゥの中立命題を現代に蘇らせたバローです。政府が裁量的に税率を変更することは，財の相対価格を変え，無限期間にわたる効用を最大化するように動学的に決定される家計の消費の経路の平準化（consumption smoothing）を難しくします。こうした歪みを解消するためには，税率を一定に保

つ財政運営，課税平準化（tax smoothing）政策が望まれます。たとえば，戦争のための戦費調達が一時的に必要になるときには，税率を不変にするように，国債発行を適宜行う政策が望ましいことになります。

以下では，課税平準化に関わる国債管理のための3つの原則について説明していきます。原則は，①バローの課税平準化，②マンキュー（N. G. Mankiw）のインフレ税を考慮した最適課税，③ボーン（H. Bohn）の政府の最適な資産構成（ポートフォリオ）の3つです。第一の原則は，国債管理の大原則ということができます。第二の原則は，中央銀行と財政当局とが統合された政府を考える点において，第一の原則と異なります。中央銀行，財政当局それぞれが予算制約に直面していますが，マクロ経済にとって問題になるのは，統合された政府の一つの予算制約です。第三の原則は，政府の発行する金融資産を国債に限定せず，株式などのその他の金融資産にまで拡大して考える点において，これまでの原則とは一線を画します。

○ バローの課税平準化

家計の効用関数を $u(C)$，消費税（consumption tax）率を τ，時間選好率を β として，家計の効用最大化を考えます。このとき，無差別曲線の傾きを表す限界代替率（marginal rate of substitution）は，現在の消費から得られる限界効用

$$\left(\frac{\partial u}{\partial C_t}\right) \Big/ (1+\tau_t)$$

と将来の消費から得られる限界効用を時間選好率を使って現在における価値に変換した割引現在価値

$$\left(\beta\frac{\partial u}{\partial C_{t+1}}\right) \Big/ (1+\tau_{t+1})$$

の比率，

$$\left(\frac{\frac{\partial u}{\partial C_t}}{1+\tau_t}\right) \Big/ \left(\frac{\beta\frac{\partial u}{\partial C_{t+1}}}{1+\tau_{t+1}}\right)$$

になります。一方，限界代替率と等しいことを効用最大化のための条件が要求する，現在の消費1単位の将来の消費に対する相対価格は，実質利子率$1+r_{t+1}$です。したがって，効用最大化の下では，以下の式が成り立っています。

$$\left(\frac{\frac{\partial u}{\partial C_t}}{1+\tau_t}\right) \bigg/ \left(\frac{\beta \frac{\partial u}{\partial C_{t+1}}}{1+\tau_{t+1}}\right) = 1+r_{t+1}$$

もし左辺の限界代替率が右辺の相対価格よりも高い場合，現在の消費を増やすために，将来の消費を減らしてでも，資金市場から実質利子率で資金を借り入れることによって，効用を引き上げることが可能です。逆に，もし右辺が左辺より高い場合，現在の消費を減らして資金市場で実質利子率で貸し付け，将来の消費を増やすことにより，効用を引き上げられることになります。前者の場合，資金需要が高まり，実質利子率が上昇し，後者の場合，資金供給が増加し，実質利子率が低下し，均衡においては上記の式において等号が成立します。

この条件において，消費税率がゼロの状態$\tau_t = \tau_{t+1} = 0$では，

$$\left(\frac{\partial u}{\partial C_t}\right) \bigg/ \left(\beta \frac{\partial u}{\partial C_{t+1}}\right) = 1+r_{t+1}$$

が成立し，課税による資源配分の歪み（tax distortion）のないファースト・ベストの状態が実現します。このファースト・ベストの状態と比較して，課税のある場合には，課税による歪みが生じています。たとえば，消費税率が時間を通じて上昇していくことが予想される場合，

$$\tau_{t+1} > \tau_t$$

家計は，ファースト・ベストのケースと比較して，時間を通じて消費C_tを減らしていくことを選択します。消費税率の低いうちに，消費するインセンティブがあるわけです。そのことは，消費をなるべく平準化したい家計にとって，効用の低下につながり，ファースト・ベストからの歪みとなります。

このファースト・ベストからの歪みをなくすためには，必ずしも消費税率

図7.4 課税による歪み

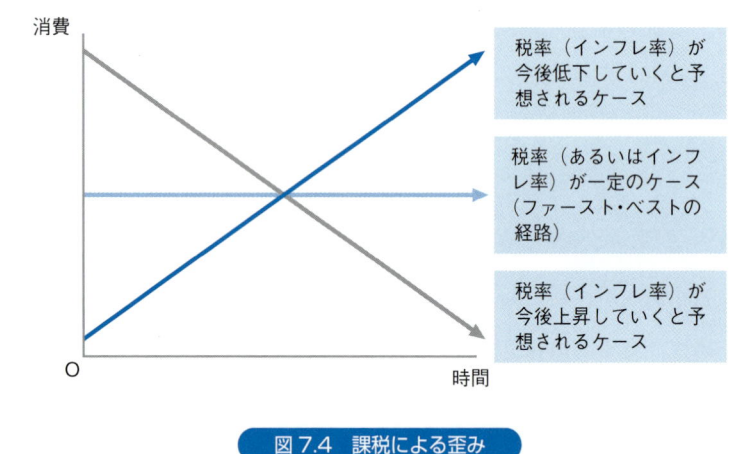

（グラフ内の凡例）
- 税率（インフレ率）が今後低下していくと予想されるケース
- 税率（あるいはインフレ率）が一定のケース（ファースト・ベストの経路）
- 税率（インフレ率）が今後上昇していくと予想されるケース

をゼロにする必要はありません。むしろ，政府は，時間を通じて消費税率を平準化する政策さえすればよいことになります。

$$\tau_{t+1} = \tau_t$$

このとき，課税による資源配分上の歪みが消えることは明らかです。この政策のことを，課税平準化と呼びます。

すなわち図7.4で説明すると，税率が一定であるケースにおいては，課税のない経済と同じ消費経路，いわゆるファースト・ベストの状態が達成されます。しかしながら，税率が今後上昇（低下）していくと家計が予想しているケースでは，異時点間の消費決定において，限界代替率と比較して，将来の財に対する現在の財の相対価格である実質利子率が低い（高い）ことを意味し，家計は将来（現在）よりも現在（将来）の消費を選好するようになります。

将来の税率に対する期待の誤差を考慮しますと，課税平準化とは，将来の税率の期待値が，現在の税率に等しいことを意味します。このことは，ファイナンス理論の用語でいえば，税率がマルチンゲール（martingale）過程あ

るいはランダム・ウォーク（random walk）過程に従うことを意味します。なお，同じ論理は，税率の代わりに，インフレ率の場合においても成立します。すなわち，国債管理の第一の原則は，

> 原則1：税率・インフレ率がランダム・ウォーク過程に従う

ことになります。実際，バロー（1979）[3]は，米国における国債発行に関する1917年から1976年までの長期間にわたるデータに基づき，大まかには原則1が満たされていることを実証しています。

○ 最適な貨幣鋳造益

政府による課税の形態は，通常の租税のみではありません。統合された政府（consolidated government）には，予算編成・執行を行う財政当局だけではなく，貨幣供給を行う中央銀行まで含みます。中央銀行によって独占される貨幣発行権から得られる貨幣鋳造益も，租税と代替的な手段です。貨幣発行によって生じるインフレが家計の保有する貨幣のもつ購買力を低下させるために，この手段はインフレ税（inflation tax）と呼ばれます。

政府の歳入の手段には，租税と貨幣発行の両方が考えられますが，2つの歳入調達手段それぞれには社会的な損失を伴います。財政当局と中央銀行とが統合された政府にとって，社会的な損失を最小化するように，租税と貨幣発行のバランスをどのように図ればよいかが問題となります。

第一に，課税による社会的死加重（deadweight social loss）で表される租税による資源配分上の歪みは，ミクロ経済学の余剰分析に従えば，図7.5の三角形によって近似されます。需要曲線 A は，租税のない経済における財に対する需要，需要曲線 B は，一定の税率が消費に課される場合の財への需要を表します。曲線 A と B の垂直方向のシフト率が，税率を表しています。租税のないファースト・ベストの状態における均衡は，供給曲線と需

---

[3] Barro, Robert J. "On the Determination of the Public Debt." *Journal of Political Economy*, 87(5), 1979, pp.940–71.

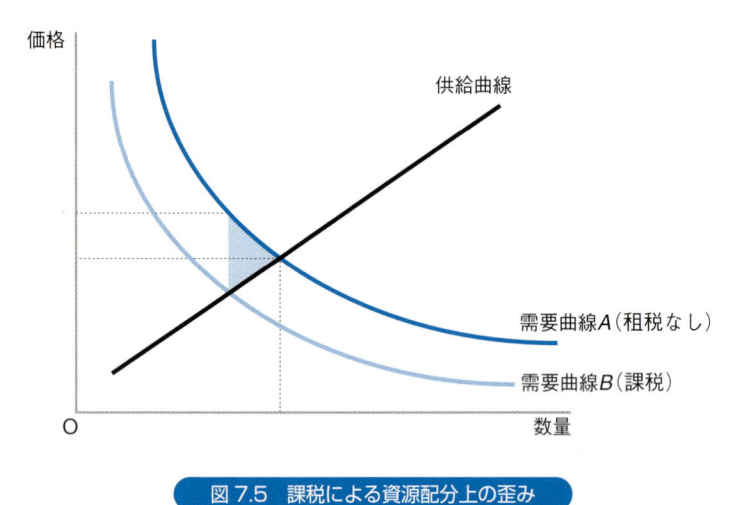

図7.5　課税による資源配分上の歪み

要曲線 A との交点にあり，この場合の総余剰は，供給曲線，需要曲線 A，そして縦軸によって挟まれる領域が表す一方，租税の存在する場合の均衡は，供給曲線と需要曲線 B との交点にあり，分配方法はともかく家計にすべて分配される租税収入まで含めた総余剰は，供給曲線，需要曲線 A，縦軸で挟まれた領域から，薄い青色で表される三角形を差し引いた部分があたります。すなわち，三角形が租税による総余剰の低下分を表します。この三角形の面積は，需要曲線 A と B のシフト率である税率の2乗に，均衡における供給（あるいは，需要）曲線の傾きの逆数（一定の値）をかけ，2で割った数字で近似することが可能ですので，税率の2次関数として近似されます。

　第二に，インフレのコストに関しても，租税の歪みと同様の議論を行うことができます。図7.6 は，名目利子率の減少関数である家計の貨幣需要関数を表します。簡単化のために，実質利子率はゼロであると想定すると，（期待）インフレ率がゼロの場合には，フィッシャー方程式により，名目利子率もゼロとなります。このときの総余剰は，貨幣需要関数の下の領域すべ

```
         名目利子率
             |＼
             | ＼
             |  ＼
             |   ＼
  期待インフレ率 |    ＼___
             |_____＼＿＿
             O        実質貨幣需要
```

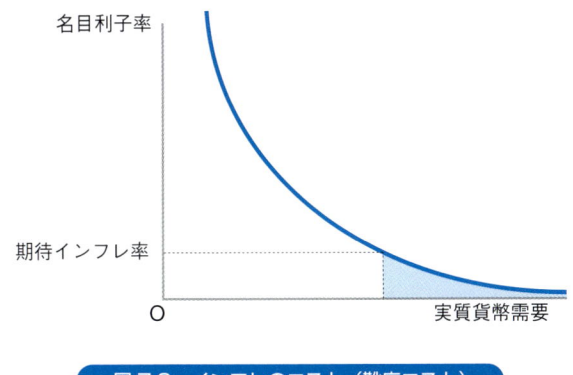

図 7.6　インフレのコスト（靴底コスト）

てによって表されます。正の期待インフレ率がある場合には，名目利子率はその期待インフレ率と同じ率となります。その場合の（インフレ税の分配まで含めた）総余剰は，貨幣需要関数下側の領域のうち，期待インフレ率に対応する貨幣需要よりも左側の部分に該当し，（期待）インフレの発生によって，薄い青色で示された領域だけのコストが社会的に生じます。インフレによって手元におく貨幣量が減っていくため，銀行などの金融機関に足を運ぶ手間が増えることから，この領域のことを**靴底コスト**（shoe-leather cost）と呼びます。この面積は，期待インフレ率の2乗に貨幣需要の利子弾力性をかけ，2で割った数字で近似され，課税の歪みと同様，インフレ率の2次関数で表されます。

　以上，課税の資源配分の歪みとインフレのコストが，それぞれ税率，インフレ率の2次関数で表されることを見ました。外生的に与えられる歳出を賄うために，社会的な損失を最小化する政府は，最適な歳入手段の選択において，租税による資源配分上の歪みとインフレのコストそれぞれに関する限界費用を均等化しなければなりません。もしそうでなければ，歳入において，限界費用の低い手段の割合を増やし，高い手段の割合を減らすことによって，

社会的な損失を少なくすることができるからです。

2次関数である租税の資源配分の歪みとインフレのコストに関する限界費用は，それぞれ税率・インフレ率の増加関数ですので，限界費用が均等化するということは，歳出の外生的な変化に対して，税率とインフレ率は必ず同じ方向に反応しなくてはならないことを意味します。もしそうでなければ，限界費用の均等が崩れることになります。貨幣鋳造益も考慮する政府の最適な歳入手段においては，国債管理の第二の原則

> 原則2：税率とインフレ率が正の相関を有する

ことが満たされていなくてはならないわけです。マンキュー（1987）[4]は，米国に関してこの条件が満たされていることを実証しています。

○ 最適な公的債務管理

これまでの課税平準化の議論は，時間（time）を通じた税率の変動の安定化に焦点をしぼっていますが，政府による最適な債務管理にとって，状態（state）に応じた税率の安定化も必要です[5]。外国為替や株式などの資産価格は，マクロ経済に直接関わるニュースのみならず，戦争や地震など突発的な事件・事故などあらゆる状態を反映して変動します。状態に依存して決定される資産価格より得られる資産収益率から，税率が影響を受けないように，公的債務の構成を管理することが政府に求められます。たとえば，収益率の高い金融負債を政府が発行すると，財政への負担から税率を上げなければならなくなるので，課税平準化の観点から見て，望ましくありません。このように，国債管理の第三の原則は，

> 原則3：税率と資産収益率が無相関である

こととなります。

---

4) Mankiw, N. Gregory. "The Optimal Collection of Seigniorage: Theory and Evidence." *Journal of Monetary Economics*, 20, 1987, pp.327–41.

5) この点を強調したのが，Bohn, Henning. "Tax Smoothing with Financial Instruments." *American Economic Review*, 80(5), 1990, pp.1217–30.です。

この原則3は，ファイナンス理論における資産（ポートフォリオ）選択の問題を政府に適用したものです。投資家が金融資産への投資による収益の割引現在価値を最大化しながら資産選択を行うのと同様，政府は長期的な課税平準化を目的として，公的債務の構成を管理しているわけです。

政府による課税平準化は，政府の通時的な予算制約式（第3章参照）を通じて，2つの要因から影響を受けます。一つは，家計の恒常所得（第6章参照）です。恒常所得を高めるマクロ経済のショック，たとえばIT革命などの技術革新が発生する場合，課税される所得の増加に対して通時的な予算制約式を満たすために，政府は税率を引き下げようとします。その際，政府が税率の変更による死加重を最小化するためには，収益率で見てこのマクロ経済ショックと高い正の相関を有する債務を多く発行することによって，税率の引き下げが起こらないように，利払い費を上昇させる方が望ましいことになります。

もう一つの要因は，政府支出です。政府支出の増加を伴う予期しないショック，たとえば突発的な戦争が発生する場合を考えましょう。この場合，政府は，上昇を余儀なくされる税率の変更による死加重を最小化するために，収益率で見て政府支出と高い負の相関を有する債務の発行比率を高め，税率の引き上げが起こらないように，利払い費を低下させることが望ましくなります。

このように，公的債務管理の理論は，投資家としての政府を考え，政府債務としてさまざまな資産を考慮している点が特徴的です。基本的な原則は，バローの国債管理の第一の原則，課税平準化を政府債務の構成の選択によって達成するということにあります。

7.3　インフレ・バイアスと国債管理

　バロー=ゴードン・モデル（第4章参照）が明らかにしたように，中央銀行の裁量的な政策によって引き起こされるインフレ・バイアスは，民間経済主体と中央銀行との間で繰り広げられるゲームにおいて，民間経済主体の合理的期待（第6章参照）を満たす，時間的整合的な解です。この囚人のジレンマ（prisoners' dilemma）[6]の解決には，中央銀行のインフレ抑制的な態度に対する信認（credibility）を高める方策，とりわけ，中央銀行の独立性を高める制度の整備が必要です。具体的には，ロゴフの保守主義と呼ばれるように，金融政策を担当する中央銀行家として，社会的な平均よりもインフレ抑制的なタイプの人を選択することによって，社会的損失を小さくすることができます。こうしたインフレ・バイアスに対する人類の知恵としての中央銀行の独立性を高める動きは，1990年代以降世界的潮流となりました[7]。

　しかし，多くの国々，とりわけ多大な財政赤字に悩み，ハイパー・インフレーションを経験した発展途上国においては，中央銀行が財政当局に従属する統合された政府が，国債のマネタイゼーションによる貨幣鋳造益をあてにして，インフレを発生させてきたのが現実です。ここでは，たとえ統合された政府の下においても，国債管理政策を通じて，インフレ・バイアスを顕在化させないことが可能であることを示す理論を紹介します。そこで大きな役割を果たすのが，第6章で説明した元本・利子ともインフレに連動する物価連動国債です。

---

[6]　非協力ゲームにおいて個々のプレイヤーにとって最適な戦略の選択の結果，パレートの意味で劣位にある均衡が実現してしまう状況を指します。詳しくはミクロ経済学のテキスト，あるいはゲーム理論のテキストを参照して下さい。

[7]　（討論・主題発見のための）設問7.3が章末にあります。

◯ 時間的不整合性と名声

先のバロー=ゴードン・モデル（第4章参照）が明らかにしたように，民間経済主体と政府との間のゲームにおいて，インフレのコストを考えると，政府が最初にインフレを起こさないと宣言し，民間経済主体がその宣言を信認しながら，ゼロの期待インフレ率をいだく状態が，社会的に望ましいわけです。この状態が，ゲームのプレイヤーが相手の戦略を所与として最適な戦略を選ぶナッシュ均衡であるためには，政府によるコミットメント（commitment）であるゼロ・インフレの宣言が，民間経済主体に信認される必要があります。

しかし，インフレの限界コストが低い政府の側には，インフレを起こすインセンティブが存在し，そのことを民間経済主体が合理的に予測するために，インフレ・バイアスが生じます。インフレ・バイアスの解消のためには，政府にインフレのコストを負担させなければならないわけです。その手段として，民間経済主体が過去にインフレを起こした政府に対して，将来，罰（punishment）を与える戦略を採ることが考えられます。民間経済主体と政府との間のゲームが，無限に続く期間にわたって行われる繰返しゲーム（repeated game）において，民間経済主体が政府に最適なインフレ率を選択させるために，政府が最適な戦略から乖離することに対して罰を与える戦略のことを，引き金戦略（trigger strategy）と呼びます。引き金戦略が均衡として実現する場合，政府のインフレを起こす誘因が小さくなり，政府はインフレを起こさなくなります。過去に政府がインフレを起こさなかった履歴が，引き金戦略を通じて，政府の将来にわたるインフレ抑制的行動を導き，インフレ・バイアスが取り除かれるわけです。

こうして，政府のインフレ抑制的態度に関する名声（reputation）を利用して，ファースト・ベストの結果を実現させることができます。政府が，一時的な予期せぬインフレを発生させることによって得る利得よりも，インフレによる名声の喪失に伴う損失の方が大きければ，政府はゼロ・インフレの戦略を取り続けることになるからです[次頁8]。

◯ 物価連動国債の役割

　この名声を用いてインフレ・バイアスを解消するメカニズムは，金融政策を運営する中央銀行だけではなく，国債管理を担当する財政当局まで含めた統合された政府にも適用することができます。中央銀行には，フィリップス曲線（第4章参照）に現れるように，予期せぬインフレを引き起こすことによって産出量を高める誘因があります。一方，財政当局には，政府債務の多くを占める名目単位で発行される国債の実質価値をインフレによって低下させる，マネタイゼーションを起こす誘因があります。そのため，統合された政府においては，インフレ・バイアスの問題が深刻であり，インフレ抑制的であるという名声を確立することの意味が大きいわけです。

　統合された政府と民間経済主体との間の繰返しゲームを考えます[9]。インフレによって名目債務の実質負担を軽減させる誘因をもつ政府に対して，政府の誘因を理解している民間経済主体は，時間的に整合的なインフレ率を期待します。多額の債務をかかえる政府ほど，インフレを起こす誘因が高いので，期待インフレ率を高めてしまいます。そのため，社会厚生上望ましい低インフレのコミットメントを行う政府は，インフレのメリットを享受しない物価連動国債を発行することによって，コミットメントへの信認を高め，多額の債務発行を可能にすることができるようになります。

　このように，物価連動国債の発行は，インフレ・バイアスを伴う政府が低インフレのコミットメントへの信認を高めるのに寄与するわけです。実際，ミスセール=ブランシャール（1994）は，累積的な政府債務をかかえていたベルギー・フィンランド・アイルランド・イタリア・スペイン・スウェーデンの6カ国に関して，物価連動国債の存在を考慮すると，市中国債残高とGDPデフレータとの間に負の関係が見られることを実証的に示しました[10]。

---

[8] 名声を用いるインフレ・バイアスの解決策については，インフレ・バイアスの存在を示したバローとゴードンが，別の論文 Barro, Robert J. and David Gordon. "Rules, Discretion and Reputation in a Model of Monetary Policy." *Journal of Monetary Economics*, 12(1), 1983, pp.101-21.で示しました。

本章のまとめ

1 国債管理政策とは，市中に残存する国債の満期構成，追加供給・償還される国債の種類・発行条件などを操作する政策であり，国債の円滑・確実な発行・消化のために，市場を取り巻く制度的枠組みを整備する「構造的」政策と，国債の満期構成の操作によって，国債発行に伴うコストの低下，有効需要水準の向上を図る「数量的」政策に分けられます。

2 米国のケネディ政権下のオペレーション・ツイスト政策は，インフレ抑制を目的とする高めの短期利子率，多大な財政赤字負担を軽減するために必要な低めの長期利子率を両立させようとした政策でした。

3 トービンの最適債務構成の理論は，流動性を一定とする政府債務の構成のうち，利子支払いを最小化する組合せを示します。とりわけ，長期利子率が短期利子率と比べて相対的に高いケースでは，債務が短期債と貨幣のみによる構成が最適となる可能性があります。公開市場操作の手段となる政府債務を短期債券のみに限る政策のことを，ビルズ・オンリー政策といいます。

4 課税による資源配分の歪みをなくすために税率の安定化を図る政策を，課税平準化といいます。その下では，税率あるいはインフレ率がランダム・ウォーク過程に従います。

5 最適な歳入手段の組合せにおいては，税率の2次関数で近似される課税による資源配分の歪みとインフレ率の2次関数で近似される靴底コストに関して，限界費用が均等化しています。その結果，最適な状態では，税率とインフレ率とは正の相関を有しています。

6 課税平準化は，時間を通じた税率の安定化のみならず，状態に応じて税率を安定化させることを要求します。そのため，最適な公的債務構成の下では，広く状態に依存して決定される金融資産の収益率は，税率と無相関になっています。

7 バロー，ゴードンがモデルにした政府と民間経済主体との間の繰返しゲームにおいて，政府のインフレ・バイアスを顕在化させないように，政府のインフレ抑制的態度の名声を確立するための一つの手段として，物価連動国債の発行が考えられます。

---

9) 以下の記述は，Missale, A. and Oliver J. Blanchard. "The Debt Burden and Debt Maturity." *American Economic Review*, 84(1), 1994, pp.309-19.に拠ります。

10) 物価連動国債に関する（討論・主題発見のための）設問7.4が章末にあります。

（確認・応用のための）問題[11]

7.1 ビルズ・オンリー政策が正当化されるケースでは，どのような条件が必要か明らかにしなさい。

7.2 バローの課税平準化について，数式と言葉を用いて説明しなさい。

7.3 0.4の利子弾力性をもつ貨幣需要関数において，名目利子率が3%の場合の「靴底コスト」を計算しなさい。

7.4 日本のデータを用いて，国債管理の第二の原則，税率とインフレ率が正の相関を有する，という仮説について，検定しなさい。

7.5 囚人のジレンマの例を挙げなさい。

（討論・主題発見のための）設問

7.1 （国債管理政策：歴史） 論文 Modigliani, Franco and Richard, Sutch. "The Term Structure of Interest Rates: A Re-examination of the Evidence." *Journal of Money, Credit and Banking,* 1(1), 1969, pp.112–20.を読み，米国ケネディ政権下におけるオペレーション・ツイスト政策の実効性について学びなさい。

7.2 （最適債務構成：理論） 国債管理政策の理論の嚆矢である，Tobin, James. "An Essay on the Principles of Debt Management." in *Fiscal and Debt Management Policies*, Commission on Money and Credit, 1963.（http://cowles.econ.yale.edu/P/cp/p01b/p0195.pdf よりダウンロード可能）を読みなさい。

7.3 （インフレ・バイアスと国債管理：現状） 英国のイングランド銀行と国債管理を専門に担当する国債管理局（Debt Management Office）との関係について，Goodhart, Charles. "Monetary Policy and Debt Management in the United Kingdom: Some Historical Viewpoints." in *Government Debt Structure and Monetary Conditions*, a conference organized by the Bank of England, 1999, pp.43–97.を読み学びなさい。

7.4 （物価連動債の役割：現状） 近年，財政が窮乏化しているイタリアと日本を取り上げ，物価連動国債が果たしうる役割について，Missale, Alessandro. *Public Debt Management.* Oxford University Press, 1999.を読み議論しなさい。

---

11) ヒントと略解が本の末尾にあります。

第Ⅲ部

外国為替

第8章

外国為替

　ブレトン・ウッズ体制の崩壊，変動相場制への移行以降，国際通貨制度は羅針盤なき航海を続けてきました。とりわけ，多くの国が金融危機に見舞われた90年代末以降，転換期を迎えています。偉大なる社会実験ともいえる単一通貨ユーロの導入，欧州中央銀行の設立は，今後の国際通貨制度の方向性を示唆します。国際通貨制度の基礎となる外国為替レートの決定に関する理論を学ぶと同時に，各国政府による外国為替市場への介入のメカニズムとその効果に関する理論と実践について学びましょう。

○ KEY WORDS ○

金本位制，固定相場制，ブレトン・ウッズ体制，
国際通貨基金（IMF），ネットワーク外部性，
トリフィンのジレンマ，$N-1$問題，変動相場制，
欧州通貨制度（EMS），共同フロート制，
カレンシー・ボード，トービン税，
不可能な三位一体説，貯蓄投資バランス論，
貿易・サービス収支，経常収支，小国の仮定，
完全雇用，金利平価式，一物一価の法則，
購買力平価（PPP），マーシャル=ラーナー条件，
Jカーヴ効果，不胎化介入，
ポートフォリオ・バランス効果，
シグナリング効果，ユーロ，ドロール報告，
マーストリヒト条約，欧州中央銀行（ECB）

8 外国為替

「為替」という言葉は，取引を行う主体同士が，同じ国内にいようと，別々の海外にいようと，直接現金を受け渡すことなく，資金を決済することを意味します。国内における取引の場合，内国為替，海外との取引の場合，外国為替が発生します。内国為替では，第3章「中央銀行」で説明しましたように，取引者の預金口座のある銀行が，それらの保有する中央銀行の口座を利用した振替によって決済されます。

一方，外国為替は，異なる種類の通貨の交換取引によって発生します。たとえば日本人が米国を旅行する際，現地でのショッピングなどのために，前もって銀行で，日本の通貨である円を米国の通貨であるドルに両替します。日本の自動車会社が米国に自動車を輸出する場合，米国での販売代金は，米ドルから日本円に両替された後，日本に送金されます。また，日本の石油会社がサウジアラビアから原油を輸入し，代金がサウジの通貨リヤール建てで支払われる場合，日本円がサウジ・リヤールに両替されます。これらの例のように，二国間の通貨を交換することを外国為替といい，その交換比率のことを，外国為替レートといいます。

とりわけ，国際間の貿易や金融取引の決済に使われる国際通貨は，多くの国における国境を越える取引に関わりますので，取引にかかる費用を節約するために，他の通貨との交換比率である為替レートがどのように決められるかについて，国際的な取り決めを必要とします。この国際通貨を使った決済の仕組みに関する取り決めのことを，国際通貨制度といいます。

本章では，国際通貨制度の歴史的変遷について振り返った後，外国為替レートがどのように決定されるのかについて，理論的な説明を行います。そのうえで，国際通貨制度が現在おかれている状況を表す2つの例として，周到に準備された偉大なる社会実験ともいえる，ヨーロッパにおける単一の通貨ユーロの導入，および1997年に発生した東アジアにおける金融危機の際に当該国が採用していた通貨制度の功罪について，歴史を追うとともに，国際通貨制度の選択に関わる不可能な三位一体説（impossible trinity）と呼ばれる理論から説明します。

8.1 国際通貨制度

　世界全体を一つの貨幣経済と考えますと，国際通貨が貨幣そのものです。第1章「貨幣」で述べたのと同様に，国際的な取引において，国際通貨が，取引手段，決済単位，価値貯蔵手段となります。

　誰にとっても判別しやすい財が，交換手段である貨幣として認知されるのと同じく，世界の国々から認知されるようになる国際通貨は，誰が見ても認知することができ，取引費用を小さくすることができる財，たとえば貴金属である金（gold）が選ばれてきました。物々交換では存在しない決済単位の存在が，交換比率を表す値札の数に見られる取引費用を小さくするのと同じく，国際的な取引において決済の単位となる国際通貨は，通貨の交換比率である外国為替レートの組合せを少なくし，取引に必要な情報量を減らします。こうして，国際的な交換手段，決済単位の機能に関して，取引費用を小さくする意味で，商品貨幣である金が歴史的に国際通貨として選ばれてきました。この国際通貨制度のことを，金本位制といいます。表8.1にあるように，金本位制の歴史として，1870年から第一次世界大戦前までの国際金本位制の普及，大戦中の金輸出禁止から1925年以降大恐慌までの金本位制への復帰が挙げられます。国際金本位制の下では，米国ドル，ドイツマルク，日本円などの通貨が直接，金と兌換されることが保証されていました。

　また，各国の通貨は，交換手段である国際通貨に変換できる容易さ，そのスピードを表す流動性によって価値貯蔵手段として認められます。国際的な取引において認知される国際通貨には，法貨として流動性の高い通貨が選ばれるはずです。流動性の高い通貨は，価値貯蔵手段である貨幣として，それ自体の価値が安定していなければなりません。その点から，国際通貨とその他の通貨との交換比率である為替レートを人為的に固定する国際的な取り決めが，歴史的に試行されてきました。その制度を固定相場制と呼びます。第

二次世界大戦後のブレトン・ウッズ体制と呼ばれる仕組みから，1971年のニクソン・ショックを経て1973年まで，固定相場制が布かれていました。

ブレトン・ウッズ体制は，ドル本位制とも呼ばれ，金1オンス（約28.35g）と35ドルとの兌換を保証したうえ，1ドル＝4.2マルク，1ドル＝360円，1ポンド＝2.8ドルの水準で為替レートが固定されており，実質的には基軸通貨であるドルを本位貨幣として位置づけていました。ブレトン・ウッズ体制を規定した米国ニューハンプシャー州ブレトン・ウッズ（Bretton Woods）で開かれた会議の各国代表の中に，英国代表としてのケインズがいました。ブレトン・ウッズ協定によって設立された国際通貨基金（International Monetary Fund，IMF）が果たす役割について，ケインズは米国代表のホワイト（Harry Dexter White）と対立しました。ホワイトが金本位制を基本としながらもドルを基軸通貨として位置づけ，国際収支の不均衡の是正は国内政策を中心とした調整によることを主張したのに対して，ケインズはバンコール（Bancor）という中立的な国際通貨の準備を通じた本格的な国際的清算同盟を提案していました。結果は，当時の国際社会での覇権の交代を象徴するように，米国代表ホワイトの主張が採り入れられる結果に終わりました。

ある通貨の国際通貨としての流動性は，その通貨を交換手段，決済単位として利用する国際的取引が増加するにつれ，大きくなります。地理的，物理的な距離に関わりなく，同じ国際通貨を利用する経済圏を国際通貨圏といいます。各国家がその通貨圏に入るか否かは，政府の意思決定に依ります。1978年のキングストン合意は，1973年の変動相場制への移行後，各国の通貨制度が自由に選択されることを宣言しました。多くの国が一つの通貨圏に所属する状況では，外国為替に関わる取引費用の面で，その通貨圏に加盟することのメリットは大きいことになります。こうした，利用すればするほど増加する，利用するメリットのことをネットワーク外部性（network externality）と呼びます。このネットワーク外部性の存在のために，ある国際通貨を選択するA国政府の意思決定は，B国政府の国際通貨の選択に正の影響を与え

表 8.1 国際通貨制度の歴史

年代			
1870～1914年	国際金本位制		
第一次大戦	金輸出禁止→変動相場制		
1925年	英国の金本位制復帰，各国も追随		
1931年	大恐慌→英国による金兌換停止		
第二次大戦後	ブレトン・ウッズ体制→国際通貨基金（IMF）の設立，ドル本位制		
1971年	ニクソン・ショック→ドルと金の兌換停止		
1973年	変動相場制へ移行		
1978年	キングストン合意→各国の自由選択		
1979年	欧州通貨制度（EMS） →共同フロート制 ■域内通貨間の為替バンド制 ■域外通貨間の変動相場制		
1983年		香港固定相場制導入 →1米ドル＝7.8香港ドル	
1991年		アルゼンチン固定相場制導入 →1ペソ＝1ドル	
1991～1998年			チリの資本流入規制
1998年			マレーシアの資本流出規制
1999年	欧州通貨連合（EMU）→ ■ユーロの単一通貨制 ■11カ国（英国，スウェーデン，ギリシャ，トルコを除くEU諸国）		
2001年	ギリシャの参加		
2002年		アルゼンチンペソ切り下げ→ ■1ドル＝1.4ペソ ■固定相場制と変動相場制の二重相場制	

8.1 国際通貨制度

ます。通貨の価値の安定性に基づく利便性をもとめて,ネットワーク外部性を享受できるように,貿易量の多い国の中央銀行が発行する通貨が,国際通貨になるわけです。国際通貨に対する需要は,ネットワーク外部性によりますます増大していきます。すべての国がネットワーク外部性を期待して国際通貨を選択する結果,ある一つの通貨が国際通貨として認知されるようになります。そのとき,世界全体の貿易取引において最も大きなシェアを占める国の中央銀行が発行する通貨が,国際通貨として選ばれることになります。

ところが,国際通貨の利便性である通貨価値の安定は,あくまでも国内における中央銀行の貨幣供給に依存しています。通貨価値の安定のためには,増大する通貨需要を満たすように,国際通貨の供給を行う国の中央銀行は追加的な通貨供給を余儀なくされます。そのことは,国内でのインフレを招き,ひいては通貨価値の下落を引き起こしてしまいます。このように,国際的に流動性の高い通貨が,国内での過剰な通貨供給から通貨価値を下落させ,国際通貨としての信認を失ってしまう可能性を,最初に指摘したエール大学教授であったロバート・トリフィン(Robert Triffin)の名前をとって,**トリフィンのジレンマ**といいます。そのジレンマが顕在化したのが,ブレトン・ウッズ体制下の1971年における**ニクソン・ショック**です。米ドルを基軸通貨とする固定相場制であったブレトン・ウッズ体制の下で,ドルが大量に海外に流出したことにより,ドルに対する不安が生じ,当時の米国大統領リチャード・ニクソンが,ドルと金との兌換を停止すると宣言しました。

ニクソン・ショック後に,世界で何が起こったのかについて,例を挙げて説明しましょう。表8.2のように,3国A(ドル通貨国),B(円通貨国),C(マルク通貨国)が存在し,大国であるAの通貨ドルが国際通貨として信認されているとします。1ドル=360円,1ドル=4.2マルクの水準での固定相場制を想定します。

このとき,基軸通貨国であるA国が,固定相場制を放棄し,変動相場制への移行を宣言するとします。それによって,ドルの国際通貨としての信認は崩れ,たとえば1ドル=180円,1ドル=2.1マルクの水準までドルの価

表8.2 固定相場制下の $N-1$ 問題

	A=$	B=¥	C=マルク
A（ドル通貨国）	—	—	—
B（円通貨国）	(1, 360) ➡ (1, 180)	—	—
C（マルク通貨国）	(1, 4.2) ➡ (1, 2.1)	(360, 4.2) ➡ (180, 2.1)	—

値が低下するとします。そのとき，B国，C国がそのまま固定相場制を維持し，1ドル＝360円，1ドル＝4.2マルクの為替レートへ復帰させるためには，B国，C国が協調して，金融緩和を行い，自ら円とマルクの通貨価値を引き下げなければなりません。そもそも，国際通貨国（この場合，A国）における金融政策は，その他の $N-1$ 国（B，C国）の金融政策と異なり，唯一独立的に変更することが可能です。$N-1$ 国の金融政策は，A国の政策に応じて従属的に発動せざるを得ません。この固定相場制に関わる問題を，$N-1$ 問題と呼びます。$N-1$ 国による一様な協調行動は，景気情勢が異なる各国において，維持・持続させることは困難です。現実に，ニクソン・ショックの後の1973年からは，各国通貨の交換比率である外国為替レートが変動する変動相場制へと移行しました。

1978年のキングストン合意によって，IMFが変動相場制への移行を正式に承認し，以後各国が自由に通貨制度を選択することが可能となりました。その後，世界各国は独自の通貨制度を模索するようになります。

第一の方向性として，西ドイツ・フランス・イタリアなど7カ国が，欧州通貨制度（European Monetary System, EMS）を設立しました。EMSは，域内通貨間の為替バンド制と域外通貨間の変動相場制をセットにした，共同フロート制（joint float system）と呼ばれる画期的な仕組みでした。EMSは

後の 1999 年に，欧州通貨同盟（EMU）にまで拡大発展しました。詳しくは，8.4 節「ユーロ」で解説します。

　第二の方向性は，固定相場制への復帰です。1983 年に香港，1991 年にアルゼンチンが固定相場制を採用しました。これら 2 つの国では，自国通貨と米ドルとの一定の為替レートでの無制限の交換を保証し，外貨準備を保有するカレンシー・ボード（currency board）という制度が，米ドルとの固定相場を維持する役割を負ってきました。そのため，2002 年にアルゼンチンが金融危機から固定相場制を放棄するまでの間，為替レートの変動から受ける国内経済への打撃を少なくすることに成功してきたといわれます。

　第三の方向性は，1991 年チリで，1998 年マレーシアで施行された資本移動規制です。チリでは，海外からの資本の流入に対して，一定割合だけ一定期間，利子の付かない中央銀行の準備の形での保蔵を義務付けるという形の資本規制でした。一方，マレーシアの資本規制は，流入後 1 年未満の短期の資本が，母国へ還流することを禁止する形の資本流出に対する規制でした。どちらの資本規制も，海外資本に税を課すのと同じ機能を果たし，海外の投資家にとってコストの上昇を引き起こしますので，短期的な資本移動を抑制する成果があったといわれています。投機を目的とする短期的な資本移動を「車輪」，資本規制に課される税を「砂」にたとえたのが，トービンです。"Sand in the wheels" の喩えとともに，資本移動規制をトービン税と呼ぶことがあります。チリ，マレーシアは，資本流入、資本流出と形こそ違え，トービン税の成功例として挙げられます。

　このように，現代における国際通貨制度は，変動相場制（フロート制），固定相場制（カレンシー・ボード），そして資本移動規制の 3 つの極（polar）によって構成されています。これら 3 つの国際通貨制度には，それぞれ一長一短があることを端的に示しているのが，図 8.1 にある不可能な三位一体説（impossible trinity）あるいは不整合な三角形（inconsistent triangle）です。

　変動相場制には，為替レートの安定性が望めないのに対して，固定相場制の下では，金融政策を独立して発動できないという欠点がある一方，資本移

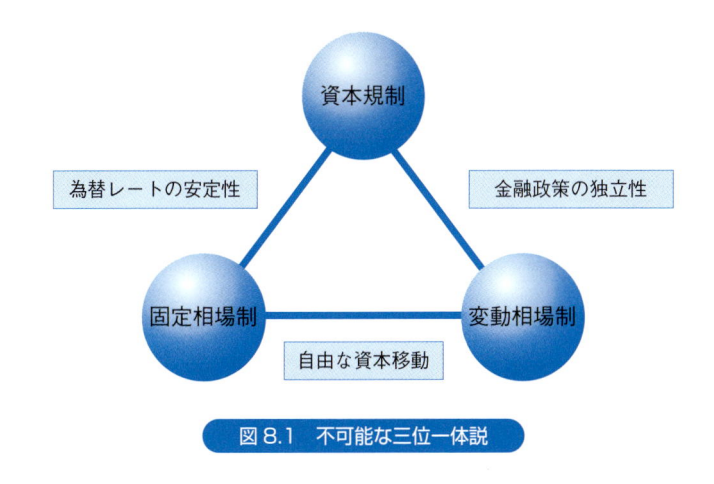

図 8.1　不可能な三位一体説

(三角形の頂点: 資本規制／固定相場制／変動相場制。辺のラベル: 為替レートの安定性、金融政策の独立性、自由な資本移動)

動規制には，自由な国際的資本移動によって効率的な資源配分が達成できないという問題があります。どの国際通貨制度も，為替レートの安定性，金融政策の独立性，自由な資本移動の3つのメリットを同時に達成することは不可能です。各国がいかなる通貨制度を採用しているかは，とりわけ金融危機が生じた場合のダメージに大きく関わります。その点については，第9章「金融危機と国際金融機関」で取り上げます。

8.2　為替レートの決定

　為替レートがどのように決まるのかについて，マクロ経済学の理論を整理します。分類は，表8.3のとおりです。大きく分けて，長期か短期か，名目為替レートか実質為替レートかの計4通りの理論があります。まず，マクロ経済学の基本的な概念である「名目」と「実質」の区別，「長期」と「短期」の区別について説明します。

表8.3 為替レートの決定理論

	長 期	短 期
名 目	購買力平価仮説	金利平価式と 貨幣市場の均衡
実 質	貯蓄投資バランス論	短期＝一般物価水準一定 ⇨名目と実質の違いなし

表8.4 名目と実質

	基準時点	比較時点
数 量	Q_0	Q_1
価 格	P_0	P_1

〈名目と実質〉

　数量の価値を評価する基準となる価格の採り方が，「名目」と「実質」の違いです。名目は，それぞれの時点における価格を用いるのに対して，実質は，ある基準時点を定め，その時点における価格を用います。たとえば，表8.4のように，基準時点と比較時点における数量と価格が与えられているとしましょう。このとき，名目単位で見た数量の価値は，基準時点ではP_0Q_0，比較時点ではP_1Q_1であるのに対して，実質単位で見ると，基準時点ではP_0Q_0，比較時点ではP_0Q_1です。基準時点では，名目でも実質でも，価値は同じになります。

　では，名目利子率と実質利子率，名目為替レートと実質為替レートの違いは，どのように考えればいいのでしょう。利子率については，第1章「貨幣」におけるフィッシャー方程式で説明しましたので，そちらを参照して下

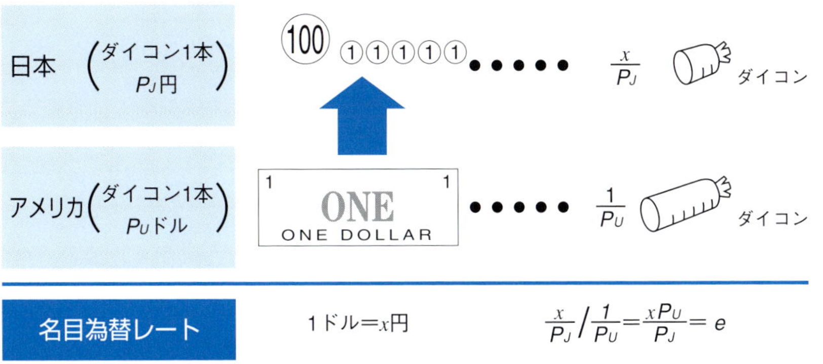

図 8.2　名目為替レートと実質為替レート

日本 $\begin{pmatrix} ダイコン1本 \\ P_J 円 \end{pmatrix}$	⑩ ①①①①① ●●●●●	$\dfrac{x}{P_J}$ ダイコン
アメリカ $\begin{pmatrix} ダイコン1本 \\ P_U ドル \end{pmatrix}$	ONE DOLLAR ●●●●●	$\dfrac{1}{P_U}$ ダイコン
名目為替レート	1ドル=x円	$\dfrac{x}{P_J} \Big/ \dfrac{1}{P_U} = \dfrac{xP_U}{P_J} = e$

さい。為替レートについては，名目為替レートが2国の通貨間の交換比率であるのに対して，実質為替レートは，2国の財・サービスの相対価格を意味します。

現在，財・サービスの日本での価格を P_J，米国での価格を P_U とし，名目の円/ドル・レートが1ドル=x円であるとしましょう。このとき，日本円の1円では，$\dfrac{1}{P_J}$ 単位の財・サービスが買えますが，1円は $1/x$ ドルに交換できますので，米国では $\dfrac{1}{xP_U}$ 単位の財・サービスを買うことができます。つまり，米国の財・サービス1単位で何単位の日本の財・サービスが買えるかというと，

$$e \equiv \dfrac{\dfrac{1}{P_J}}{\dfrac{1}{xP_U}} = \dfrac{xP_U}{P_J}$$

だけとなります。この財・サービスの交換比率 e のことを，**実質為替レート**といいます。図8.2は，例としてダイコンのみから成るマクロ経済における実質為替レートを説明しています。

図 8.3　長期と短期

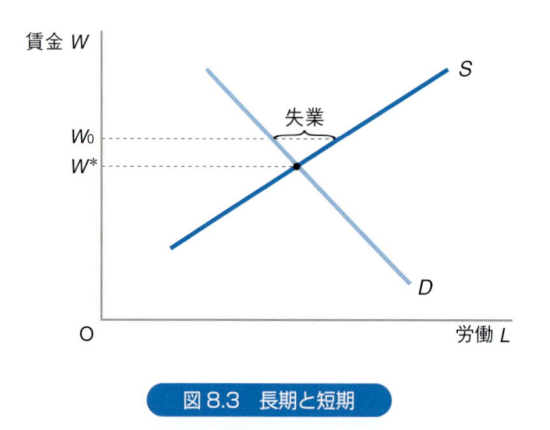

〈長期と短期〉

次に，「長期」と「短期」を区別します。長期とは，すべての市場において需要と供給を一致させるように，価格調整が完全に働いている状況を指します。一方，短期とは，価格調整が不完全にしか働かない状況を指します。たとえば，労働市場において，図 8.3 のように，賃金が W_0 の水準にある状態が短期です。この場合，労働の超過供給にあたる非自発的失業が存在することになり，賃金が W^* まで低下することによって，完全雇用がもたらされ，労働市場が均衡し，長期の状態が実現します。

第 4 章で用いた *IS-LM 分析* は，名目賃金の低下が労働者の勤労意欲をそいだり，労働組合の高い交渉力から回避されたりするために，名目賃金が下方に対して硬直的であることから，労働市場に不均衡が生じることを前提にした，マクロ経済学のケインズ派の短期の分析手法です。一方，生産性ショックが景気循環の源泉であるという実物的景気循環論（real business cycle theory）などの新古典派マクロ経済学では，すべての市場において市場均衡が達成される長期のモデルを前提にしています。

こうした「名目」と「実質」，「長期」と「短期」の区別に従って，為替レ

ートの決定理論について説明していきます。

○ 貯蓄投資バランス論

第一に，長期における実質為替レートの決定理論である貯蓄投資バランス論について説明します。そこでは，序論で述べた国際収支統計に見られる「国際収支」という用語が重要です。

国民所得統計においては，実質国内総支出 Y は，民間最終消費支出 C，民間設備投資 I，政府支出 G の和から構成される内需と，輸出 EX から輸入 IM を差し引いた純輸出の和に等しくなります。「マクロ経済体系は，生産，支出，分配の3つの側面で同じ価値をもつ」という三面等価の原則から，実質国内総支出 Y は実質国内総生産，および実質所得に等しくなります。実質所得 Y から民間最終消費支出 C を差し引いたのが，家計貯蓄 S です。よって，先の実質国内総支出と実質国内総生産との間の恒等式は，家計貯蓄 S から設備投資 I と政府支出 G を差し引いたのが，純輸出 $EX-IM$ に等しいという関係式に書き換えられます。

$$\underset{\substack{\text{実質国内総支出} \\ \text{財・サービスへの需要}}}{Y} = \underset{\text{内需}}{C+I+G} + \underset{\text{純輸出}}{EX-IM} = \underset{\substack{\text{実質国内総生産}GDP \\ \text{財・サービスの供給}}}{Y}$$

$$\underset{=S}{\underset{\text{所得}}{Y-C}-I-G} = EX-IM$$

$$S-I-G = \underset{\text{貿易・サービス収支}}{EX-IM}$$

国際収支統計のうえでは，この純輸出は，貿易・サービス収支と呼ばれます。経常収支とは，貿易・サービス収支に加えて，生産要素に対する対価の受け取りから支払いを差し引いた所得収支と，無償援助や本国送金などの対価を伴わない取引に伴うネットの受け取りである移転収支の和によって構成されています。

貯蓄投資バランス論は，この関係式を財貨・サービス市場の均衡を表す方

程式として解釈します。左辺の家計貯蓄 S は，実質利子率 r および実質所得 Y の増加関数，企業の設備投資 I は，実質利子率 r の減少関数であることは，家計および企業の動学的な最適化の結果得られます[1]。また，輸出 EM が，実質為替レート e の増加関数，海外の実質所得 Y^* の増加関数，輸入 IM が，実質為替レート e の減少関数，自国の実質所得 Y の増加関数であると考えられます[2]。

先に定義した実質為替レートが上昇するということは，海外の財・サービス1単位と交換可能な自国の財・サービスの量が大きくなる，つまり海外の財・サービスの自国の財・サービスに対する相対価格が上昇することを意味します。輸出とは，自国の財・サービスに対する海外の需要ですので，割安になった自国財に対する需要，つまり輸出が伸びるわけです。また，海外の所得の上昇は，海外の需要を刺激します。同様にして，輸入は，海外の財・サービスに対する自国の需要ですので，実質為替レートが上昇し，割高になった海外財に対する需要が低下し，自国の所得の上昇は輸入を増やします。

$$S(\overset{+}{r},\overset{+}{Y}) - I(\overset{-}{r}) - G = EX(\overset{+}{e}, \overset{+}{Y^*}) - IM(\overset{-}{e}, \overset{+}{Y})$$
実質金利　　　　　　　　　実質為替レート

貯蓄投資バランス論は，長期の世界を想定しています。この場合の長期とは，2つの意味をもっています。第一は，各国における資金に対する需要である設備投資 I と資金に対する供給である貯蓄 S を世界全体について合計した，世界全体における資金需要と資金供給とが一致するように，実質利子率 r が決定されるという意味です。個々の国における設備投資，家計貯蓄のスケジュールは，世界市場で決定される実質利子率 r を所与として決められるという，小国の仮定が成立します。小国の仮定とは，完全競争の下では，経済主体が市場価格に与える影響は無視しうるというプライス・テーカーの仮定の国際経済版です。

---

[1] たとえば，家計が2期間にわたる消費流列に関して，予算制約式の下で効用を最大化する問題，企業が異時点間の生産関数の制約下で，利潤を最大化する問題を解いてください。(討論・主題発見のための) 設問8.1が章末にあります。

[2] 同じく，(討論・主題発見のための) 設問8.1が章末にあります。

```
              為替レート e          S−I−G           EX(e)−IM(e)


                   ẽ ┄┄┄┄┄┄┄┄┄┄┄┄●



                   O              NẼX        貿易・サービス収支 EX−IM
```

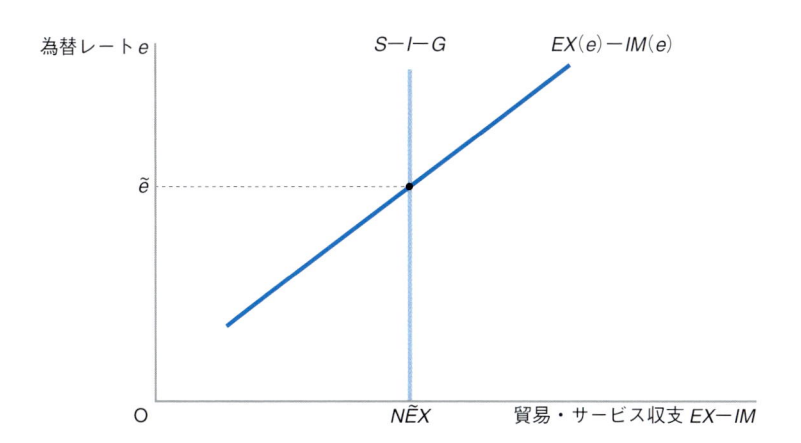

図 8.4　貯蓄投資バランス論

　第二の意味は，労働市場において完全雇用が均衡として達成されているということです。実質賃金が失業を解消するように調整する結果，完全雇用が得られ，企業の生産は，生産関数における完全雇用に対応する完全雇用GDPに等しい水準に決まるわけです。そのため，実質所得 Y も労働市場の均衡によって決定されることになります。

　よって，小国の仮定，完全雇用の下では，実質利子率 r，自国および海外の実質所得 Y，Y^* は，それぞれ世界全体の資金市場，自国の労働市場，海外の労働市場において決定されていることになり，財市場の均衡式においては，所与の変数であることになります。また，政府支出 G は自国政府が決定しますので，以下の式において財市場の需給を調整する内生変数は，実質為替レート e だけです。とりわけ，左辺の変数は内生変数 e に依存しません。

$$S(\underbrace{r}_{\text{小国の仮定}}, \underbrace{Y}_{\text{自国の完全雇用}}) - I(\underbrace{r}_{\text{小国の仮定}}) - \underbrace{G}_{\text{政府が決定}} = EX(e, \underbrace{Y^*}_{\text{海外の完全雇用}}) - IM(e, \underbrace{Y}_{\text{自国の完全雇用}})$$

したがって，図 8.4 のように，均衡実質為替レート $\tilde{e}$ は，右辺が一定の左辺と等しくなるよう調整して決まり，均衡実質為替レートに対応する均衡貿

易・サービス収支 $N\hat{E}X$ は左辺の値，つまり貯蓄投資バランスによって決定されます。

貯蓄投資バランス論によれば，均衡において貿易・サービス収支は，国内の条件である家計貯蓄，設備投資，政府支出によって決まり，海外および国際的な条件に依存しません。そのため，貯蓄投資バランス論は，さまざまな政策的含意をもっています。

第一に，日本の米国に対する恒常的な貿易黒字に端を発する貿易摩擦を回避するために，1981年から4年間実施されたように，日本の自動車産業が米国向けの自動車の輸出量を自主的に規制するとしましょう。輸出自主規制の強さを表す変数 Z を考えますと，それは輸出関数を外生的に減少させる方向へシフトさせます。純輸出の関数 NEX の外生変数 Z は，以下の式のように NEX を減らします。

$$S(r,Y)-I(r)-G = NEX(\overset{+}{e}, \overset{+}{Y^*}, \overset{-}{Y}; \underset{-}{Z})$$

輸出自主規制が強化されるとき，何が起こるでしょうか。図8.5からわかるように，純輸出関数が左にシフトすることによって，実質為替レートで見て，自国通貨安，この場合円安が起こりますが，輸出自主規制本来の目的である貿易・サービス収支の減少は，起こりません。貿易収支の減少を狙った輸出自主規制は，長期的な効果をもたないわけです。

第二の政策的含意は，1980年代半ば以降顕在化した，為替レートに関する国際協調に関わります。国際協調としては，1985年9月，米国の貿易赤字の深刻化を背景にして，ドル高を是正するために，各国が協調して外国為替市場へ介入することを取り決めたプラザ合意，プラザ合意後の行き過ぎたドル安を食い止めるための協調介入を決めた1986年2月のルーブル合意が，代表的です。外国為替市場への介入については，8.3節「外国為替市場への介入」で説明します。国際協調を表す変数 Z_e は，純輸出関数の中の変数である実質為替レートの外生的シフト変数です。以下の式のように，プラザ合意は，為替レートをドル安にする方向に動かすことを意図していましたので，

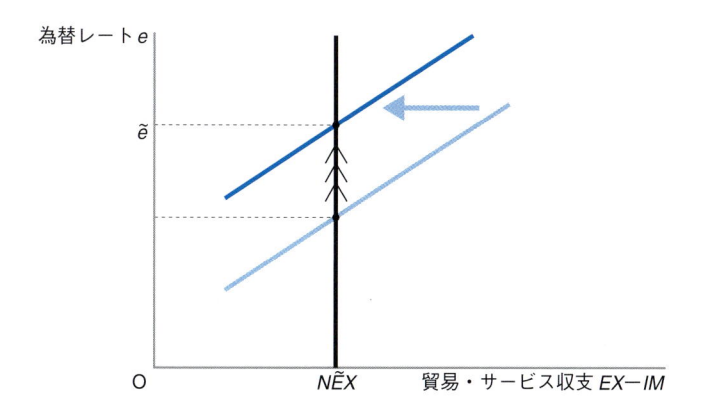

図 8.5　輸出自主規制の効果

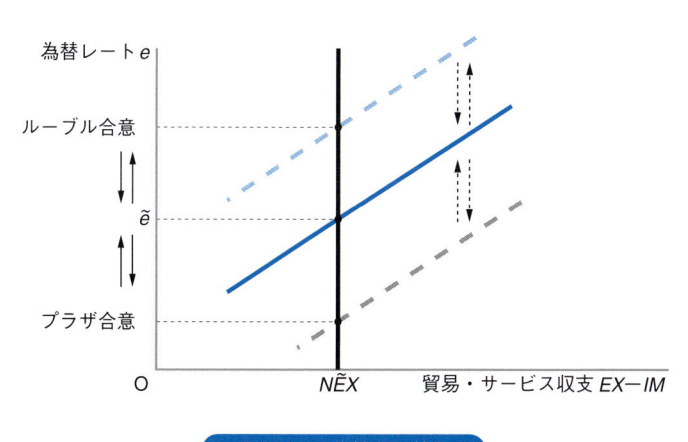

図 8.6　国際協調の効果

円から見れば為替レートを増価させる変数，つまりマイナスの方向に働かせます。一方，ルーブル合意はプラザ合意と逆に，為替レートをプラスの方向に働かせます。

$$S(r, Y) - I(r) - G = NEX(e(\underset{\substack{\text{プラザ合意}\ -\\ \text{ルーブル合意}\ +}}{Z_e}), Y^*, Y)$$

プラザ合意，ルーブル合意の締結は，何を意味していたのでしょうか。為替レートの目標レートへの誘導を図る国際協調が，為替レートに働きかけても，純輸出関数は左辺の貯蓄投資バランスによって決まっていますので，実質為替レートをシフトさせることはできません。そのため，国際協調の長期的効果は，貿易収支にも実質為替レートにも働かないことになります（図8.6）。

金利平価式と貨幣市場の均衡

　第二の為替レート決定理論は，短期における名目為替レートについてです。この場合の短期とは，一般物価水準が固定されている状態を指します。そのため，名目為替レートと実質為替レートの動きは，同一になりますので，名目と実質の区別は意味をもちません。この短期における為替レートの決定は，金利平価式と貨幣市場の均衡によってもたらされます。ここでは，自国の貨幣，海外の貨幣，自国の債券，海外の債券，計4種類の金融資産の間で，自国の居住者，海外の居住者が最適な資産のポートフォリオを選びます。ただし，簡単化のために，自国（海外）の居住者は，海外（自国）の貨幣を保有しないと仮定します。

　自国民が選べる資産である自国貨幣，自国債券，海外債券，3つの資産の間における代替について，2つの代替関係の組合せを考えます。第一は，自国債券と海外債券との代替，第二は，自国貨幣と自国債券との代替関係です。前者の代替関係における金利裁定を表す式を，**金利平価式**（interest rate parity condition）と呼びます。後者の代替関係を表すのが，第1章「貨幣」で取り上げた貨幣需要関数です。

〈金利平価式〉

　金利平価式は，図8.7の状況を想定しています。
　現在を$t=0$期，将来を$t=1$期とします。現在，日本人が保有する1円

8.2 為替レートの決定

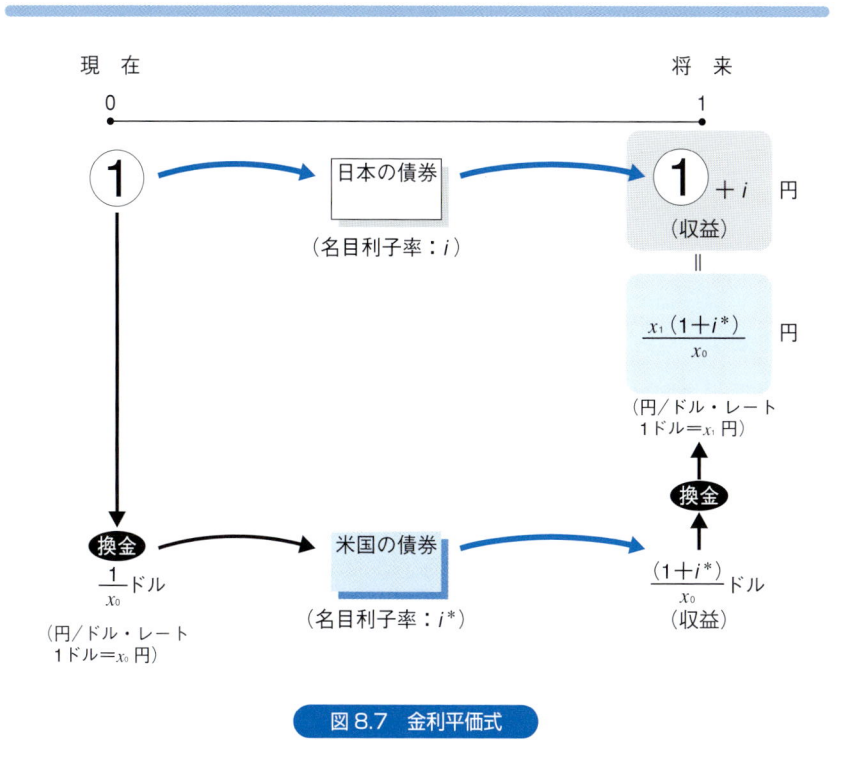

```
現在                                          将来
0                                             1
①  →  日本の債券  →  ① + i 円
                    (名目利子率：i)    (収益)
                                       =
                                   x₁(1+i*)/x₀ 円
                                   (円/ドル・レート
                                    1ドル=x₁ 円)
                                       ↑
                                      換金
↓
換金  →  米国の債券  →  (1+i*)/x₀ ドル
1/x₀ ドル   (名目利子率：i*)    (収益)
(円/ドル・レート
 1ドル=x₀ 円)
```

図8.7　金利平価式

を，名目利子率が i である日本の債券に投資する場合，将来 $(1+i)$ だけのグロス（全体）の収益があります。それに対して，名目利子率が i^* である米国の債券に投資するには，現在，外国為替市場において円をドルに換えなければいけません。現在の円/ドル・レートが1ドル=x_0円であるとしますと，現在日本人が保有する1円は，$1/x_0$ドルに交換されます。そのうえで，米国の債券に投資されますので，将来 $(1+i^*)/x_0$ ドルの収益が見込まれます。この将来収益を外国為替市場において円に交換する結果，将来の予想される円/ドル・レートを1ドル=x_1円とすると，$(1+i^*)x_1/x_0$円だけの収益が得られることになります。自国債券と海外債券の2つある選択肢のうち，どちらかの収益率が高ければ，自国の投資家はそちらの選択肢を選びます。

均衡では，投資家にとってどちらの選択肢を選んでも同じ収益率が得られるようになります。この状態を表す条件を，無裁定条件（non-arbitrage condition）といいます。自国債，海外債の無裁定条件は，

$$1+i = \frac{x_1}{x_0}(1+i^*)$$
$$= \left(\frac{x_1-x_0}{x_0}+1\right)(1+i^*)$$

となります。両辺を自然対数で変換し，x がゼロの近傍にあるときの近似として $\log_e(1+x) \fallingdotseq x$ より，

$$i = i^* + \frac{x_1-x_0}{x_0}$$

が得られます。この式が，投資家がリスクを考慮しない危険中立的（risk-neutral）である場合の金利平価式です。

もし投資家がリスクを考慮する危険回避的（risk-averse）である場合には，リスク・プレミアム（risk-premium）が発生します。自国の投資家にとって，自国の債券は海外の債券よりもリスクが低いと仮定しますと，リスクの高い海外債を自国債と同じように保有するためには，収益率がリスクに見合った率だけ高い必要があります。このリスクに対する代償のことを，リスク・プレミアムといいます。危険回避的な投資家による無裁定条件は，リスク・プレミアム α を加味して，

$$i + \alpha = i^* + \frac{x_1-x_0}{x_0}$$

となります。

〈貨幣需要関数〉

次に，自国貨幣と自国債との代替関係を考えます。これは，第1章「貨幣」の貨幣需要関数の問題です。貨幣需要関数は，

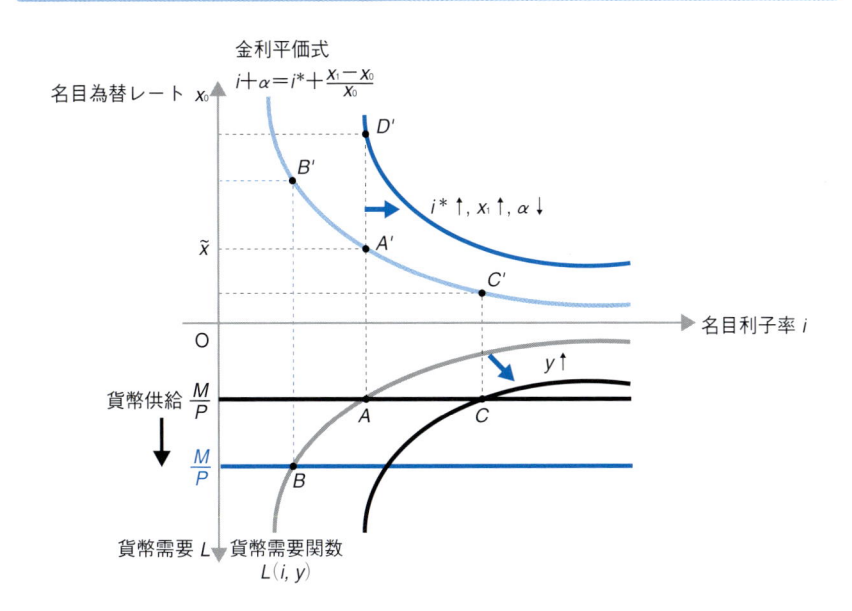

図8.8 名目利子率と名目為替レートの決定

$$\frac{M}{P} = L(i, y)$$

となります。貨幣需要は名目利子率 i の減少関数 $\frac{\partial L}{\partial i} < 0$，実質所得 y の増加関数 $\frac{\partial L}{\partial y} > 0$ です。

　これら2つの代替関係（自国債と海外債との間の代替，自国貨幣と自国債との間の代替）から，名目利子率 i と名目為替レート x_0 が決定されます。

　図8.8にあるように，自国の貨幣市場において，貨幣供給 M/P と貨幣需要 $L(i, y)$ を一致させるように，名目利子率 i が決まり（点A），それを所与として，金利平価式により，名目為替レート $\tilde{x}$ が決まります（点A′）。

　いま，金利平価式，貨幣市場の均衡における外生的条件が変化するとき，何が起きるかについて考えます。第一に，名目貨幣供給 M が増加すると，

貨幣市場の均衡をもたらすように，名目利子率 i が低下し（点 B），自国債への需要の低下により，円に対する需要が下がり，円/ドル・レートが減価します（点 B'）。

第二に，貨幣需要の外生的シフト変数である実質所得 y が増加すると，貨幣需要が増加し，貨幣市場の均衡において，名目利子率が上昇します（点 C）。名目利子率の上昇は，自国債への需要を増加させますので，円に対する需要を喚起し，円/ドル・レートを増価させます（点 C'）。

第三に，海外における貨幣市場において決定される，海外の債券に対する名目利子率 i^* が上昇すると，海外債に対する需要の増加から，円に対する需要が低下し，円/ドル・レートは減価します（点 D'）。

第四に，将来における円/ドル・レートの予想 x_1 が上昇（円が減価）すると，海外債への需要の増加から，円/ドル・レートが減価します（同様に点 D'）。

第五に，危険回避的な投資家による金利平価式の場合，リスク・プレミアム α が低下すると，海外債への需要の増加が起こり，円/ドル・レートが減価します（同じく，点 D'）。

○ 購買力平価（PPP）

第三に，長期における名目為替レートの決定について考えます。長期においては，財・サービス市場における完全競争から，一物一価の法則（law of one price）が成立します。一物一価とは，消費者が同じ物をどの国で購入しても，自国通貨に換算すると同じ価格になることを意味します。このことは，実質為替レートの定義

$$e = \frac{xP_U}{P_J}$$

から，実質為替レートが1に等しいことを表します。よって，名目為替レート x は，

$$x = \frac{P_J}{P_U}$$

自国と海外との財・サービス価格の比に等しくなります。この一物一価の法則に基づく名目為替レートの均衡水準を，購買力平価（purchasing power of parity, PPP）といいます。各国通貨の財・サービスに対する購買力が等価になるように決まる為替レートです。この考えに基づく為替レートの決定理論を，絶対的購買力平価仮説（absolute purchasing power of parity condition）と呼びます。

絶対的 PPP とは異なり，一物一価の法則が厳密には成立していませんが，平均的には成立していることを根拠にした相対的購買力平価仮説もあります。相対的 PPP は，実質為替レートの変化率が，時間を通じて平均すると 0 であるという条件から，

$$\log e = \log x + \log P_U - \log P_J$$

$$\underbrace{\frac{\dot{e}}{e}}_{=0} = \frac{\dot{x}}{x} + \frac{\dot{P}_U}{P_U} - \frac{\dot{P}_J}{P_J}$$

$$\frac{\dot{x}}{x} = \frac{\dot{P}_J}{P_J} - \frac{\dot{P}_U}{P_U}$$

となります[3]。相対的 PPP の下では，名目為替レートの変化率は，自国の財・サービスの価格の変化率から海外の価格の変化率を差し引いた率に等しくなります。

一物一価の法則が成り立っているのは，どのような財・サービスなのでしょうか。ヒト，モノ，カネの面でグローバリゼーションが進んでいるとはいえ，労働者（人）の質・効率性，サービス（モノ）の質，金融資産（カネ）の安全性などが，国によって異なるのは当然です。一物一価の法則など現実的とはいえないかもしれません。ところが，わたしたちの生活に身近な存在として，世界 120 カ国で販売されているマクドナルドのビッグマック，34

---

[3] 実質為替レートの定義に，公式 $\log xy = \log x + \log y$，$\frac{d \log x}{dx} = \frac{\dot{x}}{x}$（ただし，$\dot{x} \equiv \frac{dx}{dt}$）を適用すると，得られます。

カ国で販売されているスターバックスのトール・サイズのカフェ・ラテは，世界各国に展開される店舗の間で品質，分量，成分に関して一様であり，また，さまざまな代替物との競争に晒され，完全競争に近い状態にあると考えられます。つまり，一物（同じモノ）なのです。

こうして人工的に作られたモノに関して，一物一価の法則が成立し，購買力平価の指標が計られることが可能になります。両財に関する購買力平価は，ビッグマック・レート，トール・ラテ・レートと名付けられています。たとえば，1ドル＝約116円であった2003年1月15日付けのビッグマック・円/ドル・レートは，米国でのビッグマックの価格が2.65ドル，日本のそれが263円ですので，

$$\frac{263 \text{円}}{2.65 \text{ドル}} = 99.4$$

1ドル＝約99円と計算されます。名目為替レートの長期的な均衡水準である購買力平価の一つの指標としてビッグマック・レートを使うと，実際の円/ドル・レートは

$$\frac{116}{99.4} = 1.17$$

約17％も購買力平価より円安方向に偏っていることになります。この数字によれば，円/ドル・レートがその後円高に向かうと予想されます。実際，現実に円高になりました[4]。

○ Jカーヴ効果

最後に，名目単位の貿易・サービス収支の為替レートに対する短期的および長期的感応度について触れておきます。名目の円単位で見た自国の貿易・サービス収支 NEX は，以下の式のように，

---

4) （討論・主題発見のための）設問8.2が章末にあります。

$$NEX\underbrace{(x, Y^*, Y)}_{\text{円単位}} = \underbrace{EX(x, \overset{+}{Y^*})}_{\text{円単位}} - \underbrace{IM(x, \overset{+}{Y})}_{\text{円単位}}$$
$$= \underbrace{EX(x, \overset{+}{Y^*})}_{\text{円単位}} - x \times \underbrace{EX^*(x, \overset{+}{Y})}_{\text{ドル単位}}$$

自国の輸出（円単位，EX）から海外の輸出（ドル単位，EX^*）に名目円／ドル・レート x をかけて円換算したもの xEX^* を差し引いた額になります。このとき，名目為替レート x が変化すると，名目貿易・サービス収支 NEX はどのように変化するかを見ます。変化分を Δ で表しますと，

$$\Delta NEX = \Delta EX - (x) \times \Delta EX^* - \Delta x \times EX^*$$
$$\frac{\Delta NEX}{\Delta x} = \underbrace{\frac{\Delta EX}{\Delta x} - x \times \frac{\Delta EX^*}{\Delta x}}_{\text{数量効果}} - \underbrace{EX^*}_{\text{価格効果}}$$

名目貿易収支の為替レートに対する感応度 $\frac{\Delta NEX}{\Delta x}$ は，2つの要因によって決まっています。一つは，為替レートの変化が自国の輸出，海外の輸出という数量の変化をどれだけ引き起こすかという数量効果 $(\frac{\Delta NEX}{\Delta x} - x \times \frac{\Delta EX^*}{\Delta x})$，もう一つは，海外の輸出にかかる価格の変化による価格効果（$-EX^*$）です。

名目為替レートが減価するとき，名目貿易収支が黒字化する，つまり

$$\frac{\Delta NEX}{\Delta x} > 0$$

が成り立つのは，自国の輸出の為替レートに関する弾力性を η，海外の輸出の為替レートに関する弾力性を η^* とすると，数量効果が価格効果を上回るとき，すなわち

$$\frac{x}{EX} \cdot \frac{\Delta EX}{\Delta x} - \frac{x}{EX} \cdot x \cdot \frac{\Delta EX^*}{\Delta x} > \frac{x}{EX} \cdot EX^*$$
$$\frac{\frac{\Delta EX}{\Delta x}}{\frac{EX}{x}} - \frac{xEX^*}{EX} \cdot \frac{\frac{\Delta EX^*}{\Delta x}}{\frac{EX^*}{x}} > \frac{xEX^*}{EX}$$
$$\eta + \frac{xEX^*}{EX}\eta^* > \frac{xEX^*}{EX}$$

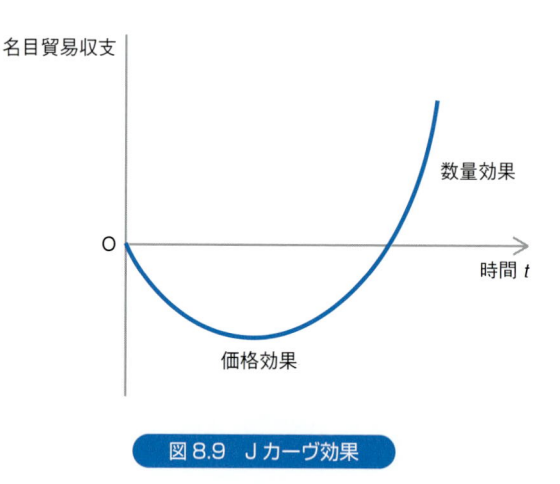

図8.9 Jカーヴ効果

のときです。初期時点において，自国と海外の2国の間で貿易収支が均衡している（$\frac{xEX^*}{EX} = 1$）とすると，上の条件は，

$$\eta + \eta^* > 1$$

となります。この条件を，マーシャル=ラーナー条件（Marshall and Lerner condition）といいます。つまり，マーシャル=ラーナー条件が満たされるときには，数量効果が価格効果を上回り，名目為替レートの減価が名目貿易収支の黒字化をもたらします。

　現実には，貿易取引量に関する契約が実際の取引よりも前に締結されているために，為替レートの変化が生じた後，しばらくの間は数量の変更は起こらず，取引価格の調整のみが行われます。そのため，数量効果を価格効果が上回り，マーシャル=ラーナー条件が満たされていません。しかし，為替レートの変化後，時間が経つにつれて，貿易取引量の調整が始まり，数量効果が価格効果を上回るようになり，マーシャル=ラーナー条件が満たされるようになります。実証研究[5]によりますと，多くの国において，為替レートの変化時において，マーシャル=ラーナー条件は満たされていないが，6カ月

後には満たされる国が増え，長期的には，ほぼすべての国においてマーシャル=ラーナー条件が満たされています．

このように，名目為替レートの減価後，短期的には名目貿易収支が赤字化し，長期的には黒字化する，Jの字を描くような反応を，Jカーヴ効果といいます．実際，為替レートの減価が起こった後の名目貿易収支の動きは，図8.9のように，Jカーヴを描きます[6]．

8.3 外国為替市場への介入

1985年のプラザ合意，86年のルーブル合意に見られるように，先進国の金融当局は，変動相場制の下で為替レートの安定性を目指して，国際的に協調して外国為替市場に介入しています．ここでは，金融当局である中央銀行が外為市場に介入するとき，どのような操作を行っているのかについて，4.2節で説明した信用乗数理論に基づき説明し，外為介入がどのようなメカニズムで為替レートに影響を与えることが可能であるかについて明らかにします．

信用乗数理論とは，準備預金制度の下で，中央銀行がその負債項目であるハイパワード・マネー（ベース・マネーともM0ともいう）の量を操作することによって，民間金融部門による貸出（信用）の拡大を通じて，民間非金融部門の資産項目であるマネー・サプライ（M1から始まり，広義流動性までさまざまな定義がある，第1章「貨幣」を参照）の量に影響を与えるメカニズムを指します．マネー・サプライの増分のハイパワード・マネーの増分に対する比率を，信用乗数（money multiplier）と定義します．

---

5) Jacque R. Artus and Malcolm D. Knight. "Issues in the Assessment of the Exchange Rates of Industrial Countries." A Study by the Research Department of the International Monetary Fund, 1984, IMF Occasional Paper No.29. International Monetary Fund.

6) （討論・主題発見のための）設問8.3が章末にあります．

資　産	負　債
■ 対外資産(FA)	□ 現金通貨
■ 国債(B)	□ 準備(R)
■ 中央銀行貸出(L)	
■ その他	

図8.10　中央銀行のバランスシート

　中央銀行のバランスシートから説明しましょう。中央銀行の資産項目は，大きく分けて対外資産，国債，中央銀行貸出から成ります。一方，負債項目は，現金通貨と準備です（図8.10）。

　いま，日本の中央銀行である日本銀行がドルを外国為替市場で民間金融部門の邦銀から購入するとしましょう（図8.11を参照）。このとき，中央銀行のバランスシートの資産項目である対外資産 FA_{CB} がドル買いの ΔFA だけ増加すると同時に，邦銀が中央銀行に保有する準備 R も ΔFA だけ増加し，ハイパワード・マネーが ΔFA だけ増加することになります。ΔFA だけのドルを中央銀行に売った邦銀のバランスシートは，対外資産 FA_B を ΔFA 減らすと同時に，準備 R を ΔFA だけ増やします。

　ところが，準備には利子が付かないので，銀行が準備預金制度の下で義務付けられる所要準備以上の準備を保有することはありません。そのため，預金 D を負債としてもつ邦銀の準備 R は，預金 D に準備預金比率 β をかけた所要準備 βD に等しいので，ドルを売った邦銀は ΔFA だけ超過準備を保有していることになります。超過準備を解消するために，邦銀は民間非金融

中央銀行	民間金融部門	民間非金融部門
$FA_{CB}+\Delta FA$ | $R+\Delta FA$	$R+\Delta FA$ | $D+\Delta L$ $=\beta D+\Delta FA$ $L+\Delta L$ $FA_B-\Delta FA$	$D+\Delta L$ | $L+\Delta L$

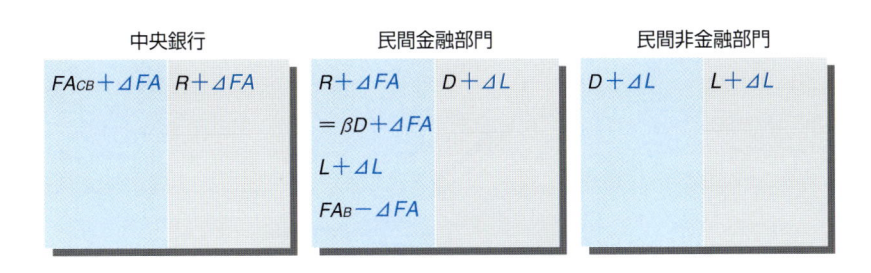

図8.11　ドル買い介入の効果

部門への貸出を ΔL だけ増やします。なぜなら，貸出は民間非金融部門の保有する預金として保有されるからです。預金の増加は，超過準備を解消することになります。

つまり，邦銀は

$$\beta(D+\Delta L) = R + \Delta FA$$
$$= \beta D + \Delta FA$$
$$\Delta L = \frac{\Delta FA}{\beta}$$

だけ貸出を増やすことになります。中央銀行がドル買い介入をすることで，ハイパワー・マネーが ΔFA 増加し，邦銀の信用拡大によってマネー・サプライが $\Delta L = \frac{\Delta FA}{\beta}$，すなわち，ドル買い額に信用乗数 $\frac{1}{\beta}$ をかけた額だけ増加します。マネー・サプライの増加は，貨幣市場の均衡をもたらすために名目利子率を低下させ（図 8.12 の点 A →点 B），自国債券への需要を減少させますので，結果として，金利平価式より名目為替レートが減価します（図 8.12 の点 A' →点 B'）。

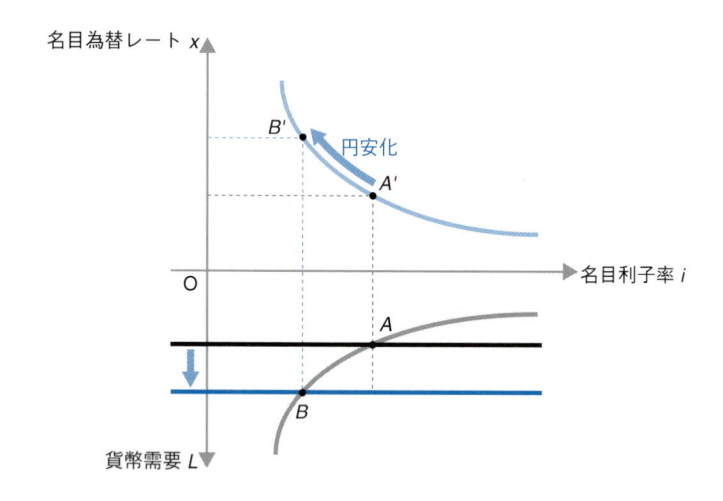

図8.12 マネー・サプライの変化による名目為替レートへの効果

◯ 不胎化介入

　外為市場への介入の効果に関する以上の説明は，実は現実を反映していません。現実には，介入が目的とする為替レートの安定化は，中央銀行が直接市場に参加し行われていますが，多くの国々では，財政当局である財務省が介入を決定し，代理人である中央銀行に指示を出しています。また，外為介入によって，中央銀行がコントロールするべきハイパワード・マネーが増減することは，為替レートの安定性以外の金融政策の目標に対して支障を来たす可能性があります。そのため，実際の外為介入は，不胎化操作（sterilization）を伴う不胎化介入の形を採っています。不胎化操作とは，外為介入によるハイパワード・マネーの増減を打ち消すために，中央銀行が行う市場操作を指します。たとえば，図8.13のように，$\varDelta FA$ だけのドル買い介入の際に，中央銀行が同額だけ国債 B_{CB} を市場で売却し，ハイパワード・マネー R の増減を相殺します。銀行は，対外資産 FA_B を $\varDelta FA$ だけ減少させ，

中央銀行		民間金融部門		民間非金融部門	
$FA_{CB}+\Delta FA$	$R+\Delta FA-\Delta FA$	$R+\Delta FA-\Delta FA$	D	D	L
$B_{CB}-\Delta FA$		$FA_B-\Delta FA$			
		$B_B+\Delta FA$			
		L			

図8.13 不胎化介入の例

国債 B_B を ΔFA 増加させます。不胎化介入は，ハイパワー・マネーの量を変化させませんので，信用乗数を通じたマネー・サプライの変化も起きません[7]。

では，不胎化介入には，為替レートに与える影響はないのでしょうか。2つの経路が考えられています。第一は，ポートフォリオ・バランス効果（portfolio balance effect）です。中央銀行によるドル買い介入において，国債の売却による不胎化のケースについて考えます。銀行のバランスシートでは，準備の額が変化していないだけでなく，資産の総額も変化していません。資産の内訳だけが変化しており，対外資産が減り，国債が増えています。この資産項目の変化は，金利裁定を行う銀行の資産選択行動に影響を与えます。

一般に，金融資産のリスクに対する評価，つまりリスク・プレミアムは，その保有量と正の関係にあると考えられます。大量に保有する金融資産に関するリスクの高まりは，投資家のポートフォリオ全体に与える影響が強くなりますので，その金融資産に対しては，投資家がより高いリスク・プレミアムを要求します。そのため，不胎化介入によって，対外資産であるドルに対する銀行のリスク・プレミアム α は下がります。その結果，図8.14のよう

---

7) 日本銀行の外国為替市場への介入に関する（討論・主題発見のための）設問8.4が章末にあります。

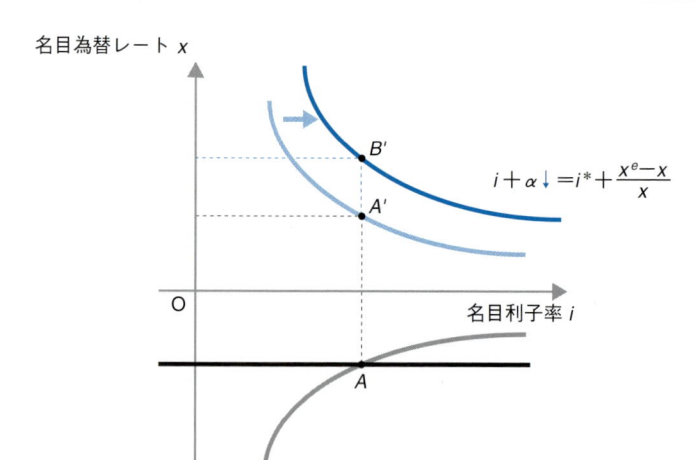

図8.14　不胎化介入のポートフォリオ・バランス効果

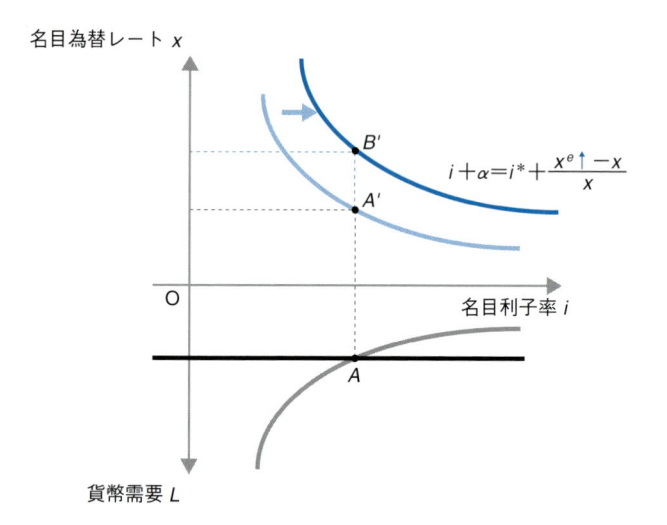

$$i+\alpha\downarrow =i^{*}+\frac{x^{e}-x}{x}$$

図8.15　不胎化介入のシグナリング効果

$$i+\alpha =i^{*}+\frac{x^{e}\uparrow -x}{x}$$

に，金利平価式が右にシフトし，名目為替レートが減価します（点 A' →点 B'）。不胎化介入が引き起こす投資家のもつポートフォリオの構成の変化による，リスク・プレミアムの増減を通じた効果を，ポートフォリオ・バランス効果と呼びます。

第二の経路は，シグナリング効果（signaling effect）です。中央銀行のドル買い介入は，たとえ不胎化操作によってハイパワード・マネーへの影響が相殺されようとも，市場に参加する中央銀行あるいは介入の決定を行う財務省に，為替レートを減価させたいという政策的意図があることを意味しています。投資家は，その政策意図を読み取り，将来，為替レートは減価する方向で推移すると予想するようになります。その減価予想は，金利平価式において，将来の為替レートの予想を上昇させ，金利平価式を右にシフトさせる結果，現実の為替レートも減価することになります（図 8.15 の点 A' →点 B'）。このように不胎化介入が投資家の為替レートに対する将来予想に働きかける効果を，シグナリング効果と呼びます。

8.4 ユーロ

国際通貨制度に関する偉大なる社会実験，単一通貨ユーロおよび欧州通貨同盟（European Monetary Union, EMU）について解説します（以後，表 8.5 を参照）。

EMU は，欧州連合（European Union, EU）にとっての長年の夢でした。1979 年に発足した EMS（欧州通貨制度）が，共同フロート制の下で，為替レートの変動を抑えることに成功してきたとはいえ，EU 諸国にとって乗り越えるべきハードルがありました。EMU の実現までの青写真を映したのは，1989 年 4 月に出されたドロール報告でした。EU 諸国の経済政策の立案にあたる欧州委員会（European Commission）の委員長であったジャック・

ドロール（Jacques Delors）は，経済通貨同盟検討委員会の委員長として，通貨同盟を実現するために，以下の3つの段階を経るべきだとの報告書を提出しました。第一段階として，資本移動の自由化と域内固定相場制の為替相場メカニズム（exchange rate mechanism, ERM）への全通貨の加盟，第二段階が，欧州中央銀行制度（European System of Central Banks, ESCB）の創設による金融政策の一元化の準備，そして第三段階として，欧州中央銀行（European Central Bank）の設立と単一通貨の導入を挙げました。ドロール報告の青写真に沿って，最終的に1999年にEMUが完成しました[8]。

EMUの形成プロセスにおいて特筆すべきは，1993年に発行した欧州連合条約（マーストリヒト条約）における経済収斂基準，1998年に設立された欧州中央銀行（ECB）です。マーストリヒト条約では，EMUに参加するために満たすべき条件として，単一の通貨による為替レートを実現する準備として，為替レートの安定性を図りながら，金利平価式における為替レートの決定要因である金利水準，購買力平価仮説の要因であるインフレ率が，平均よりも突出しないことを要求しました。また，過剰な財政赤字がもたらすであろう国債価格の低下および長期金利の上昇，貨幣鋳造益を当てにして規律を喪失した財政運営が引き起こすであろうインフレ率の高騰は，単一の通貨圏を維持するうえでの障害となります。そのため，加盟各国の財政当局に対して，GDPの3％以内の財政赤字という厳しい財政規律を義務付けていました。

また，欧州中央銀行（ECB）は，EMU加盟国全体の金融政策，プルーデンス政策，および外国為替市場への介入まで一手に引き受けています。フランクフルトに本部があり，ドイツの中央銀行であるブンデスバンクの意向が強く反映されているといわれます。組織上，各国の中央銀行の意向は反映されますが，通常の中央銀行とは違い，各国の財政当局からは完全に独立し，物価の安定を第一義的目的とし，中央銀行の独立性を体現しています[9]。

---

8) （討論・主題発見のための）設問8.5が章末にあります。
9) （討論・主題発見のための）設問8.6が章末にあります。

表8.5 ユーロへの道

時期			
1989年4月	ドロール（Jacques Delors）報告 3段階アプローチ：①→②→③		
	①資本移動の自由化、全通貨の域内固定相場制の為替相場メカニズム（Exchange Rate Mechanism, ERM）への加盟	②欧州中央銀行制度（ESCB, European System of Central Banks）の創設	③欧州中央銀行（ECB）による単一の金融政策とユーロの単一通貨制度：99年1月1日開始
1990年7月	域内資本移動の自由化完了		
1990年10月	英国のERMへの参加		
1992年9月	欧州通貨危機(1)：投機による英国・イタリアのERM離脱		
1993年1月	金融サービスの自由化完了：単一免許制度・母国監督主義・ユニバーサルバンキングの特徴をもつ		
1993年8月	欧州通貨危機(2)：東西ドイツ統合に伴う通貨供給量の増大によるインフレを原因とする高金利→固定相場制の事実上の放棄		
1993年11月		欧州連合条約（マーストリヒト条約）発行： 収斂条件 ■金利（インフレ率最低3カ国の長期金利の平均値＋2%以内） ■インフレ率（最低3カ国の平均値±1.5%以内） ■財政赤字（GDPの3%以内） ■為替レート（ERMの許容変動幅内）の安定に関する移行基準	
1998年6月			欧州中央銀行（European Central Bank, ECB）の設立
1999年1月			単一通貨ユーロの導入開始（英国・デンマーク・スウェーデン・ギリシャ以外のEU11カ国）
2002年7月			ユーロが単一の法定通貨として流通

8.4 ユーロ

本章のまとめ

1 名目為替レートが2国の通貨間の交換比率であるのに対して，実質為替レートは2国の財・サービスの相対価格を意味します。

2 国際通貨制度の歴史には，金本位制（国際金本位制），固定相場制（ブレトンウッズ体制，カレンシー・ボード），変動相場制（共同フロート制）の他に，チリやマレーシアでの資本移動規制もあります。

3 トリフィンのジレンマとは，国際流動性と国際通貨としての信認との両立の困難を意味します。

4 固定相場制下では，基軸通貨国の金融政策の影響を他の国が直接受けなければならないという $N-1$ 問題が生じます。

5 トービン税は，短期的な資本流入・流出という「車輪」に「砂」を撒く役割を果たします。

6 不可能な三位一体説によれば，固定相場制，変動相場制，資本移動規制の3つの国際通貨制度はいずれも，為替レートの安定性，金融政策の独立性，自由な資本移動の3つの目標すべては達成できません。

7 長期における実質為替レートの決定理論である貯蓄投資バランス論によれば，輸出自主規制や為替レートの国際協調は効果を発揮できません。

8 短期における名目為替レートは，貨幣市場の均衡において決まる名目利子率を所与として，金利平価式から決定されます。

9 長期における名目為替レートは，一物一価の法則から購買力平価によって決定されます。購買力平価の指標として，ビッグマック・レートなどがあります。

10 名目為替レートが減価したときの名目貿易収支の反応を，Jカーヴ効果といい，当初価格効果が支配的であった後，数量効果が上回り，マーシャル＝ラーナー条件が満たされるために起こります。

11 不胎化介入には，ポートフォリオ・バランス効果とシグナリング効果が考えられます。

12 EU諸国は，共同フロート制の下，欧州通貨制度（EMS）の成功に続いて，ドロール報告に基づき，10年をかけて欧州通貨同盟（EMU）を完成させました。そこでは，単一通貨ユーロの流通，完全な独立性を有する欧州中央銀行（ECB）による金融政策が行われています。

（確認・応用のための）問題[10]

8.1 国際通貨制度である固定相場制，変動相場制，資本移動規制のメリット，デメリットについて，不可能な三位一体説に従って説明しなさい。

8.2 名目為替レートと実質為替レートとの違いについて説明しなさい。

8.3 貯蓄投資バランス論について，理論的前提と含意について説明しなさい。

8.4 短期における名目為替レートの均衡が，以下の場合，どのような影響を受けるか，図と式を使って説明しなさい。

（ア）自国の不況　　　　　（イ）自国の金融緩和
（ウ）海外の金融引き締め　（エ）自国のデフレ
（オ）自国通貨の減価期待　（カ）海外債へのリスク・プレミアムの低下

8.5 マーシャル=ラーナー条件を導出しなさい。

8.6 マーストリヒト条約における経済収斂条件の経済学的根拠について，金利平価式，貯蓄投資バランス論，購買力平価仮説をそれぞれ用いて説明しなさい。

（討論・主題発見のための）設問

8.1 （**為替レートの決定：理論**）　家計貯蓄関数，企業の設備投資関数，輸出関数，輸入関数を，それぞれ以下の定式化から導きなさい。

[**家計貯蓄**] 以下の2期間の効用最大化問題において，家計は今期の消費 C_1，来期の消費 C_2 について，実質利子率 r，今期の実質所得 Y を所与として効用 U を最大化します。このとき，貯蓄 S も決定されます。

$$\underset{\{C_1,C_2\}}{\text{Max}}\ U = U(C_1, C_2)$$
$$s.t. \quad Y = C_1 + S$$
$$C_2 = (1+r)S$$

[**企業の設備投資関数**] 以下の2期間の利潤最大化問題において，企業は異時点間の生産関数 $Q_2 = g(I_1)$，今期・来期の財価格 P_1，P_2，名目利子率 i を所与として，今期の設備投資 I_1 に関して利潤 Π を最大化します。

$$\underset{\{I_1\}}{\text{Max}} \Pi = P_2 Q_2 - (1+i) P_1 I_1$$
$$s.t. \quad Q_2 = g(I_1)$$

---

10) ヒントと略解が本の末尾にあります。

[輸出関数]　以下の1期間の効用最大化問題において，海外の家計は海外の財の消費 C_A^*，自国の財の消費 C_A について，海外財，自国財の価格 P^*, P，海外通貨で測った実質所得 Y^*，名目為替レート x を所与として効用 U^* を最大化します。このとき，自国財に対する消費需要である（自国の）輸出 EX が決定されます。

$$\max_{\{C_A^*, C_A\}} U^* = U(C_A^*, C_A)$$
$$s.t. \quad P^*Y^* = P^*C_A^* + \frac{PC_A}{x}$$

[輸入関数]　以下の1期間の効用最大化問題において，自国の家計は自国の財の消費 C_J，海外の財の消費 C_J^* について，自国財，海外財の価格 P, P^*，自国通貨で測った実質所得 Y，名目為替レート x を所与として効用 U を最大化します。このとき，海外財に対する消費需要である（自国の）輸入 IM が決定されます。

$$\max_{\{C_J, C_J^*\}} U = U(C_J, C_J^*)$$
$$s.t. \quad PY = PC_J + P^*C_J^*x$$

8.2　（為替レートの決定：理論）　ビッグマック・レート，（スターバックス）トール・ラテ・レートについて，絶対的購買力平価のみならず，相対的購買力平価仮説が成り立っているか，データを使って実証しなさい。ビッグマック・レートのデータは，http://www.economist.com/markets/Bigmac/Index.cfm にあります。残念ながら，トール・ラテ・レートの方は，2004年に英国『エコノミスト』誌 http://www.economist.com/ が調べただけです。

8.3　（為替レートの決定：理論）　マーシャル=ラーナー条件が，日本について短期的に，また長期的に成立しているかどうか，データを使って実証しなさい。名目為替レート，輸出・輸入ともに，時系列データが，http://www2.boj.or.jp/dlong/dlong.htm に掲載されています。

8.4　（外国為替市場への介入：現状）　日本銀行の外国為替市場への介入の実態について，日本銀行「日本銀行における外国為替市場介入事務の概要」『わかりやすい国際金融』http://www.boj.or.jp/wakaru/intl/kainyu2.htm を参考にして調べなさい。

8.5　（ユーロ：歴史）　ユーロと欧州通貨同盟（EMU）が実現するまでの歴史について，EU駐日欧州委員会代表部の http://jpn.cec.eu.int/union/showlist_jp_union.emu.guide.php を参考にして学びなさい。

8.6　（ユーロ：理論）　欧州中央銀行（ECB）と各国の財政当局との間の関係について，第3章「中央銀行」および第6章「公債」を参考にして，政府の予算制約式の観点から論じなさい。

第9章

金融危機と国際機関

　1929年の大恐慌は，世界経済の様相を一変させました。金融システムの安定性という国際公共財を維持するために，国際通貨基金（IMF），世界銀行などの国際金融機関が設立されました。80年代のラテン・アメリカにおける「失われた10年」，90年代末のアジア通貨危機の発生は，IMFの金融危機への対応策に疑問を投げかけています。さらに，マイクロファイナンスやジュビリー2000に見られるように，「ワシントン・コンセンサス」と呼ばれる市場メカニズムに対する信奉への疑念が，金融危機の教訓として生まれてきています。

○ KEY WORDS ○

金融危機，国際機関，大恐慌，銀行取付け，
正貨流出入メカニズム，デフレ，支出仮説，
貨幣仮説，負債デフレ論，銀行貸出（信用）経路，
逆選択，モラル・ハザード，国際公共財，
国際決済銀行（BIS），バーゼル合意（BIS規制），
世界銀行，マイクロファイナンス，グラミン銀行，
国際通貨基金（IMF），コンディショナリティ，
ジュビリー2000，マクロ・リスク，
GDP連動債，ワシントン・コンセンサス，
最後の貸し手，ブレディ提案，HPAEs，
成長会計，総要素生産性（TFP），
伝播，親族資本主義

金融危機 (financial crisis) とは，資産価格の暴落や企業倒産を伴う金融市場の機能不全の状態を意味します。国内で銀行の資金決済・資金仲介機能が中断し，中央銀行の金融政策，金融当局のプルーデンス政策，財政当局の外国為替操作が効果を発揮しなくなる結果，国際的な支援が必要となるまでに発展することが一般的です。世界的に深刻な影響を与えた例としては，1929年を中心に多くの国々で発生した大恐慌 (The Great Depression)，1980年代にメキシコなどラテン・アメリカ諸国で発生した債務危機 (debt crisis)，それに1997年以降にタイ・インドネシア・韓国などで顕在化したアジア通貨危機 (East Asian Crises) などがあります。本章では，これらの金融危機がなぜ生じたのか，危機ごとに原因の違いが見られるかについて，理論的に分析します。

本章は，金融のグローバリゼーションが不可逆的に進行することが予想される現在，金融危機を未然に防ぐあるいは金融危機の伝播 (contagion) を最小限に抑えるために，活かされるべき教訓は何か，IMF（国際通貨基金），世界銀行，国際決済銀行（BIS）などの国際機関が果たすべき役割は何か，について考察します。近年，アジア通貨危機，ロシア，アルゼンチンでの金融危機へのIMFの対処を巡って，激しい論争が巻き起こっています。IMFがブレトンウッズ体制下の歴史的使命を終えて，グローバリゼーションの下で，新たな役割をどこに見い出すかは，今後の国際経済における最も重要な点です。

9.1 大恐慌

大戦間期における経済史の専門家ハロルド・ジェームス（Harold James）プリンストン大学教授は，現代におけるグローバリゼーションを念頭におきながら，大恐慌に先立つ世界的なグローバリゼーションが崩壊した理由につ

いて,「グローバリズムが失敗するのは,人間や人間が作り出す制度が,世界の統合が進むことによって生じる心理的・制度的変化に十分適応できないからだと考える」と書いています(『グローバリゼーションの終焉』(高遠裕子訳,日本経済新聞社,2002年))。大恐慌をグローバリゼーション崩壊の帰結として把えています。世界史上,最も深刻な危機といってよい1920年代から30年代にかけて大恐慌の経緯について,日本(表9.1)と米国(表9.2)を例に採りながら説明します。

9.1 大恐慌

1914年の第一次世界大戦の勃発以来,日本では,海運,造船,重化学工業を中心とする大戦ブームに沸いていました。大戦後もブームは持続し,だぶついた資金が投機の対象として,繊維や米などの商品,土地,株式に向かいました。戦前の代表的な商社であった鈴木商店はこのとき,台湾銀行から資金提供を受けながら,海外網を活かして巨万の富を手に入れました。ところが,1920年,株式相場が一転して大暴落したことをきっかけに,反動恐慌が起こりました。その結果,多くの生産施設が遊休化し,企業倒産が頻発しました。それと同時に,第2章「銀行」で説明したメカニズムにより,銀行取付け (bank run) が発生し,多くの銀行が休業に追い込まれました。それに輪をかけたのが,1927年,片岡直温蔵相による国会での「東京渡辺銀行が破綻した」との失言でした。実際には,東京渡辺銀行は手形決済が一時的に不能に陥っていただけでした。その発言を契機に,同行と関連のある銀行に取付けが生じ,それが他の銀行まで波及し,金融恐慌に発展してしまいました。

その当時,日本銀行は,1923年の関東大震災に対する救済措置として,震災被害者が債務者である手形(震災手形)の再割引を行い,取立てを猶予する震災手形割引損失補償令を発令していました。1927年,日本政府が日本銀行をはじめとする銀行の損失を補償するために国債を発行し,震災手形を整理するよう国会で審議している最中に起こったのが,先の片岡蔵相失言です。さらに,震災手形の損失補塡の恩恵を被っていた鈴木商店と台湾銀行の経営内容の悪化が伝わると,台湾銀行にも取付けが拡がり,休業に至りま

した。このため，取付けが全国に波及し，36行が休業に追い込まれました。政府は事態を収拾するため，高橋是清蔵相の下，500円以下の支払い・賃金支払いなどを除く，3週間の支払い猶予令（モラトリアム）の緊急勅令を発しました。また，日本銀行の特別融資によって，台湾銀行をはじめ，普通銀行の救済が図られ，流動性リスクが回避された結果，金融恐慌は沈静化しました[1]。

ところが，「狂乱の20年代」と呼ばれるほど，好景気に沸いてきた米国で，1929年10月24日「暗黒の木曜日」に，ニューヨーク株式市場で株価の大暴落が起きました。その株価大暴落を契機に，米国では農業生産を中心にして経済活動が急速に低下しました。その影響を受け，ドミノのように世界各国の経済が急速に収縮し，世界大恐慌が始まりました。日本も例外ではありません。

当時の浜口雄幸内閣は，金解禁（金輸出解禁），つまり金本位制への復帰によって，為替相場を安定させることを念願としていました。正貨流出入メカニズムを信奉した井上準之助蔵相は，1930年1月，金解禁を実施しました。正貨（金）流出入メカニズムとは，金本位制の下で，輸入（あるいは輸出）が超過すると，金貨が流出（流入）し，通貨が減少（増加）し，金融引き締め（緩和）の効果が働き，金利上昇（低下）が国内物価の下落（上昇）を招き，輸入（輸出）を減少させ，貿易収支が均衡するというものです。金解禁に伴って，世界大恐慌による輸出の大幅な減退から，金の流出が引き続き，金融引き締め効果が働いたうえに，金解禁に必要な正貨の積み増しのために断行された緊縮財政によって，国内の物価下落が加速し，デフレが深刻化しました。デフレは国内の経済活動を低迷させ，より一層のデフレを引き起こしました。その後，1931年の英国の金本位制離脱を契機にして，日本も金輸出を再禁止し，金本位制が終焉しました。

一方，米国では，1928年からの行き過ぎた株式ブームに水を差す目的で，

---

1) （討論・主題発見のための）設問9.1が章末にあります。

表9.1　日本の金融恐慌と大恐慌

年	流れ
1914年～1918年	第一次世界大戦→大戦ブーム（海運業・繊維業・重化学工業）
	その後，ブーム持続→商品投機（繊維や米など）・土地投機・株式投機
1920年3月	株式市場の大暴落→反動恐慌（生産施設の遊休化・企業倒産）→銀行取付け
1923年9月	関東大震災→日本銀行の震災手形割引損失補償令
1927年3月	片岡蔵相の失言「東京渡辺銀行が破綻した」→銀行取付けのきっかけ
1927年4月	高橋是清蔵相の緊急勅令（3週間支払い猶予令（モラトリアム）） 日銀の特別融資・台湾銀行の救済 →金融恐慌の沈静化
1929年10月24日	米国ニューヨーク株式市場の株価大暴落「暗黒の木曜日」
1930年1月	井上準之助蔵相の金解禁　→金流出 　　　　　　　　　　　　→金融引き締め効果 緊縮財政→デフレの深刻化
1931年9月	英国の金本位制からの離脱
1931年12月	高橋是清蔵相の金輸出再禁止→金本位制からの離脱

表9.2　米国の大恐慌

年	流れ
1928～1929年	株式ブーム
1929年10月24日	金融引き締めによる株価の大暴落「暗黒の木曜日」 →農業生産へのダメージ
	1930年以降の引き続く株式市場の低迷
1930年～1933年	■銀行倒産＝全体の1/3 ■物価水準25％の低下 ■失業率25％（1932年）
1933年3月～	ルーズベルト大統領のニュー・ディール政策 ■銀行閉鎖・銀行法（グラス＝スティーガル法）の制定 ■テネシー渓谷開発公社（TVA）などの大規模公共事業
1941年12月	米国の第二次世界大戦への参戦

連邦準備制度は短期金利を引き上げました。1929年の株価大暴落の結果，金利水準は大幅に低下しました。株式投資の失敗による銀行破綻は，主な貸出先であった農業部門を最初に直撃し，農業生産の大幅な減少によって農産物価格が低下しました。その後も引き続いた株式市場の低迷により，工業生産も鈍化し，工業製品価格が低下し，デフレの様相を呈しました。恐慌が底を迎えた1932年には，失業率が約25％に上り，1930年から全銀行が業務を停止する33年までに全体の3分の1にあたる銀行が倒産し，同期間に物価水準が約25％低下しました。

1933年に就任したフランクリン・ルーズベルト（Franklin Roosevelt）大統領は，恐慌対策として，ニュー・ディール政策を実行しました。第一に，銀行経営の健全性を正し，金融システムへの信頼を取り戻すために，4日間の銀行閉鎖を行ったほか，銀行法（グラス=スティーガル法）が制定され，銀行の預金業務と証券業務の両業務の兼業を禁止し，さらに政府が一定額までの預金の払い戻しを保証しました。第二に，景気刺激策として，テネシー渓谷開発公社（TVA）などの大規模公共事業によって雇用を創出し，失業者の対策を行いました。

後者の政策は，有効需要を創出するケインズ政策を実践したものと考えられますが，実際に景気回復に与えた効果については，疑問視されています。その後，1941年の第二次世界大戦への参戦による軍需の増大が，米国経済を回復させ，失業者も激減させました[2]。

9.2　金融危機のメカニズム

大恐慌の発生原因に関するさまざまな仮説を取り上げ，金融市場の機能不全を起こす金融危機がどのようなメカニズムによって生じるのかについて議

2）　デフレに関する（討論・主題発見のための）設問9.2が章末にあります。

論します。大きく分けると，4つの仮説があります。第一に，ピーター・テミン（Peter Temin）MIT教授らの主張する支出仮説（spending hypothesis），第二に，ミルトン・フリードマン（スタンフォード大学），アンナ・シュワルツ（Anna Jacobson Schwartz）両教授による貨幣仮説（money hypothesis），第三に，アーヴィング・フィッシャー（エール大学）教授の負債デフレ論（debt deflation theory），そして第四に，ベン・バーナンキ（Ben Bernanke）プリンストン大学教授らによる銀行貸出（信用）経路（bank lending or credit channel）です。これらの仮説について，IS–LM分析に即しながら説明します。

○ 支 出 仮 説

支出仮説（spending hypothesis）[3]によれば，大恐慌の主原因は，財・サービスに対する需要の減少にあります。第一に，1929年の暗黒の木曜日に見られる株式相場の大暴落は，第4章「金融政策」で述べた資産効果のマンデル効果を通じて，あるいは不確実性の増大に対する予備的な貯蓄の増加により，民間消費を減退させました。第二に，1920年代の米国における住宅建設ブームの反動に加え，移民の民族・国籍構成を変化させ，移民の総数を大幅に制限することを狙った1921年，1924年の改正移民法によって，住宅投資が落ち込みました。第三に，1930年代の均衡予算を目指す緊縮財政の下で，財政政策は引き締め気味でした。

この3つの原因はすべて，財・サービスに対する需要を減らす要因ですので，図9.1のIS–LM分析において，IS曲線を左にシフトさせます。その結果，金利水準iが低下し，GDPに表れる生産活動Yも低下します。

---

[3] 以下，代表的な文献のみを挙げます。Peter Temin. *Did Monetary Forces Cause the Great Depression?* W.W.Norton & Company, Inc., 1976.

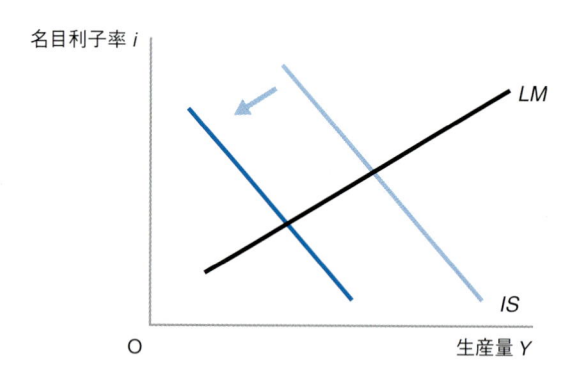

図9.1 　IS-LM 分析における支出仮説

○ 貨幣仮説

　支出仮説を主張したピーター・テミン教授が対立仮説として想定していたのは，フリードマン＝シュワルツ両教授による貨幣仮説（money hypothesis）[4]」です。両教授は，大恐慌期における生産活動の低下の原因が，連邦準備制度がコントロールするべきマネー・サプライ（貨幣供給量）の減少にあることを歴史的な考察に基づき主張しました。彼らにとって，大恐慌は Great Depression ではなく，貨幣供給量の収縮（contraction）に基づく Great Contraction であるわけです。IS–LM 分析では，中央銀行が LM 曲線を左にシフトさせたことになります（図9.2）。

　しかしながら，貨幣仮説は現実の米国のデータと整合的ではありません。第一に，貨幣仮説によれば収縮しているはずである実質貨幣残高が，データでは，1931 年から 33 年までは確かに減少していますが，大恐慌の始まった 1929 年から 31 年までの期間では，増加しています。第二に，貨幣仮説によ

---

[4] 　Friedman, Milton and Anna Jacobson Schwartz. *A Monetary History of the United States. 1867–1969*. Princeton University Press, 1963.

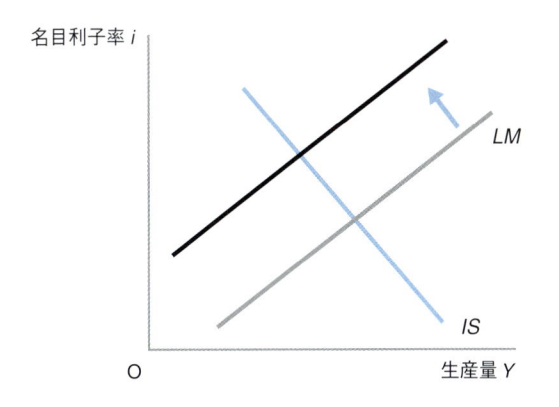

図9.2　IS-LM 分析における貨幣仮説

れば上昇しているはずである名目利子率 i は，大恐慌の期間中一貫して低下傾向を示しています。これらの事実は，フリードマン=シュワルツの貨幣仮説が妥当しないことを示しています。

○ 負債デフレ論

アーヴィング・フィッシャー教授は，大恐慌によって深刻化した予期されないデフレのもたらす負の資産効果，つまりフィッシャー効果（第4章「金融政策」）に着目し，負債デフレ論（debt deflation theory）[5]を主張しました。債権者と債務者の消費性向の違いを考慮するフィッシャー効果によれば，予期されないデフレは，債権者の保有する実質資産を増大させ，消費を浮揚させる効果と同時に，消費性向が債権者よりも高い債務者に対しては，実質債務の増大によって消費を落ち込ませる効果をもち，後者の効果が前者の効果

---

5) Irving Fisher. "The Debt-Deflation Theory of Great Depression." *Econometrica*, 1, 1933. がオリジナルですが，ジェームズ・トービン『マクロ経済学の再検討—国債累積と合理的期待—』（浜田宏一・藪下史郎訳，日本経済新聞社，1981年）がわかりやすい解説をしています。

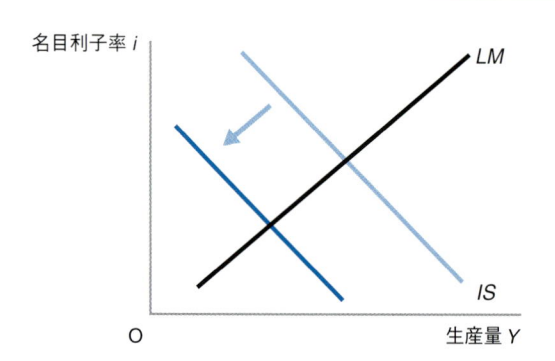

図 9.3　*IS-LM* 分析における負債デフレ論

を上回り，消費全体を減少させます。そのため，支出仮説と同様に，負債デフレ論では *IS–LM* 分析において，デフレが *IS* 曲線を左にシフトさせることによる効果を考えていることになります（図9.3）。

　同じく資産効果をメカニズムとする支出仮説が，株式や土地などの名目資産の目減りによって生じるマンデル効果を考えるのに対して，負債デフレ論はデフレによる実質債権・債務の変化によって生じるフィッシャー効果に着目しているわけです。

○ 銀行貸出（信用）経路

　最後に，比較的新しい仮説である銀行貸出（信用）経路（bank lending or credit channel）[6]について述べます。

　大恐慌では，多くの銀行が休業や倒産に追い込まれました。銀行の果たす

---

[6] Ben Bernanke. "Non-Monetary Effects of the Financial Crisis in the Propagation of the Great Depression." *American Economic Review* 73, 1983, pp.257–276. が代表的文献ですが，包括的なサーベイとして，Mark Gertler. "Financial Structure and Aggregate Economic Activity: An Overview." *Journal of Money, Credit and Banking* 20, 1988, pp.559–588. を読むことを薦めます。

役割(第2章「銀行」参照)のうち,資金仲介(情報生産)機能では,貸し手である銀行と借り手との間の情報の非対称性が問題となります。非対称な情報の下では,2つの問題が生じます。

第一に,銀行が貸出を行う前の「事前」の問題として,逆選択(adverse selection)[7]が起こります。情報の劣位にある貸し手の銀行は,優位にある借り手の質(quality)について平均的にしか判断することができません。質の良い借り手にも悪い借り手にも同じ貸出条件で貸さざるを得ません。そのため,貸出をもとめる借り手が比較的劣悪な借り手ばかりになってしまい,損失を蒙ってしまうことを貸し手の銀行が予想する結果,比較的優良な質をもつ借り手に対しても貸出が行われなくなってしまいます。この問題を,質の悪い借り手が貸出先として選ばれやすくなってしまうという意味から,逆選択と呼びます。

逆選択を回避する手段として,宝石などの高級商品売買において質を保証する鑑定書,保険契約における団体保険,銀行貸出における担保などの存在があります。貸し手銀行は,借り手企業の保有する土地などの有形固定資産を担保とする貸出契約を結ぶことによって,万一貸出が焦げ付いた場合にも,担保価値の分だけは保証されます。

非対称情報の第二の問題は,銀行貸出後の「事後」の問題として,モラル・ハザード(moral hazard)があります。銀行から借り入れた資金を借り手がどのような使途に使うかは,貸し手の銀行には見えない情報です。借り手が,貸し手銀行から見て望ましくない使途に資金を使う危険(hazard)を冒すリスクを考えると,貸し手銀行は,貸出を控えるようになります。このモラル・ハザードを回避するために,費用をかけて借り手企業を監視(モニター)する必要があります。

また,借り手企業のバランス・シートのうち,純資本(net worth)が高

---

7)「情報の経済学」の金字塔である,George Akerlof. "The Market for 'Lemons': Quality, Uncertainty and the Market Mechanism." *Quarterly Journal of Economics* 84, 1970, pp.488–500. を読んで下さい。

9.2 金融危機のメカニズム

ければ，企業がモラル・ハザードを起こし経営破綻が生じた場合に，企業自らの損失が大きいことになりますので，貸し手である銀行は，純資本の十分な企業に対しては，貸しやすくなります。

　これら2つの問題，逆選択とモラル・ハザードは，大恐慌にどのような影響を与えたのでしょうか。第一に，株価・地価の下落は，企業の担保価値，株式の時価総額に等しい純資本の価値を引き下げました。大恐慌の契機となった株価下落は，銀行貸出に伴う逆選択，モラル・ハザードを引き起こし，銀行貸出を減退させました。第二に，大恐慌に伴う不確実性の高まりは，情報の非対称性の程度を引き上げ，逆選択，モラル・ハザードの確率を高め，銀行貸出を減少させる効果をもちました。第三に，銀行自体が株式市場の大暴落などにより，バランス・シートを毀損し，休業，倒産に追い込まれたために，直接的に銀行貸出が減ることになりました。

　これら3つの経路を通じて，銀行貸出が大幅に減少しました。銀行貸出の減少は，2つの意味をもっています。第一に，資金調達の手段として銀行貸出に依存している企業，資本市場から直接資金調達することが困難な企業，とりわけ企業規模の小さい中小・零細企業が，銀行貸出を受けられないために，設備投資を断念せざるを得なくなります。そのため，IS–LM 分析において，銀行貸出の減少は，IS 曲線を左にシフトさせる効果をもちます。第二に，銀行貸出の減少は，信用乗数メカニズムによって民間非金融部門の資産であるマネー・サプライの減少となって現われます。マネー・サプライの減少は，LM 曲線を左にシフトさせます。

　この2つの効果によって，図9.4のように，大恐慌は銀行貸出（信用）経路を通じて，生産活動 Y を大幅に低下させることになります。銀行貸出（信用）経路は，支出仮説や負債デフレ論が想定する IS 曲線の左へのシフトと，貨幣仮説が想定する LM 曲線の左へのシフトの組合せによって生産の低下が起こるために，大恐慌時における窮状が生じたことを説明してくれます。

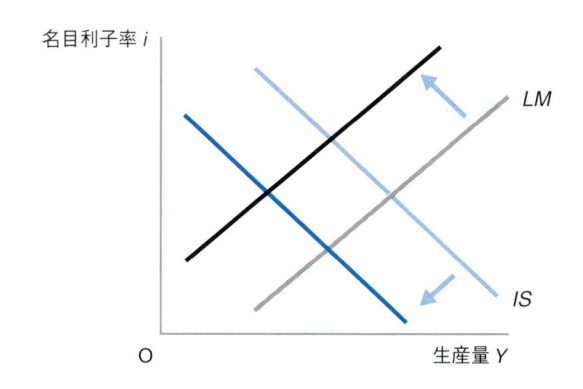

図9.4　IS-LM 分析における銀行貸出（信用）経路

9.3　国際金融機関の役割

　大恐慌による世界経済の危機，第二次世界大戦による金本位制の崩壊を経て，世界の経済秩序を立て直そうとしたのが，1944 年 7 月に開かれたブレトン・ウッズ会議（第 8 章「外国為替」参照）でした。のちにドル本位制と呼ばれる管理通貨制度の下に，国際通貨基金（IMF）が設立され，国際収支の均衡，為替レートの安定が図られることになりました。IMF は，1971 年のニクソン・ショックを契機とするブレトン・ウッズ体制の崩壊によってその歴史的使命を終えたのち，金融危機への対策を専門的に取り扱う国際金融機関として位置づけられるようになりました。

　IMF のほかに，国際的金融機関には，第一次世界大戦後に設立された国際決済銀行（Bank for International Settlements, BIS），IMF と同様にブレトン・ウッズ体制下で設立された国際復興開発銀行（International bank for

Reconstruction and Development（IBRD），通称，世界銀行（World Bank）と呼ばれます）があります（表9.3）。

　そもそも，国際機関の存在には，国際公共財（international public goods）を供給する主体としての意義があります。国際公共財は，公共財としての性質である，消費の非競合性・非排除性を満たします。公共財は，民間の市場メカニズムに任せると，最適な水準より過少にしか生産されません。国際公共財の例としては，国家間あるいは民族間の戦争のない平和，関税や貿易障壁のない自由貿易，二酸化炭素や水などの環境資源，HIV/エイズなどの伝染病に晒されず，飢餓や貧困から解放された健康に加えて，金融危機のリスクがない安定した国際通貨制度も挙げられます。

　たとえば国際連合（United Nations, UN）が，全世界の平和を守るべく，1945年に発足しました。また世界貿易機関（World Trade Organization, WTO）は，GATT（General Agreement on Tariffs and Trade，関税および貿易に関する一般協定）の自由貿易の精神を受け継ぎ，1995年に設立されました。さらに，地球温暖化の防止のために，二酸化炭素など温室効果ガスの排出の削減を取り決めた1997年の「京都議定書」は，国連気候変動枠組条約（United Nations Framework Convention on Climate Change, UNFCCC）においてでした。このほか健康を基本的人権の一つと考え，1948年に設立された世界保健機構（World Health Organization, WHO）は，毎年12月1日を「世界エイズデー」と定め，HIV/エイズに関する啓発に取り組んでいます。

　これらの国際機関と並んで，国際通貨制度の安定性という国際公共財を提供している国際金融機関が，IMFです。同じく国際金融機関としてIMFは，BISや世界銀行とどのように異なる役割を担っているのでしょうか。また，グローバリゼーションの進行する中，金融危機に対処するIMFの役割はどのように変化していくべきでしょうか。これらの点に注目しながら，以下，BIS，世界銀行，そしてIMFについて説明していきます。

表9.3　国際金融機関の比較

	国際決済銀行（BIS）	国際通貨基金（IMF）	世界銀行（World Bank）
設立	1930年，第一次世界大戦後のドイツの賠償問題処理，主要国中央銀行の共同出資	1947年に業務開始。1945年の「国際通貨基金協定（IMF協定）」に基づく	1946年に業務開始。1944年の「ブレトン・ウッズ協定」の決定に基づく
目的	加盟国中央銀行間の金・為替売買や預金受け入れ，国際的金融決済や調整などの協力促進，「中央銀行の中央銀行」	国際金融システムの安定 ■国際的通貨協力の推進 ■国際貿易の拡大とバランスのとれた成長の促進 ■為替安定の促進 ■多国間決済システム確立の支援 ■国際収支上の困難に陥っている加盟国への一般財源の提供	当初は，戦後の経済復興および開発，その後，発展途上国の貧困の緩和，持続的な成長の促進
本部	バーゼル（スイス）	ワシントンD.C.（米国）	ワシントンD.C.（米国）
加盟	欧米や日本など数十カ国の中央銀行	180を超える国	180を超える国
役割	理事会を構成する中央銀行の月例会議は，国際的金融問題に関する意見交換の場	サーベイランスと金融支援	支援プロジェクトの実施をモニターし，モラル・ハザードを防ぐ

○ 国際決済銀行（BIS）

　国際決済銀行（BIS）の設立は，スイスのバーゼルを本部にして，第一次世界大戦後の1930年に敗戦国ドイツの賠償問題処理のためになされました。当時のドイツにおけるGNP（国民総生産）の20倍にもあたる賠償金を求めた1919年のヴェルサイユ条約の後，ドイツはハイパー・インフレーションを経験し，マルクの価値は暴落し，ドイツ経済は破綻しました。1924年，米国の資本家ドーズ（Charles G. Dawes）を長とする国際専門委員会は，ド

イツの賠償金支払い負担の軽減，ドイツへの巨額の資金貸与を内容とする「ドーズ案」を作成しました。ドーズ案によってドイツ経済は一時的に復興しましたが，1930年代に入って深刻化した世界大恐慌により，ナチスの台頭を招きました。米国の資本家ヤング（Owen D. Young）を長とする第2回の国際専門委員会は，1929年に「ヤング案」を作成し，賠償総額の削減，支払期間の緩和を決めました。ドーズ案，ヤング案による貸付等の財務管理を担って1930年に設立されたのが，BISです。しかし，世界恐慌が深刻化するとともに，ヤング案は不履行になり，ナチスのヒトラー（Adolf Hitler）内閣は，賠償を破棄してしまいました。

BISは，ドイツの賠償問題に関わった主要各国の中央銀行が共同で出資した株式会社です。加盟している国の中央銀行から預金を受け入れているため，中央銀行の中央銀行と呼ばれます。いまでは，欧米，日本などの数十カ国の中央銀行が加盟しており，理事会を構成する主要国の中央銀行で行われる月例会議は，重要な国際金融問題に関する政策協議の場となっています。

BISの名前を世に知らしめたのは，第5章「プルーデンス政策」で説明した1988年のバーゼル合意（BIS規制）でしょう。1980年以降急速に国際金融取引が活発化する一方，後述するメキシコ債務危機などのラテン・アメリカ諸国の累積債務が深刻化し，全米第7位の規模であったコンチネンタル・イリノイ銀行が1984年に経営破綻し，実質的に国有化され，システミック・リスクが高まり，大手銀行の経営破綻が相次ぎました。経営破綻した銀行が低い自己資本比率を有していたうえ，当時のボルカーFRB議長が強い意向を示したため，BISバーゼル銀行監督委員会は，1988年，国際業務を営む銀行に対して，自己資本比率（クック比率）を8%以上に維持するというBIS規制（バーゼル合意）を求めました。

◯ 世界銀行

国際復興開発銀行（International bank for Reconstruction and Development, IBRD），通称，世界銀行（World Bank）は，1944年のブレトン・ウッズ協定により，IMF, GATTとともに創設が決定され，米国のワシントンD.C.に本部をおき，1946年に業務が開始されました。当初は，加盟国からの資金の長期的な融資により，戦後の経済復興および開発を図ることを目的としていました。日本も1952年に加盟後，多くの電力会社，製鉄会社をはじめ，東海道新幹線の開発（1961年），東京オリンピック（1964年）を前にした首都高速の建設に対して，融資を受けたことがあります。

　世界銀行は，当初の目的である戦後復興を終えた後，発展途上国の貧困を緩和し，持続的な成長を促すために，長期資金の融資や技術協力などを行い，社会基盤の整備等の発展を支援しています。現在では，180を超える国が加盟しています。

　世界銀行は，総務会，理事会，開発委員会などから構成されます。総務会は，年に1回，IMFと合同で開かれ，加盟国からの総務による最高意思決定機関です。ちなみに，日本の総務は財務大臣，総務代理が日本銀行総裁です。開発委員会は，総務会に勧告を行う立場です。理事会は，5大出資国である米国，日本，ドイツ，英国，フランスが任命する任命理事5名と，他の加盟国が選出する選任理事19名で構成され，総裁を選出します。

　世界銀行は，各種の調査のうえ，支援のための戦略を策定し，重点分野を決定します。その重点分野について，借入国の政府との対話を行い，具体的な支援プロジェクト・プログラムを決定します。ただし，プログラムを実施するのは，借入国自体であり，世界銀行はプロジェクトの円滑な実施をモニターする役割を負います。非対称な情報の下での資金貸借に伴うモラル・ハザードを防ぐことが，世界銀行の大きな仕事です。

〈マイクロファイナンス〉

　世界銀行が支援の対象とする発展途上国の人々や企業は，借入れ担保となる物件や信用力が欠如しているために，金融市場からの資金貸借が不十分にしかなされません。資金がなければ，貧困の解決，持続的な成長には繋がり

ません。この**貧困の罠**（poverty trap）を解決するために，借り手のモラル・ハザードを防ぎながら資金を融資しなければならない世界銀行が注目しているのが，**マイクロファイナンス**（Microfinance）と呼ばれる，貧民に対する無担保の少額資金の供与です。代表的な成功例は，1976年に開始されたバングラデッシュの**グラミン銀行**（Grameen Bank）です。

グラミン銀行のマイクロファイナンスは，5人のグループを作り，共同責任の下に資金の管理や返済を行います。もし融資の返済が不履行になる場合には，グループの構成員全員が共同して返済義務を負うことになり，ムラ社会における**連帯責任**を利用して，モラル・ハザードを防いでいるのが特徴です。銀行の担当者は，定期的に各グループの地域において集会を開いて，資金返済の計画の説明を受けるほか，貯蓄・教育・保健衛生などの指導も行います。借り手の90％以上が女性であることは，女性の自立を助けることに繋がります。こうして貧困層の経済的自立を促し，貧困の罠からの脱却に成功しているのが，マイクロファイナンスです。（当時の）米国財務長官ロバート・ルービン（Robert Rubin）や（当時の）米国大統領夫人ヒラリー・クリントン（Hilary Clinton）など，趣旨に賛同する人々がそれぞれの立場を越えて集結した，1997年のマイクロ・クレジット・サミット（Micro Credit Summit）は，マイクロファイナンスの潜在的な可能性を示唆しました。

○ 国際通貨基金（IMF）

IMF（International Monetary Fund，国際通貨基金）は，世界銀行と同様，1944年のブレトン・ウッズ会議において創立が決定され，「国際通貨基金協定（IMF協定）」により1947年に業務を開始しました。1973年のブレトン・ウッズ体制の崩壊まで，固定相場制を維持することを加盟国に義務付けていました。現在，加盟国は180カ国を越え，日本は米国に次ぐ出資国です。本部は，米国ワシントンD.C.におかれています。

IMFの目的は，「国際的通貨協力の推進，国際貿易の拡大とバランスのと

れた成長の促進，為替安定の促進，多国間決済システム確立の支援，国際収支上の困難に陥っている加盟国への（適切なセーフガードの下での）一般財源の提供」（IMF 協定第 1 条）にあります。加盟国の為替政策の監視（サーベイランス），国際収支の悪化した加盟国に対する融資を通じて，国際公共財として考えられる国際金融システムの安定を確保することが，IMF の使命です。加盟国におけるモラル・ハザードをモニターする役割を担っているわけです。

IMF の組織は，年 1 回世界銀行と合同で開かれる最高意思決定機関である総務会，年 2 回開催される国際通貨金融委員会（IMFC, International Monetary and Financial Committee），理事会などから成ります。総務会は，加盟国の財務大臣あるいは中央銀行総裁で構成されます。国際通貨金融委員会は，理事会を構成する加盟国を代表する 24 人の総務で構成され，IMF に対して国際通貨システムの機能に関する諮問を行います。理事会は，加盟国を代表する 24 人の理事によって構成され，主に理事の間でコンセンサスを図りながら意思決定がなされています。

IMF の主な活動は，サーベイランス（政策監視）と呼ばれる，加盟国の経済政策の総合的な評価と，国際収支の悪化する加盟国への金融支援から成ります。サーベイランスは，IMF 協定第 4 条に基づき，年に 1 回，加盟国との協議の下に行われ，安定した為替レートの達成にとって必要な一貫した国内の経済政策を求めます。また，IMF は，国際収支に問題を抱える加盟国に対して融資するなど，金融支援を行います。通常，IMF の融資は，相手国と協議のうえで立案される，融資のための条件を規定したコンディショナリティに基づいて行われます。コンディショナリティは，理事会の承認を必要とします。

〈ジュビリー 2000〉

ジュビリー（Jubilee）2000 は，2000 年末までにアフリカ諸国を中心とする重債務国における債務の帳消し（debt relief）を行うことを目的に行われ

た国際的なキャンペーンです。重債務国が貧困から脱出できるように，債務帳消しによって余る予算を，医療・衛生保健，女性と子ども，持続可能性のある発展のためのプロジェクトに使うことを条件にして，各国政府や国際金融機関に対して債務帳消しを迫りました。英国のNGOなどを中心に運動が拡がり，ロック・バンドU2のボーカル，ボノ（Bono）が，ジェフリー・サックス（Jeffrey Sachs）コロンビア大学教授の指南の下，国際的な指導者たちに債務帳消しを訴え，ある程度の成功を収めました。

　債務帳消しは，現時点における貧困や飢餓の解消に繋がり，人道的側面から進められるべきですが，債務国に対する将来の資金融資にとっては，貸し手のリスクを高める要因となり，リスク・プレミアムを引き上げ，貸し手の資金供与を抑制する作用もあります[8]。ロバート・シラー（Robert Shiller）エール大学教授は，債務危機などのマクロ・リスクに対してヘッジする手段として，利子と元本がGDPに連動するGDP連動債を発行することによって，事前の意味において，リスクを適正に反映した金融契約が可能にすることを提唱しています[9]。また，リカードゥ・キャバレロ（Ricardo Caballero）MIT教授は，こうしたGDP連動債の市場を整備し，マクロ・リスクに備えることこそ，国際金融機関であるIMFの使命であると主張しています[10]。

〈批判と改革〉

　IMFに対する批判の急先鋒は，スティグリッツ（Joseph Stiglitz）コロンビア大学教授です。著書『世界を不幸にしたグローバリズムの正体』（鈴木主税訳，徳間書店，2002年）[11]の中で，「ワシントン・コンセンサス」といわれる，ワシントンに本部をもつIMFや世界銀行が米国政府と共有している考え方

8）　債務帳消しに関する（討論・主題発見のための）設問9.3が章末にあります。
9）　ロバート・シラー『新しい金融秩序』（田村勝省訳，日本経済新聞社，2004年）
10）　（討論・主題発見のための）設問9.4が章末にあります。
11）　スティグリッツ教授の講演『スティグリッツ早稲田大学講義録：グローバリゼーション再考』（藪下史郎・荒木一法編著，光文社新書）も興味深い本です。

を痛烈に批判しました。政府の介入をできるだけ排除して，市場メカニズムに任せることによって，経済発展はうまくいくという，1990年代の途上国における経済政策に対する考え方です。ワシントン・コンセンサスという言葉は，国際経済研究所（Institute for International Economics）のジョン・ウィリアムソン（John Williamson）が命名し，財政規律，財政支出の優先順位，税制改革，民営化，規制緩和，金融自由化，競争的為替レート，貿易自由化，外国直接投資の自由化，財産権の保護を内容とします。IMFが1997年以降のアジア通貨危機やロシアの経済危機において，融資のコンディショナリティを策定する際の基本的な考え方として，ワシントン・コンセンサスがあったといわれます。スティグリッツは，この自由主義に基づいた処方箋が，危機当時国にとって適切なものではなかったと批判しました。

　一方で国際金融機関としてのIMFの存在意義について，経済史家キンドルバーガー（Charles Kindleberger）MIT教授は，「世界政府なき世界における国際公共財」[12]の中で，国際公共財としての危機管理（crisis management）を行う最後の貸し手機能を強調しています。

9.4　ラテン・アメリカ

　ラテン・アメリカ諸国にとって，1980年代は「失われた10年」（the lost decade）[13]と呼ばれます。1982年のメキシコ債務危機に端を発する深刻な金融危機によって，70年代までの対外資本に依存した経済発展が破綻し，80年代には経済発展が停滞したことを指します。

---

12) "International Public Goods without International Government." *American Economic Review*, 76 (1), 1986, pp.1-13.
13) 日本の1990年代も「失われた10年」と呼ばれます。

◯ メキシコ債務危機

1982年8月12日，800億ドルの債務をかかえて，メキシコが，国家の破産にあたる債務不履行（default）を宣言しました。800億ドルは，当時，880億ドルの債務をかかえていたブラジルに次ぐ規模の債務でした。メキシコ政府は，ただちに海外の政府・中央銀行に新たな資金貸与を求め，商業銀行の預金支払いの猶予（モラトリアム）を決め，返済債務のリスケジューリングを行なったうえ，IMFと交渉に入りました。

メキシコの債務不履行の背景には，第一に，主な貸し手がいる米国で，1979年にFRBのボルカー議長の下で断行された金融引き締め策，ボルカー・ショックにより，金利水準が上昇したために，借り手であるメキシコの利払い費が高騰したことがあります。第二の背景として，米国の高金利によってドルの増価（ドル高）が生じ，ドル建ての債務のメキシコ・ペソ単位の負担が膨れ上がったことがあります。メキシコの債務不履行は，他のラテン・アメリカの累積債務国にも影響を及ぼし，880億ドルの債務をかかえたブラジル，400億ドルのアルゼンチンも，国際的な資金市場から資金調達することが難しくなりました。情報の非対称性の下での逆選択のメカニズムが働いたことになります（表9.4）。

債務危機後，メキシコをはじめラテン・アメリカ諸国は紆余曲折を経ました。段階を3つに区切って経緯を追います。第一段階では，債権者がメキシコに投資した債権に対する請求権に関して，各債権者の間での調整（coordination）をどのように行うかが問題となりました。メキシコ政府は，シティコープ，チェース・マンハッタン，J.P.モルガンなどの大銀行から成る銀行諮問委員会（Bank Advisory Committee）を組織し，協調融資（concerted lending）を続けるように働きかけました。一方，IMFは，構造調整プログラムに準拠したコンディショナリティ（conditionality）を条件にして，少額ながらIMF融資を続けました。IMFのコンディショナリティは，メキシコにおけるモラル・ハザードに対するモニタリングの機能を果たし，民間銀行

表 9.4 メキシコ債務危機

	流れ
1979 年 10 月	米国連邦準備制度理事会議長にボルカー議長就任 →高金利政策によるドル高
1982 年 8 月 12 日	メキシコの債務不履行→800 億ドルの債務
1987 年 2 月	ブラジルの債務不履行
1989 年 3 月	米国財務長官「ブレディ提案」
1989 年 6 月	メキシコの債務削減交渉

の協調融資をスムースにする働きがありました。

1987年2月に起きたブラジルの債務不履行以降の第二段階では，債務帳消し（debt relief）が問題となりました。債権銀行は，多額の不良債権のための貸倒引当金（reserve for bad loan loss）を積み始めると同時に，債権を1986年には額面の70%，89年には35%の価格でセカンダリー・マーケットにて売却するようになりました。米国政府は，財務長官ニコラス・ブレディ（Nicholas Brady）が1989年3月，ブレディ提案（Brady Plan）を発表し，累積債務国の債務削減計画に対する米国の支援を表明するとともに，IMFと世界銀行による融資を促しました。ブレディ提案は，米国，IMF，世界銀行の支援を受け，信用が回復した累積債務国が，市場取引において債権者から債務を買い戻すことにより，債務の削減を図っていくことを目指していました。

ブレディ提案を受けて，メキシコがはじめて1989年6月に行った債務削減のための交渉以降の第三段階では，公的支援を背景にした債務買戻し（debt buyback）が実現しました。累積債務国は，自らの債務をセカンダリー・マーケットで額面割れの価格で購入することにより，債務の削減に成功し，メキシコは結局，額面の16%の債務削減を果たしました。債権者である大銀行は，より一層，貸倒引当金を積み増すようになりました。また，ブ

レディ提案以降，IMF，世界銀行，日本などの公的支援による買い戻しを当てにして，セカンダリー・マーケットで債務が，大銀行によって高い価格で売られるようになりました。

○ メキシコ債務危機と国際金融機関

メキシコ債務危機において，国際金融機関とりわけIMFの果たした役割は大きいと考えられます。IMFは，率先してメキシコ政府を支援し，資金の借り手であるメキシコ政府に関する質を保証する一方，メキシコ政府の採る政策を構造調整プログラムに基づくコンディショナリティによってモニターしました。それらの手段により，貸し手銀行と借り手との間の情報の非対称性による逆選択およびモラル・ハザードの問題を深刻化させないことに寄与しました。

しかし，ブレディ提案後，貸し手である大銀行は，IMFらの公的支援を当てにして，セカンダリー・マーケットでの債務売買価格を吊り上げていました。このことは，最後の貸し手であるIMFの政策によって，大手銀行がモラル・ハザードを起こしていたことを意味し，IMFのあり方に大きな疑問を投げかけました。

9.5　東アジア

「東アジアの奇跡」と謳われたアジア諸国では，1997年，タイに端を発する金融危機に見舞われ，国際金融機関であるIMFの対処療法について，大きな論争が起こりました。

○「東アジアの奇跡」

　1993年9月に世界銀行が発表したレポート『東アジアの奇跡』(*The East Asian Miracle: Economic Growth and Public Policy*) は，日本，アジアNIEs（韓国，台湾，香港，シンガポール），インドネシア，マレーシア，タイの8カ国を「高いパフォーマンスを示すアジア諸国」(high-performing Asian economies, HPAEs) と称し，高成長を持続し，輸出を急増させ，高い投資率と貯蓄率の下，生産性を急速に向上させてきたと，HPAEsを讃えていました。たとえば，年間平均実質経済成長率で見て，1967年から96年の間に，日本4.7％，韓国9.1％，香港6.9％，シンガポール8.8％，インドネシア7.0％，マレーシア7.1％と，同期間における米国2.5％を大きく上回る経済成長を遂げました。

　ところが，1997年に始まるアジア通貨危機および，日本における大手金融機関の破綻に伴う金融システムへの不安は，これらHPAEsの経済の脆弱性を露呈することになりました。この脆弱性について早くから指摘していたのが，ポール・クルーグマン，プリンストン大学教授です。彼の論文 "The Myth of Asia's Miracle"(*Foreign Affairs*, November/December 1994, pp.62-78) は，成長会計 (growth accounting) の概念を用いて，これらHPAEsの経済成長が短期的な現象であり，長期的な経済成長の持続は難しいと予測しました。

　成長会計とは，マクロ経済を一つの企業に見立て，集計的生産関数を想定し，経済成長を決定要因別に分解する方法をいいます。要因は，投入される生産要素である資本ストック，労働投入量に加え，技術水準を表す総要素生産性 (total factor productivity, TFP) の3つです。マクロ経済の長期的な成長を規定するのは，3番目の要因である技術 (technology) です。したがって，成長会計を調べ，総要素生産性が経済成長にどれだけ寄与しているかを見れば，マクロ経済の長期的な成長について議論できることになります。

　以下の生産関数

$$Y_t = A_t F(K_t, L_t)$$
Y_t：生産量，K_t：資本ストック，L_t：労働投入量，A_t：総要素生産性

において，総要素生産性 A_t は，資本ストックおよび労働投入量の限界生産性 $\frac{\partial Y_t}{\partial K_t} = A_t \frac{\partial F(K_t, L_t)}{\partial K_t}, \frac{\partial Y_t}{\partial L_t} = A_t \frac{\partial F(K_t, L_t)}{\partial L_t}$ に影響を与える要素です。たとえば，生産関数が，以下のような資本ストックと労働投入量に関して1次同次であるコブ゠ダグラス（Charles W. Cobb and Paul H. Douglas）型であると仮定しましょう。

$$Y_t = A_t K_t^\alpha L_t^{1-\alpha} \qquad 0 < \alpha < 1$$

このとき，企業の利潤最大化により，労働投入量の限界生産性と実質賃金 $\frac{W_t}{P_t}$ とは等しくなります。

$$\frac{W_t}{P_t} = \frac{\partial Y_t}{\partial L_t} = A_t (1-\alpha) K_t^\alpha L_t^{-\alpha} = (1-\alpha) \frac{Y_t}{L_t}$$

よって，コブ゠ダグラス型生産関数のパラメータ $1-\alpha$ は，労働分配率 $\frac{W_t L_t}{P_t Y_t}$ を表すことになります。同じく，α は資本分配率です。

生産関数を時間に関して微分すると，実質経済成長率は，技術進歩を表す総要素生産性 TFP の成長率に起因する部分，生産要素である資本ストックの成長率に起因する部分，同じく生産要素である労働投入量の成長率による部分の3つに分解されます。

$$\dot{Y}_t = \dot{A}_t K_t^\alpha L_t^{1-\alpha} + A_t \alpha K_t^{\alpha-1} L_t^{1-\alpha} \dot{K}_t + A_t (1-\alpha) K_t^\alpha L_t^{-\alpha} \dot{L}_t$$

$$\underbrace{\frac{\dot{Y}_t}{Y_t}}_{\text{実質経済成長率}} = \underbrace{\frac{\dot{A}_t}{A_t}}_{\text{技術進歩（TFP）の寄与率}} + \underbrace{\alpha \frac{\dot{K}_t}{K_t}}_{\text{資本ストックの寄与率}} + \underbrace{(1-\alpha) \frac{\dot{L}_t}{L_t}}_{\text{労働投入量の寄与率}}$$

これが成長会計です。

クルーグマンは，ヤン（Alwyn Young）シカゴ大学教授による香港，シンガポールに関する計測例[14]を引用し，両国における高い実質経済成長率が，

---

14) Alwyn Young. "A Tale of Two Cities: Factor Accumulation and Technical Change in Hong Kong and Singapore." in *NBER Macroeconomics Annual 1992*. The MIT Press, 1992.

総要素生産性ではなく，生産要素とりわけ，高い人口成長率を背景にした労働投入量の増加に大きく依存していることを指摘しました。つまり，HPAEs の「奇跡」は，一時的に労働投入が増加したためであり，長期的な成長に繋がる技術は必ずしも進歩しているとはいえないことを示唆しました。皮肉にも，1997 年のアジア通貨危機は，そのことを如実に露呈することになりました。

○ アジア通貨危機と国際通貨制度の選択

HPAEs の１つに数えられていたタイの通貨バーツ（Bahts）が，1997 年に投機筋から通貨アタックを受け，大量の資本流出によってタイはドル=バーツの固定相場制を維持できなくなり，変動相場制へ移行すると同時に，IMF との支援交渉に入るようになりました。アジア通貨危機の始まりです。タイからの急速な資本流出は，表9.5 からわかるように，他の東アジア諸国へも伝播するようになりました。通貨危機の伝播（contagion）は，まさに不完全情報の下での逆選択のメカニズムによって，インドネシア，韓国へと波及していきました。

とりわけ通貨価値の下落の激しかったインドネシアでは，1998 年 5 月の IMF から融資がなされるまでの間に，1 ドル＝2500 ルピア（Rupiah）から 1 ドル＝15000 ルピアにまでルピアが減価しました。通貨危機後発覚した政治不安が，通貨ルピアの下落に拍車をかけることになりました。もともと，インドネシア経済において，政府，銀行，企業とが同一の親族（crony）によって繋がっていることから，親族資本主義（crony capitalism）と呼ばれ，企業のモラル・ハザードを防ぐメカニズムが働いていませんでした。また，政府は不良債権をかかえる銀行を，トゥー・ビッグ・トゥー・フェイル（too-big-to-fail）政策により，プルーデンス政策を発動することもありませんでした。

こうしたインドネシア経済の構造に対して，スタンリー・フィッシャー

表 9.5 アジア通貨危機の伝播(contagion)

	タイ	インドネシア	韓 国
1997年 7月 2日	固定相場制から変動相場制へ移行		
7月27日	IMFと交渉開始		
8月 4日		固定相場制から変動相場制へ移行	
8月13日	IMFと経済調整プログラムに合意		
10月		IMFと交渉開始	
10月31日		IMFと緊急融資に合意	
11月19日			IMFと交渉開始
1998年 5月	IMF融資 (40億ドル,34ヵ月)	IMF融資 (100億ドル,3年間)	IMF融資 (210億ドル,3年間)

　IMF第一副専務理事(元MIT教授,現イスラエル中央銀行総裁)が交渉にあたったIMFは,コンディショナリティとして,①通貨暴落を防ぐために高金利の金融引き締め,②外貨準備の増加を図るために緊縮財政,を課しました。この金融,財政の引き締め政策は,危機にあえぐインドネシア経済の活力を奪ってしまい,危機からの回復を遅らせるのではないかという批判が,ジェフリー・サックス,コロンビア大学教授から上がり,論争となりました[15]。

　インドネシア政府は,一度はカレンシー・ボード制を採用することを検討しましたが,IMFの反対から,変動相場制に変更することにしました。この通貨制度の決定が,通貨ルピアの大幅な下落を引き起こしました。香港がカレンシー・ボード制を維持し,マレーシアが資本規制(第8章「外国為替」参照)を導入したのとは対照的に,インドネシア,タイ,韓国は固定相場制から変動相場制への移行を決定してきました。その背景にはIMFの変

---
15) (討論・主題発見のための)設問9.5が章末にあります。

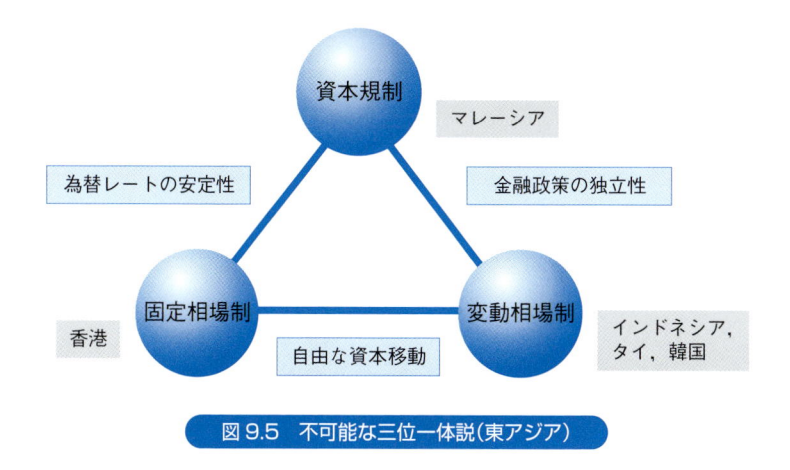

```
                    資本規制
                       ●
                        マレーシア
為替レートの安定性        金融政策の独立性

    ●━━━━━━━━━━━━━━●
  固定相場制              変動相場制
  香港       自由な資本移動   インドネシア,
                               タイ,韓国
```

図 9.5　不可能な三位一体説(東アジア)

動相場制への強い意向がありました。第 8 章「外国為替」で説明した不可能な三位一体説によれば，マレーシアが 1998 年 9 月に採用した資本流出規制の下では，自由な資本移動が保証されないために，通貨にリスク・プレミアムが付加されます。カレンシー・ボード制を含めた固定相場制には，金融政策の独立性を発揮できません。また，インドネシアなどが採用した変動相場制には，為替レートの乱高下に直面せざるを得ないという欠点があります(図 9.5)。

不可能な三位一体説で考えられている 3 つの目標，為替レートの安定性，金融政策の独立性，資本移動の自由について，短期の為替レートの決定理論である金利平価式を使って説明します。

$$i + a = i^{*} + \frac{x^{e} - x}{x}$$

自国の名目利子率 i，海外の名目利子率 i^{*}，名目為替レート x，その予測値 x^{e}，リスク・プレミアム a とすると，変動相場制の下での為替レートの不安定性は，名目為替レートの予測値 x^{e} が変動することによる，均衡為替レ

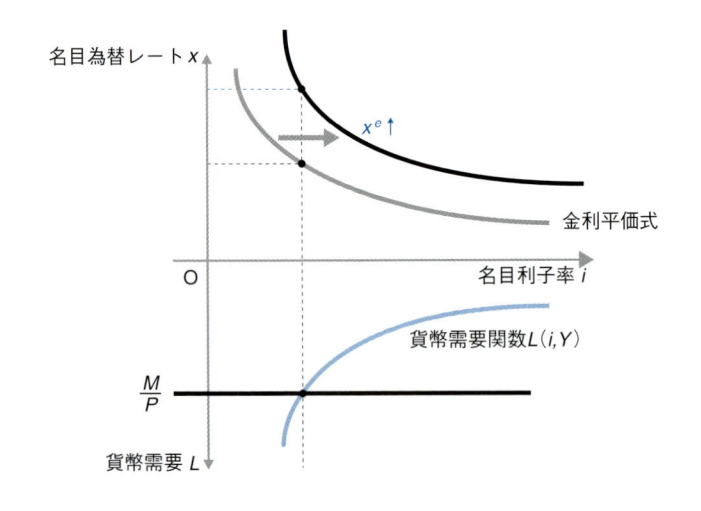

図9.6 為替レートの安定性：x^e の変動

ート x の乱高下として考えることができます（図9.6）。

固定相場制の下で，海外の貨幣市場において決まる海外の名目利子率 i^* が，海外中央銀行の金融政策の変更（たとえば，金融引き締め）によって変化する（上昇する）場合に，自国の中央銀行は受動的にマネー・サプライ M を調整する（減少させる）必要があり，独立的に金融政策を営むことが困難です（図9.7）。

また，自国が資本移動規制を行う場合，海外債券の自国債券に対するリスク・プレミアムが下がり，金利平価式が上（右）にシフトし，自国通貨安を招きます（図9.8）。

アジア通貨危機の間，実質GDPの後退の深刻さ，低迷の長さを考えれば，タイ，韓国，とりわけインドネシアが採用した変動相場制のデメリットは，大きかったといわざるを得ません。カレンシー・ボード制を保持した香港は，危機の余波を受けましたが，乗り越えました。また，資本流出規制を強いた

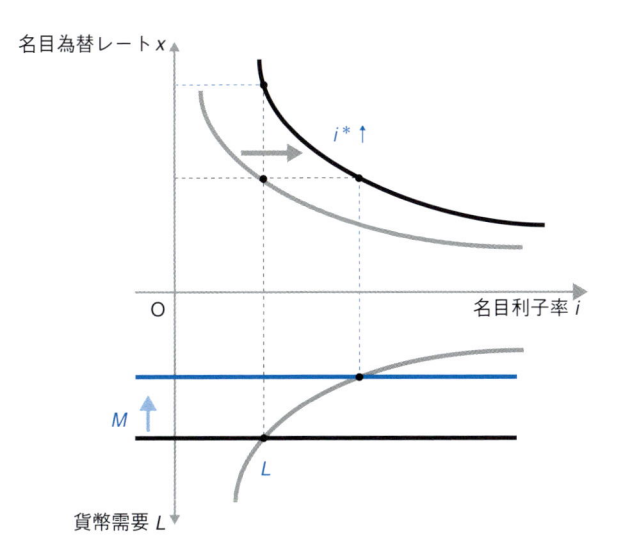

図 9.7　金融政策の独立性：i^* の変化

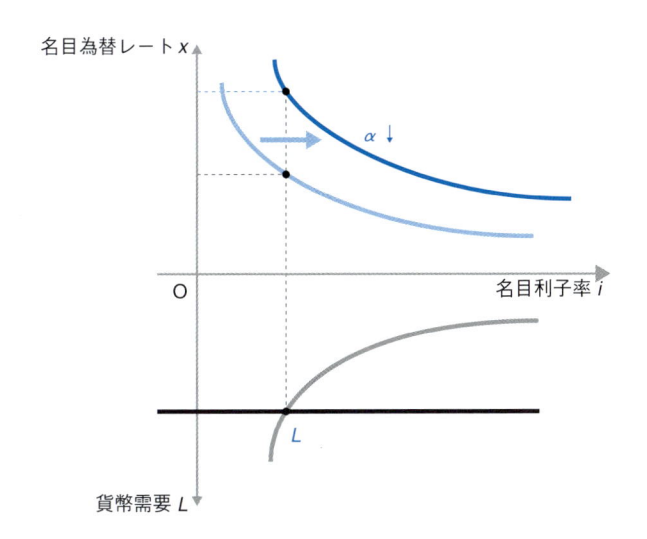

図 9.8　資本移動の自由：α の低下

9.5 東アジア

マレーシアでは，実体経済がさしたる危機を受けなかったばかりか，通貨リンギット（Ringgit）にかかるリスク・プレミアムの変化は，小幅ですみました。金融危機時における緊急避難措置として，資本移動規制の役割が見直され始めています。

○ アジア通貨危機と IMF

アジア通貨危機は，これまでの金融危機とは異なり，国際金融機関 IMF のパフォーマンスについて議論を百出させました。フィッシャー元副専務理事ら IMF の主張は，最後の貸し手としての IMF は，融資のためのコンディショナリティを厳しくすることによって，金融危機国の政府の採る政策に対する信用を回復させ，危機国の質に関して世界市場にシグナルを送る機能（signaling）を果たしているというものです。変動相場制を堅持しながら，通貨下落を防ぐために，金融政策を引き締めさせ，また経常収支の赤字を減らすために，財政政策も緊縮化させることによって，金融危機国の経済を安定化させるのが目的です。しかしながら，こうした引き締め政策は，金融危機に瀕した経済が自立して回復していく力を弱くし，金融危機の被害を増大させるとの批判があります。IMF のあり方が問われています。

本章のまとめ

1 金融危機とは，資産価格の暴落や企業倒産を伴う金融市場の機能不全の状態です。

2 1929 年の大恐慌の発生によって，それに先立つグローバリゼーションが崩壊しました。

3 大恐慌の発生メカニズムに関して，支出仮説・貨幣仮説・負債デフレ論・銀行貸出（信用）経路の4つの仮説があります。

4 支出仮説によれば，株価大暴落による負のマンデル効果・不確実性の高まりによる予備的貯蓄の高まりなど，*IS* 曲線が表す財に対する需要が減退したことが原

因です。

5 貨幣仮説は，マネー・サプライの減少によるGreat Contractionを原因としますが，米国の実質貨幣残高および名目利子率のデータとは整合しません。

6 負債デフレ論は，予期しないデフレによる負のフィッシャー効果を原因とします。

7 銀行貸出（信用）経路によれば，銀行の休業・倒産によって，銀行貸出が減少しただけでなく，情報の非対称性の下での逆選択，モラル・ハザードの問題が，企業の担保価値，純資本の低下により深刻化し，より一層の銀行貸出の減少を生みました。

8 国際機関は，平和，自由貿易，環境資源，健康，国際通貨制度などの国際公共財を供給する主体です。

9 中央銀行の中央銀行とも呼ばれる国際決済銀行（BIS）は，銀行の自己資本の強化を図ったバーゼル合意（BIS規制）で知られています。

10 国際通貨基金（IMF）と同様，ブレトン・ウッズ体制の申し子である世界銀行は，プロジェクトをモニターし，モラル・ハザードを防ぐ役割を担っています。

11 世界銀行も注目するマイクロファイナンスは，ムラの連帯責任を下にした融資であり，貧困の罠を断ち切るために有効であると考えられています。バングラデッシュのグラミン銀行が，世界的に有名です。

12 国際通貨基金（IMF）の活動には，IMF協定第4条に基づくサーベイランスと，コンディショナリティに基づく金融支援があります。

13 ジュビリー2000は，重債務国の債務帳消しを求める国際キャンペーンでした。

14 債務危機のようなマクロ・リスクをヘッジする手段として，GDP連動債が注目され，その市場の整備がIMFの使命ともいわれます。

15 90年代のIMFのコンディショナリティは，ワシントン・コンセンサスの自由主義が色濃く反映されています。

16 IMFの改革には，キンドルバーガーが強調するように，最後の貸し手機能の構築が求められています。

17 1982年から始まったメキシコ債務危機を救ったのは，債務買戻しを図ったブレディ提案でした。

18 世界銀行から「奇跡」と呼ばれたHPAEsにおける総要素生産性（TFP）は低

く，1997年以降，タイに始まり，金融危機が伝播しました。

19 インドネシアに顕著なように，親族資本主義（crony capitalism）に基づくモラル・ハザードが，金融危機の背景にあったと考えられます。

20 アジア通貨危機時における通貨制度の選択に関して，マレーシアが採った資本移動規制のデメリットは，不可能な三位一体説が示すほどは大きくありませんでした。

（確認・応用のための）問題[16]

9.1　正貨流出入メカニズムについて説明しなさい。

9.2　米国のニュー・ディール政策について説明しなさい。

9.3　大恐慌の発生したメカニズムについて，諸仮説をまとめなさい。

9.4　バーゼル合意（BIS規制）について説明しなさい。

9.5　マイクロファイナンスのメカニズムについて，情報の経済学の観点から説明しなさい。

9.6　GDP連動債とは何か，その機能は何か，説明しなさい。

9.7　IMFのコンディショナリティの意図は何か，説明しなさい。

9.8　日本の総要素生産性について，データを用いて計測しなさい。

9.9　メキシコ債務危機・アジア通貨危機それぞれにおいて，IMFはいかなる役割を負ったかについて説明しなさい。

（討論・主題発見のための）設問

9.1　（**大恐慌：歴史**）　日本の1927年の金融恐慌時において，銀行を休業に追いやった要因に関する計量的分析，Yabushita, S. and A. Inoue. "The Stability of the Japanese Banking System: A Historical Perspective." *Journal of the Japanese and International Economies*, 7, 1993.を読みなさい。

9.2　（**大恐慌：現状**）　流動性の罠にある90年代末以降の日本と大恐慌期の米国とを比較した以下の2論文を比較しなさい。

・翁邦雄，「ゼロ・インフレ下の金融政策について─金融政策への疑問・批判にどう答え

---

[16]　ヒントと略解が本の末尾にあります。

るか―」日本銀行金融研究所『金融研究』1999 年 12 月，pp.249-65, http://www.imes.boj.or.jp/japanese/zenbun99/kk18-5-7.pdf

・内藤純一，「平成デフレと 1930 年代米国の大恐慌との比較研究―信用経済がもたらす影響を中心に―」PRI Discussion Paper Series(No.02A-12) http://www.mof.go.jp/jouhou/soken/kenkyu/ron028.pdf

9.3 **（国際金融機関の役割：理論）** ジュビリー 2000 が主張した債務帳消しの理論的背景となる論文，Bulow, Jeremy I.and Kenneth Rogoff. "A Constant Recontracting Model of Sovereign Debt." *Journal of Political Economy* 97, 1989, pp.155-78. を読みなさい。

9.4 **（国際金融機関の役割：現状）** IMF の将来像を描く Ricardo Caballero. "The Future of the IMF." *American Economic Review*, Papers and Proceedings, 93(2), 2003, pp.31-38. を読みなさい。

9.5 **（東アジア：現状）** スタンリー・フィッシャーの IMF に関する著作集，*IMF Essays from a Time of Crisis, The International Financial System, Stabilization, and Development*. The MIT Press, 2004. を読み，IMF のあり方について考えなさい。

9.1（討論・主題発見のための）設問

（確認・応用のための）問題のヒントと略解

第Ⅰ部　貨　幣
第1章　貨　幣

1.1 例：絵を保有し，魚が好物のピカソ；ピカソの描いたゲルニカを欲し，参政権を得ている平和運動家；魚を捕獲し，参政権を希求するコルシカ島に住む漁民。

1.2 現金保有に関するボーモル＝トービンの在庫モデルから，$M^* = \sqrt{\dfrac{bT}{2r}}$，$C^* = \sqrt{\dfrac{2bT}{r}}$ に $r=0.02$，$b=400$，$T=1{,}000{,}000$ を代入して，$M^*=100{,}000$，$C^*=200{,}000$ が計算されます。

1.3 貨幣の流通速度は，名目所得 PY と名目貨幣残高 M の比 $V=\dfrac{PY}{M}$ です。名目所得を表す変数として名目 GDP，名目貨幣残高の変数として M1，M2＋CD，広義流動性を用いるとします。前者のデータは内閣府の経済社会総合研究所（http://www.esri.cao.go.jp/jp/sna/toukei.html#jikei），後者のデータは日本銀行（http://www.boj.or.jp/stat/dlong_f.htm）に掲載されています。ダウンロードしてください。

　名目 GDP のデータの頻度は四半期か年次，名目貨幣残高（M1，M2＋CD，広義流動性）のデータは月次です。両者の頻度を四半期に合わせるために，月次の名目貨幣残高データの3カ月分（1－3月（第1四半期），4－6月（第2四半期），7－9月（第3四半期），10－12月（第4四半期））の（算術）平均値を計算します。そのうえで，名目所得と名目貨幣残高の比である貨幣の流通速度の時系列グラフを作成し，時系列上の特徴，名目貨幣残高の指標の間における差異について指摘してください。

1.4 流動性とは，交換手段に変換できる容易さ，そのスピードを表します。流動性の罠とは，名目利子率が十分に低いために，これ以上利子率が低下し，債券価格が上昇することはまったく予想できない状況を指し，「弱気筋」が完全に支配してしまい，長期債券に対する需要が枯渇し，流動性に対する選好が無限大となります。少しでも利子率が上昇し，債券価格が低下すると，キ

ャピタル・ロスのリスクが減少し，強気筋が増勢してくることから，流動性選好が大幅に低下し，貨幣需要の利子弾力性が無限大です。

第2章 銀 行

2.1 民間商業部門内での手形による決済業務を専門に扱っていた銀行は，小口で短期間しか保有されない預金を受け入れ，預金口座間での資金移動による振替を可能にしました。信用に基づかない取引を行う商業部門以外の部門にまで市場が拡大すると，現金決済へ変化し，手形割引を専門とする為替ディーラー業務が起こり，現金を大量に保管する現金保管業務が起こりました。これら資金決済機能に加え，銀行は余分な資金を手形市場の外部の借り手に対して貸し付ける業務を始め，資金仲介機能をもつように進化してきました。

2.2 メイン・バンクの定義として，①企業に対する最大の融資シェアを占める，②最大の持株シェアを有する，③役員を派遣している，という事実に加えて，④長期固定的な総合取引を行っている，⑤経営危機に対する救済策を行う，などが挙げられます。

2.3 公的金融機関が，政策的な優先度の高いプロジェクト，企業，産業に対して優先的に融資を行うことによって，民間金融機関の融資を促進する効果を指します。民間金融機関は，情報生産のためのコストをかけずに優良な融資先に対して貸出を行うことができますので，国から補助金を受けていることになります。

第3章 中央銀行

3.1 法制度：納税期・決算報告期，習慣：宗教上の儀式・クリスマスのプレゼント，暦：年度（4月から翌3月まで）・お盆休みの帰省など。

3.2 内部貨幣は，手形や銀行券のように，民間経済主体にとって資産でもなく負債でもない決済手段であるのに対して，外部貨幣は，中央銀行が負債として発行する銀行券を指し，民間経済主体にとって資産となる決済手段です。

3.3 貨幣鋳造益は，ハイパワード・マネー残高の変化を一般物価水準でデフレートした値があたります。ハイパワード・マネーは，マネタリー・ベースとも呼ばれます。日本銀行が月次データを公表しています (http://www.boj.or.jp/stat/dlong_f.htm)。頻度を四半期に合わせるために，月次のマネタリー・ベースの3カ月分（1-3月（第1四半期），4-6月（第2四半期），7-9月（第3四半期），10-12月（第4四半期））の（算術）平均値を計算し，前期

との差を計算します．また，一般物価水準は，四半期データとして GDP デフレーターが http://www.esri.cao.go.jp/jp/sna/toukei.html#jikei からダウンロードできます．上の四半期に変換したマネタリー・ベースの変化を GDP デフレーターで割った値が貨幣鋳造益です．

3.4 中央銀行の独立性には，目標独立性と手段独立性があります．中央銀行が不正確にしか定義されていない目標を有する場合，目標独立性が高いのに対して，中央銀行が目標を達成するために金融政策を実行する裁量と権限が与えられる場合，手段独立性が高いことを意味します．

第 4 章 金 融 政 策

4.1 答えは，銀行学派です．読んでみてください．

4.2 マンデル効果によれば，デフレは保有資産の実質価値を高めるので，民間消費を引き上げる効果をもちます．一方，フィッシャー効果によれば，デフレは債権者の実質資産を高める一方，債務者の実質負債を大きくします．その結果，消費性向が相対的に高い債務者が消費を減少する効果が，債権者の消費の増加を上回り，全体としてはデフレが民間消費を低下させます．

4.3 クルーグマン（1998）のモデルは，以下の効用関数 U を最大化する家計を考えています．

$$U = \frac{1}{1-\rho} \sum c_t^{1-\rho} D^t$$

ただし，c_t は t 期における消費，D は割引率を表します．家計は，t 期の実質所得を y_t，一般物価水準を p_t，名目利子率を R_t，名目税収を τ_t として，現金制約 $p_t c_t \leq M_t$ と予算制約 $p_t c_t + M_{t+1} + B_{t+1} = p_t y_t + (1+R_t) B_t + M_t - \tau_t$ の 2 つに直面し効用を最大化するように，t 期の消費 c_t，$t+1$ 期の貨幣保有 M_{t+1}，$t+1$ 期の利子付き債券 B_{t+1} を決定します．現金制約は不等号の関係であることに注意してください．

この不等式制約付きの最大化問題を，ラグランジュ乗数法を用いて解きます．まず，ラグランジュ関数 L を，次のように定義します．

$$\begin{aligned}L = &\frac{1}{1-\rho} \sum c_t^{1-\rho} D^t + \sum \lambda_t (M_t - p_t c_t) \\ &+ \sum \delta_t [p_t y_t + (1+R_t) B_t + M_t - \tau_t - p_t c_t - M_{t+1} - B_{t+1}]\end{aligned}$$

このとき，ラグランジュ乗数 $\lambda_t \geq 0$，$\delta_t > 0$ はそれぞれ，t 期の現金制約，予算制約にかかります．

次に，このラグランジュ関数を選択変数である消費 c_t，貨幣保有 M_{t+1}，利子付き債券 B_{t+1} に関して微分してゼロとおき，1階の条件を得ます。

$$c_t^{-\rho} D^t - \lambda_t p_t - \delta_t p_t = 0,$$
$$\lambda_{t+1} - \delta_t + \delta_{t+1} = 0,$$
$$\delta_{t+1}(1 + R_{t+1}) - \delta_t = 0$$

さらに，不等式制約に関する以下の相補スラック条件（complementary slackness conditions）を付け加えます。

$$\lambda_t (M_t - p_t c_t) = 0,$$
$$M_t - p_t c_t \geqq 0,$$
$$\lambda_t \geqq 0$$

よって，もし名目利子率がゼロである ($R_t = 0$) ならば，ラグランジュ乗数について以下の関係が成立します。

$$\delta_{t+1} = \delta_t,$$
$$\lambda_{t+1} = 0$$

このとき，相補スラック条件より，現金制約は等号では成立しないことがわかります。つまり，名目利子率がゼロであるときには，現金制約が等号では成立せず，現金制約が有効ではなくなります。そのため，本来，有効な現金制約から得られる一般物価水準が非決定（indeterminacy）となります。

4.4 クルーグマン（1998）のモデルでは，貨幣保有の機会費用である名目利子率が現金制約のラグランジュ乗数に対応しています。問題4.3の1階条件から，もし名目利子率が正であるならば，

$$\delta_t > \delta_{t+1},$$
$$\lambda_{t+1} > 0$$

となり，相補スラック条件より，現金制約が有効となります。

$$M_t = p_t c_t$$

ここで，クルーグマンが想定していない外部貨幣の資産効果が存在すると，資産効果の分だけ貨幣保有の限界効用が増し，たとえ名目利子率がゼロであっても，貨幣保有の限界効用と等しい貨幣保有の機会費用は正になります。

そのため，資産効果を考慮していない問題4.3とは異なり，現金制約が有効となり，一般物価水準の非決定は生じなくなります。

第5章　プルーデンス政策

5.1　制度的に規定された業態を基準とする金融システムの捉え方が業態別アプローチであるのに対して，金融サービスのもっている機能を基準にして金融システム全体を区分する方法が機能的アプローチです。多くの金融当局は，金融仲介機関という業態に重点を置きながら金融システムを改革する業態別アプローチに従ってきましたが，近年の金融技術の進展に伴って，機能的アプローチに従い，外生的に与えられた機能に対して業態が金融環境とともに内生的に変化していくと考えるようになってきました。

5.2　事前的措置の根拠は，個別の金融機関の健全性を図ることにあり，事後的措置（セーフティネット）の根拠は，銀行の決済機能に基づくシステミック・リスクによる金融危機への対策にあります。

5.3　事前的措置には，預金金利・業務分野・参入に関わる競争制限規制，バーゼル合意に見られるバランス・シート規制，銀行検査・考査・モニタリングによる早期是正措置があります。事後的措置としては，中央銀行の最後の貸し手機能，預金保険制度があります。

第Ⅱ部　公　債

第6章　公　債

6.1　純粋期待仮説は，平均的にゼロのターム・プレミアムを仮定するのに対して，期待仮説は，より一般的にターム・プレミアムが時間を通じて一定の正の値をとると仮定します。さらに，流動性プレミアム仮説は，ターム・プレミアムが満期に関する増加関数となっていることを想定します。

6.2　第一には，非ポンジー・ゲーム条件が成立せず，財政の持続可能性が満たされていないケース，第二には，家計が流動性制約に直面し，恒常所得仮説に従っていないケースが挙げられます。

6.3　大きく分けて，死期の不確実性による「意図しない遺産」と，以下に挙げる「意図した遺産」があります。意図した遺産には，家族のメンバーの世代間で所得を移転する「利他的な遺産動機」，子孫への遺産が自らの効用をもたらす「贈与の悦び」と呼ばれる遺産動機，さらに，親子の間でのギブ・アンド・テイクの契約関係を結ぶ「戦略的遺産動機」の3つがあります。

6.4 t 期中に名目利子率 i_t をもたらす名目債券と実質利子率 r_t をもたらす実質債券の二つが存在する 2 期間のモデルを考えます．t 期の物価水準を p_t とすると，t 期から $t+1$ 期にかけてのインフレ率 π_{t+1} は，$\frac{p_{t+1} - p_t}{p_t}$ に等しくなります．

　危険中立的な投資家が t 期初において，名目債券と実質債券との間で裁定を行う結果，それぞれから得られる実質の収益率は以下のように均等化します．

$$\frac{(1+i_t)p_t}{p_{t+1}} = 1 + r_t$$

左辺は，一単位を名目債券に投資して得られる収益による購買力を t 期の物価水準で評価した，名目債券の実質収益率であり，右辺は，実質債券の実質収益率そのものです．

　この式を名目利子率，実質利子率，インフレ率のゼロの近傍で近似したのが，フィッシャー方程式 $i_t - \pi_{t+1} = r_t$ です．したがって，フィッシャー方程式は，投資家の無裁定条件を意味します．

第 7 章　国債管理政策

7.1 最適債務構成の理論において，長短利子率が国債残高から独立に決まっている場合において，長期利子率が短期利子率と比べて相対的に高いケースにおいて，政府債務を短期債と貨幣のみから構成し，公開市場操作を短期債の売買によって行うビルズ・オンリー政策が最適となる可能性があります．

7.2 課税の存在しない世界におけるファースト・ベストでは，家計の効用最大化のための 1 階条件として，以下が成立しています．

$$\left(\frac{\partial u}{\partial c_t}\right) \Big/ \left(\beta \frac{\partial u}{\partial c_{t+1}}\right) = 1 + r_{t+1}$$

課税が存在する場合の 1 階条件は，

$$\left(\frac{\frac{\partial u}{\partial c_t}}{1+\tau_t}\right) \Big/ \left(\beta \frac{\frac{\partial u}{\partial c_{t+1}}}{1+\tau_{t+1}}\right) = 1 + r_{t+1}$$

となり，ファースト・ベストからは歪みをもった資源配分となります．

　バローの課税平準化は，たとえ課税が存在していても，時間を通じて税率を平準化する政策 ($\tau_t = \tau_{t+1}$) によって，ファースト・ベストを達成することが可能であることを示します．

7.3 $0.4 \times 3^2 \div 2 = 1.8$

7.4 日本における税率は，年度ごとの財務省の「租税及び印紙収入」(http://www.mof.go.jp/jouhou/syuzei/siryou/008.htm) の一般会計分計あるいは総計を名目 GDP で割って求めます。こうして計算した税率と GDP デフレーター (http://www.esri.cao.go.jp/jp/sna/toukei.html#jikei) で計ったインフレ率との間の相関係数を推定することによって，国債管理の第二の原則が成立しているかどうかがわかります。

7.5 例：犯罪の共犯者 2 人が捕まりましたが，証拠がありません。これらの容疑者を警察が個別に取り調べています。警察が容疑者それぞれに対して，相手を有罪とする自白をするならば，自白しないまま取調べが続く代わりに，不起訴にしてやると約束します。ところが，お互い自白する場合には，この便宜は得られず，また，自分は自白しないのに，相手が自白した場合には，犯罪の全責任を負わされ，重罪になることがわかっています。

この状況を反映して，共犯者 2 人の利得が以下の表の通りであるとします。

	自白しない	自白する
自白しない	2, 2	0, 3
自白する	3, 0	1, 1

この利得の下で，共犯者によるナッシュ均衡は，お互い自白する戦略を選ぶケースになり，お互い自白しなければ，2 の利得が得られるにもかかわらず，1 という利得しか手にできません。よって，この例は，パレートの意味で劣位にある均衡が実現する「囚人のジレンマ」を表しています。

第Ⅲ部　外国為替
第 8 章　外国為替

8.1 不可能な三位一体説は，為替レートの安定性，金融政策の独立性，自由な資本移動の 3 つの目標を同時に満たす国際通貨制度が存在しないことをいいます。変動相場制は，為替レートの安定性を犠牲にし，固定相場制は，金融政策の独立性を失い，資本移動規制は，自由な資本移動のメリットを享受できません。

8.2 名目為替レートは二国の通貨間の交換比率であるのに対して，実質為替レー

トは二国の財・サービス（バスケット）の相対価格を表します。

8.3 貯蓄投資バランス論は，第一に，実質利子率が世界市場において決定されるという小国の仮定，第二に，労働市場において完全雇用が実現し，生産量が生産関数における完全雇用に対応する完全雇用 GDP に等しくなるという仮定の下で，実質為替レートが国内の貯蓄投資バランスにのみ依存して決定されることをいいます。

貯蓄投資バランス論の下では，1980 年代における日本の自動車産業の米国向け輸出自主規制は円安しかもたらさず，1985 年のドル高是正のためのプラザ合意，86 年のドル安をストップさせるためのルーブル合意に見られる外国為替レートの国際協調は，何ら効果をもちません。

8.4 図は省略します。

(ア) 自国の不況は，y の低下を意味し，国内の貨幣需要関数を下ないし左にシフトさせる結果，名目利子率が低下，名目為替レートが減価します。

(イ) 自国の金融緩和は，M の増加を意味し，国内の貨幣供給関数を右にシフトさせる結果，名目利子率が低下，名目為替レートが減価します。

(ウ) 海外の金融引き締めは，i^* の上昇を意味し，金利平価式を右ないし上にシフトさせる結果，名目利子率は変わらず，名目為替レートが減価します。

(エ) 自国のデフレは，P の低下を意味し，国内の貨幣供給関数を右にシフトさせる結果，名目利子率が低下，名目為替レートが減価します。

(オ) 自国通貨の減価期待は，x_1 の上昇を意味し，金利平価式を右ないし上にシフトさせる結果，名目利子率は変わらず，名目為替レートが減価します。

(カ) 海外債へのリスク・プレミアムの低下は，α の低下を意味し，金利平価式を右ないし上にシフトさせる結果，名目利子率は変わらず，名目為替レートが減価します。

8.5 テキストの本文では，離散時間（discrete time）におけるマーシャル＝ラーナー条件を導きましたが，ここでは連続時間（continuous time）の場合を扱います。

円単位の名目貿易・サービス収支を NEX，円単位の輸出，輸入をそれぞれ EX，IM，ドル単位の輸出を EX^*，名目為替レート，自国の所得，海外の所得をそれぞれ x，Y，Y^* とすると，t 時点において，

$$NEX(x_t, Y_t^*, Y_t) = EX(x_t, Y_t^*) - IM(x_t, Y_t)$$
$$= EX(x_t, Y_t^*) - x \times EX^*(x_t, Y_t)$$

が成立しています。

ここで，名目為替レート x が減価したときの名目貿易・サービス収支の反応を見ます。両辺を x で微分して，

$$\frac{\partial NEX(x_t, Y_t^*, Y_t)}{\partial x_t} = \frac{\partial EX(x_t, Y_t^*)}{\partial x_t} - \frac{\partial IM(x_t, Y_t)}{\partial x_t}$$
$$= \frac{\partial EX(x_t, Y_t^*)}{\partial x_t} - x\frac{\partial EX^*(x_t, Y_t)}{\partial x_t} - EX^*(x_t, Y_t)$$

が得られます。右辺の第1項，第2項が数量効果，第3項が価格効果です。数量効果が価格効果を上回り，名目為替レートの減価が名目貿易・サービス収支を黒字化させるためには，

$$\frac{\partial NEX(x_t, Y_t^*, Y_t)}{\partial x_t} > 0$$

すなわち，両辺を $\dfrac{EX(x_t, Y_t^*)}{x_t}$ で割って，

$$\frac{\dfrac{\partial EX(x_t, Y_t^*)}{\partial x_t}}{\dfrac{EX(x_t, Y_t^*)}{x_t}} - \frac{xEX^*(x_t, Y_t)}{EX(x_t, Y_t^*)} \frac{\dfrac{\partial EX^*(x_t, Y_t)}{\partial x_t}}{\dfrac{EX^*(x_t, Y_t)}{x_t}} > \frac{xEX^*(x_t, Y_t)}{EX(x_t, Y_t^*)}$$

が必要になります。

いま，t 時点において日本とアメリカの間で貿易・サービス収支が均衡している $EX(x_t, Y_t^*) = xEX^*(x_t, Y_t)$ と仮定しますと，上式は，

$$\frac{\dfrac{\partial EX(x_t, Y_t^*)}{\partial x_t}}{\dfrac{EX(x_t, Y_t^*)}{x_t}} - \frac{\dfrac{\partial EX^*(x_t, Y_t)}{\partial x_t}}{\dfrac{EX^*(x_t, Y_t)}{x_t}} > 1$$

となり，左辺第1項は自国の輸出の為替弾力性を意味し，正の値です。左辺第2項は海外の輸出の為替弾力性 η^* を意味し，（負の値にマイナスが付いて）正の値です。よって，マーシャル＝ラーナー条件である $\eta + \eta^* > 1$ が導かれます。

8.6 マーストリヒト条約は経済収斂条件として，①金利の変動，②インフレ率，

③財政赤字，④為替レートの変動をそれぞれ抑えることを EMU 加盟国に要求しました。

　それぞれの条件は，単一通貨による為替レートを実現するための準備として，④の為替レートの変動を抑えることを目的としていました。①は，名目為替レートの金利平価式を通じた短期的な決定要因である金利の変動を抑えることにより，②は，名目為替レートの購買力平価を通じた長期的な決定要因であるインフレ率により，③は，貯蓄投資バランス論を通じた長期の実質為替レートの決定要因である財政支出により，すべて④為替レートの安定性に寄与すると考えられます。

第 9 章　金融危機と国際機関

9.1　正貨流出入メカニズムとは，金本位制の下で，輸入（輸出）が超過すると，金貨が流出（流入）し，通貨が減少（増加）し，金融引き締め（緩和）の効果が働き，金利上昇（低下）が国内物価の下落（上昇）を招き，輸入（輸出）を減少させ，貿易収支が均衡するという考えです。

9.2　米国フランクリン・ルーズベルト大統領が，恐慌対策として実行した政策。第一に，銀行経営を立て直し，金融システムを正常化させるために，銀行閉鎖を行い，グラス=スティーガル法と呼ばれる銀行法を制定し，銀行の預金業務と証券業務の兼業を禁止しました。第二に，景気刺激策として，テネシー渓谷開発公社（TVA）などの公共事業によって雇用を創出しました。

9.3　大恐慌のメカニズムに関する仮説は，①支出仮説，②貨幣仮説，③負債デフレ論，④銀行貸出（信用）経路の四つがあります。

①財・サービスに対する需要の減少によって，IS 曲線が左ないし下へシフトし，GDP が低下したことを説明します。

②米国連邦準備制度がコントロールするべきマネー・サプライの減少が原因であり，LM 曲線の左ないし上にシフトしたことが GDP を低下させたと考えます。

③デフレの負の資産効果（フィッシャー効果）が IS 曲線の左ないし下へのシフトの主原因であると主張します。

④情報の非対称性の下で果たす銀行の情報生産機能が低下したことが，大恐慌の原因であると考え，銀行貸出に依存する中小・零細企業の設備投資需要の低下による IS 曲線の左ないし下へのシフトに加えて，銀行貸出の減少に伴う内部貨幣である預金の減少を表す LM 曲線の左ないし上へのシフ

トが重なって，GDP の大幅な低下が引き起こされたと説明します。

9.4 BIS バーゼル銀行監督委員会が，1988 年，国際業務を営む銀行に対して，自己資本比率（クック比率）を 8% 以上に維持することを求めた規制のこと。

9.5 マイクロファイナンスは，グループの共同責任の下に資金の管理や返済が行われます。もし融資の返済が不履行になる場合には，グループの構成員全員が共同して返済義務を負うことになり，ムラ社会における連帯責任を利用して，モラル・ハザードを防いでいます。

9.6 利子と元本が GDP に連動する債券。債務危機などのマクロ・リスクを適正に反映した金融契約によって，マクロ・リスクに対するヘッジ手段として有効であると期待されています。

9.7 ワシントン・コンセンサスと呼ばれる，市場メカニズムに任せた経済発展を志向する考え方が背後にあるといわれます。

9.8 総要素生産性は，実質 GDP 成長率から資本ストックの寄与率と労働投入量の寄与率の和を引いた値です。資本ストックの寄与率は，資本ストックの伸び率と資本分配率の積に等しく，労働投入量の寄与率は，労働投入量の伸び率と労働分配率の積になります。

　実質 GDP は，http://www.esri.cao.go.jp/jp/sna/toukei.html#jikei から得られます。資本ストックは，内閣府「民間企業資本ストック」（http://www.esri.cao.go.jp/jp/sna/toukei.html#s-sokuho）からダウンロードできます。労働投入量は，厚生労働省の「毎月勤労統計」の常用雇用と総実労働時間の積になります。労働分配率は，雇用者報酬（http://www.esri.cao.go.jp/jp/sna/qe051/gdemenuja.html）を要素所得で除した値です。要素所得は，雇用者報酬のほか，営業余剰，固定資本減耗の和で表されます。資本分配率は，1 から労働分配率を引いた値です。

9.9 IMF は，メキシコ債務危機において資金の借り手であるメキシコ政府の質を保証し，構造調整プログラムに基づくコンディショナリティの下で政策をモニターする役割を負った一方，最後の貸し手である IMF の融資をあてにした大手銀行のモラル・ハザードを引き起こしました。アジア通貨危機においては，コンディショナリティを厳格にし，通貨下落を防ぐために高金利，経常収支赤字を減らすために緊縮財政を敷き，金融危機国の自立的な経済回復を遅らせたといわれます。

索　引

あ　行

アコード　141, 153, 159
アジア通貨危機　222, 254
後積み・同時積み混合方式　78
後積み方式　79
アナウンスメント効果　94
アレシーナ（Alesina, A.）　84

いい均衡　54, 133
イールド・カーヴ　142, 162
遺産　149
一物一価の法則　204
一般理論　32, 36, 37
移転収支　195
意図した遺産　150
意図しない遺産　150
委任された監視　58, 130
イングランド銀行　73, 91
インデクセーション　106
インプライド・フォワード・レート　143
インフレ・ターゲティング　83, 115
インフレ・バイアス　113, 176
インフレ・プレミアム　157
インフレ税　72, 82, 171
インフレのコスト　172
インフレ率　108

ウィリアムソン（Williamson, J.）　241
ウォーレス（Wallace, N.）　152, 154
運営目標　92, 96, 118
運転資金　91

エージェント　57

欧州中央銀行　216, 220
欧州通貨制度　189
欧州通貨同盟　190, 215
翁邦雄　254
オペレーション・ツイスト政策　162, 167

か　行

外国為替　184
　　　　——レート　184
外部貨幣　71, 90
開放性　66
カウベル効果　64
格付け機関　67, 140
確率変数　27
家計の恒常所得　175
貸し渋り　131
貸出減少　125
課税による資源配分の歪み　169
課税による社会的死加重　171
課税平準化　162, 168, 170, 180
片岡直温　223
価値貯蔵手段　20, 41
価値保蔵技術　47
貨幣　1, 5, 12
　　——の機能　14
　　——の中立性　90, 91
　　——の定義　12
　　——の保有動機　21
　　——の流通速度　32
　　——の歴史　12
貨幣仮説　228
貨幣供給量　92
貨幣錯覚　109
貨幣需要関数　41
貨幣数量説　31, 41, 90, 91
貨幣数量方程式　99
貨幣鋳造益　72, 81, 140, 171
貨幣発行権　140
貨幣発行自由化論　87

索引

貨幣保有の平方根ルール　26
借り手の質　231
カレンシー・ボード　190, 249
為替　184
　　——ディーラー　43
換金費用　24
観察される情報　48
完全雇用　92, 194
　　——GDP　197
完全予見　111

機会費用　25
規制　123
季節性　73, 88
期待インフレ率　20, 109, 153, 157
期待仮説　144
機能的アプローチ　123
逆選択　231, 242, 247
キャバレロ（Caballero, R.）　240
救済　133
競争制限措置　130
業態別アプローチ　123
協調融資　242
共同決済　75
共同フロート制　189
金解禁　224
キングストン合意　186
銀行　1, 5, 43
銀行学派　90
銀行貸出経路　230
銀行貸付け　90
銀行間市場金利　92
銀行券　70, 91
銀行検査　130, 132
銀行諮問委員会　242
銀行信用経路　230
銀行特許条例　91
銀行取付け　46, 54, 223
銀行分業主義　123
銀行持株会社　130
キンドルバーガー（Kindleberger, C.）　241
金本位制　185
　　——の確立　91
金融　1

金融機関の健全性　129
金融危機　184, 222
金融恐慌　223
金融サービス　123
金融支援　239
金融システム　122
金融政策　92, 96, 113, 152
金融大恐慌　74, 116
金融取引　50
金利スワップ　128
金利平価式　200, 249
金利リスク　124, 129

クック比率　236
靴底コスト　173, 180
グッドハート（Goodhart, C.）　92, 98
　　——の法則　92, 99
グラス=スティーガル法　130, 226
グラミン銀行　238
繰り返しゲーム　177
クリントン（Clinton, H.）　238
クルーグマン（Krugman, P.）　115, 118, 245
グレシャムの法則　41
黒田晁生　159
グローバリゼーション　1, 2, 4, 5, 65

経常収支　195
ケインズ（Keynes, J. M.）　31, 35〜39, 91, 186
ゲゼル（Gesell, S.）　38
決済　19, 70
　　——単位　19
　　——リスク　77
ケネディ政権　162
限界流動性　163
現金　43
　　——制約　23
　　——保管業務　43

公開市場操作　162, 166
交換手段　14
考査　130, 132
公債　140
恒常所得仮説　33, 148
構造的国債管理政策　162

270

公定歩合　94
公的金融　64, 123
公的債務管理　174
購買力平価　205
合理的期待形成仮説　142
ゴードン（Gordon, D. B.）　110
コール市場　79
国債　1, 140
　――の格付け　140
　――のマネタイゼーション　176
国債価格維持政策　154
国債管理政策　162
国債管理の第一の原則　171
国債管理の第三の原則　174
国債管理の第二の原則　174
国際機関　222
国際金本位制　185
国際決済銀行　5, 222, 233, 235
国際公共財　234
国際収支統計　2
国際収支の均衡　92
国際通貨　184
　――基金　1, 186, 222, 233, 238
　――金融委員会　239
　――圏　186
　――制度　184
国際復興開発銀行　233, 236
国法銀行　73
個人の効用最大化　46
コスト・チャンネル　91, 118
護送船団方式　122, 130
固定相場制　185
固定利子資産　127
固定利子負債　127
コブ（Cobb, C. W.）　246
　――＝ダグラス型　246
コンディショナリティ　239, 242, 248, 254

さ 行

サージェント（Sargent, T.）　152, 154
サーベイランス　239
債券　51
最後の貸し手　72, 241
財政政策　152

財政当局　151
歳入　140
債務買戻し　243
債務危機　222
財務省　153
債務帳消し　243
債務不履行　242
債務保証　65
裁量　108, 111
サックス（Sachs, J.）　66, 240, 248
サマーズ（Summers, L.）　84

ジェームス（James, H.）　67, 222
時間軸効果　159
時間選好率　48
時間的整合的な解　112
時間的不整合性　157
資金決済機能　43, 47
資金循環表　2
資金仲介機能　43
シグナリング効果　215
シグナル　79
自己資本比率　236
　――規制　131
事後的措置　129, 134
資産・負債の継承　134
資産項目　92
資産の名目収益率　20
資産バブル　37, 42
市場　16, 43
　――分断仮説　159
システミック・リスク　129, 236
自然失業率　108
事前的措置　129, 130, 134
自然独占　130
失業率　108
実質　192
　――為替レート　193, 219
　――債券　157
　――収益率　20
　――利子率　34
私的な情報　48
時点・共同決済　76
時点・グロス決済　75

時点・ネット決済　76
支払い猶予令　224
社会的死荷重　88
社会的損失関数　110
社会的なコスト　82
社債　140
シャピロ（Shapiro, R.）　65
囚人のジレンマ　176, 180
シュタッケルベルグ均衡　152
手段独立性　82
ジュビリー2000　239, 255
シュワルツ（Schwartz, A. J.）　227
純資本　231
純粋期待仮説　141
準弾力性　100
準備預金制度　78, 88, 93
商業銀行主義　123
証券の売却　126
小国の仮定　196
消費の限界性向　103
消費の資産効果　104
衝平的劣後化　64
情報生産機能　46
情報生産のただ乗り　62
情報の（偶然の）二重の一致　16, 41
所得収支　195
シラー（Shiller, R.）　160, 240
真贋　16
新古典派マクロ経済学　194
親族資本主義　247
進捗率　79
信認　113, 157
信用　90
信用乗数　96, 166, 209
　──メカニズム　92, 232
　──理論　94, 209
信用秩序の安定性　129
信用リスク　129

スウェーデン銀行　73
数量的国債管理政策　162
スタンダード・アンド・プアーズ　67, 140
スティグリッツ（Stiglitz, J.）　240
ストロング（Strong, B.）　116

正貨　74, 90, 107
正貨（金）流出入メカニズム　224, 254
請求権　140
政策監視　239
政策目標　92
清算機関　75
成長会計　245
制度的枠組み　122
政府支出　175
政府短期証券　167
政府の予算制約式　80, 147
セーフティネット　129
世界銀行　222, 234, 237
世界大恐慌　224
絶対的購買力平価仮説　205
ゼロ金利政策　159
選好　14
戦略的遺産動機　150

相対的購買力平価仮説　205
総要素生産性　245, 254
贈与の悦び　150
即時・相対決済　75
即時・グロス決済　78
ソブリン　140

た　行

ターム・プレミアム　144
大恐慌　46, 222, 223, 230, 232, 254
大数の法則　61
大統領経済諮問委員会　162
ダイヤモンド（Diamond, D. W.）　47, 130, 132, 136
高橋是清　224
兌換紙幣　107
他銀行からの借入れ　126
ダグラス（Douglas, P. H.）　246
担保　140
弾力性　100

地域通貨　5, 38
地方債　140
中央銀行　1, 5, 70, 92, 96, 140, 151
　──貸出　126

——独立性指数　*84*
　　——の中央銀行　*236*
　　——の独立性　*216*
中小・零細企業　*232*
超過準備　*94*
超過保有期間利回り　*143*
調整　*242*
　　——インフレ論　*83*
徴税権　*140*
長短スプレッド　*142*
直利志向仮説　*159*
貯蓄貸付組合　*134*
貯蓄金融機関監督庁　*132*
貯蓄投資バランス論　*195, 219*

通貨学派　*90*
通貨監督庁　*132*
強気筋　*30*

ディビッグ（Dybvig P.）　*47, 132, 136*
ティロール（Tirole, J.）　*131, 136*
手形　*43, 70*
デフレ　*101, 224*
テミン（Temin, P.）　*227*
伝播　*222, 247*

トゥー・ビッグ・トゥー・フェイル政策　*247*
投機　*29*
　　——的需要　*29*
　　——的動機　*21*
統合された政府の通時的予算制約式　*152*
当座預金残高　*92*
等費用曲線　*165*
等流動性曲線　*163*
ドゥワトリポン（Dewatripont, M.）　*131, 136*
ドーズ（Dawes, C. G.）　*235*
　　——案　*236*
トービン（Tobin, J.）　*23, 55, 118, 162, 190*
　　——税　*5, 190*
トール・レート・レート　*206, 220*
取付け　*133*
取引動機　*21, 23*
取引費用　*14, 19, 20*
トリフィン（Triffin, R.）　*188*

——のジレンマ　*188*
トルーマン（Truman, H. S.）　*154*
ドル本位制　*186*
トレード・オフ　*108*
ドロール（Delors, J.）　*215*
　　——報告　*215*

な　行

内国為替　*184*
内藤純一　*255*
内部貨幣　*70, 90*
中尾茂夫　*136*
ナロー・バンク論　*55*

ニクソン・ショック　*188*
日本銀行　*73*
ニュー・ディール政策　*226, 254*

ネットワーク外部性　*186*

は　行

バーガス（Burgess, R.）　*117*
　　——=リーフラー=ストロング・ドクトリン　*116*
バーゼル合意　*131, 236, 254*
バーナンキ（Bernnanke, B.）　*227*
ハイエク（Hayek, F. A. v. H.）　*75*
ハイパー・インフレーション　*176*
ハイパワード・マネー　*93, 209*
ハウス・バンク　*63*
バジョット（Bagehot, W.）　*73*
　　——の原則　*74, 133*
罰　*177*
バブル　*37*
バランスシート　*92*
　　——規制　*130*
ハリソン（Harrison, G.）　*117*
パレート改善　*53*
バロー（Barro, R. J.）　*110, 145, 148, 167, 171*
　　——=ゴードン・モデル　*119, 176*
　　——の中立命題　*145, 149*
バンコール　*186*
反動恐慌　*223*

非借入れ準備残高　117
引き金戦略　177
ヒックス（Hicks, S. J.）　5, 43
　――の三角形　22
ビッグマック・レート　206
ヒトラー（Hitler, A.）　236
非ポンジー・ゲーム条件　81, 147
非流動生産技術　47
ビルズ・オンリー政策　167, 180
貧困の罠　238
フィッシャー（Fischer, S.）　82, 248, 252, 255
フィッシャー（Fisher, I.）
　31, 33, 105, 106, 118, 155, 227
　――効果　105, 229, 230
　――方程式　20, 33, 34, 157
フィリップス（Phillips, A. W. H.）　108
　――曲線　108, 178
フォロワー　152
不可能な三位一体説　184, 190, 219, 249
不完備契約理論　131
負債項目　92
負債デフレ論　229
不胎化介入　212
物価の安定　92
物価連動国債　178
物価連動債　106, 118, 154, 176
プライマリー・バランス　153
プラザ合意　198
ブランシャール（Blanchard, O. J.）　178
フリードマン（Friedman, M.）　31, 33, 65, 227
フリードマン（Friedman, T. L.）　65, 67
振替　43, 184
プリンシパル　57
プール（Poole, W.）　96, 118
プルーデンス政策　247
ブレディ（Brady, N.）　243
　――提案　243
ブレトン・ウッズ協定　237
ブレトン・ウッズ体制　186
分散化　60
ブンデスバンク　216
ペイオフ　134

並行通貨　40
平方根ルール　41
ベース・マネー　209
変動相場制　189
変動利子資産　127
変動利子負債　127
貿易・サービス収支　195
法貨事件　107
ポートフォリオ　168, 175, 200
　――・バランス効果　213
ホートレー（Hawtrey, R.）　91
ボノ（Bono）　240
ボーモル（Baumol, W.）　23
　――＝トービン・モデル　23
ボーン（Bohn, H.）　168
ボルカー（Volcker, P.）　91, 99, 236, 242
　――・ショック　242
ホワイト（White, H. D.）　187

ま　行

マーシャル（Marshall, A.）　208
　――＝ラーナー条件　208, 219, 220
　――の k　32
マーストリヒト条約　216, 219
マーチン（Martin, W. M.）　167
マートン（Merton, R.）　123
マイクロファイナンス　238, 254
マクロ・リスク　240
マックファーデン法　130
マネー・サプライ　92, 94, 209
マネタイゼーション　140, 154
マネタリー・ベース　93
マネタリズム　91
マルチンゲール過程　170
満期　141
マンキュー（Mankiw, N. G.）　168, 174
マンデル（Mundell, R.）　105, 118
　――効果　105, 227
未決済残高　78
ミッセール（Missale, A.）　178
民間金融部門　92
民間設備投資　91

民間非金融部門　92

無裁定条件　202
ムーディーズ　67, 140

名声　18, 177
名目　192
　——為替レート　219
メイン・バンク　62
メキシコ債務危機　254

目標独立性　82
モニター　237
モニタリング　130, 132
モラトリアム　224
モラル・ハザード　57, 231, 237, 238, 244

や 行

ヤン（Young, A.）　246
ヤング（Young, O. W.）　236
　——案　236

誘因両立性　58, 131
ユーロ　184, 215, 220
輸出自主規制　198
ユニバーサル・バンキング　123

要求払い預金　47, 54
預金契約　59
預金通貨　43
預金保険制度　133, 134
欲望の（偶然の）二重の一致　14
予想の連鎖　21
予備的動機　21
予備的保有動機　27
弱気筋　30, 37

ら 行

ラーナー（Lerner, M.）　208
ライタン（Litan, R.）　55
ライン・バンク　63
ランダム・ウォーク過程　171

リアル・ビル　90

リアル・ビルズ・ドクトリン　90
リーダー　152
リーフラー（Riefler, W.）　117
リカードゥ（Ricardo, D.）　90, 145
　——の中立命題　145, 147
利子率の期間構造　141
リスク・アセット・レシオ　131
リスク・シェアリング　53
リスク・プレミアム　202, 213
利他的遺産　148
　——動機　149
流動性　21, 29, 47, 133
　——供与機能　46, 47
　——制約　148
　——選好　29
　——選好理論　31, 91
　——の罠　37, 41, 101, 115
　——プレミアム　144, 159
　——リスク　48, 53, 124, 129

累積債務国　2
ルーズベルト（Roosevelt, F.）　226
ルービン（Rubin, R.）　238
ルーブル合意　198
ルール　108, 111

レギュレーションQ　130
連帯責任　238
連動　106
連邦準備制度　73, 136, 153
　——理事会　91
連邦貯蓄貸付保険公社　134
連邦預金保険公社　132, 134

ロゴフ（Rogoff, K.）　114, 119
　——の保守主義　114, 119, 176
ロック（Locke, J.）　31
ロンバート型貸出制度　133

わ 行

ワシントン・コンセンサス　240
割引く　70

欧字

BIS *6, 222, 233, 235*
　——規制 *131, 236, 254*
BRS ドクトリン *116, 119*
ECB *216, 220*
EMS *189, 215, 220*
EMU *190, 215, 220*
EU *215*
FA *127*
FDIC *132, 134*
FL *127*
FRB *91, 116, 153, 159, 167, 242*
FSLIC *134*
GATT *234*
GDP 連動債 *160, 240, 254*
HPAEs *245*
IMF
　1, 6, 186, 222, 233, 238, 242, 247, 252, 255
　——協定第4条 *239*
IMFC *239*
IS–LM 分析 *96, 100, 194*
J カーヴ効果 *209*
$N-1$ 問題 *189*
NIEs *245*
OCC *132*
OTS *132*
PA *134*
PPP *205*
RTGS *78*
S&L *134*
SA *127*
SL *127*
TFP *245*
TVA *226*
UNFCCC *234*
WHO *234*
WTO *234*

著者紹介

竹田　陽介（たけだ　ようすけ）
1964 年　東京都に生まれる
1989 年　東京大学経済学部卒業
1994 年　同大学院経済学研究科第二種博士課程修了
　　　　　ラトガーズ大学客員助教授，イェール大学客員研究員などを経て
現　在　上智大学経済学部教授。東京大学大学院経済学修士

主な著書・論文

『金融政策と日本経済』（吉川洋との共編，日本経済新聞社，1996 年）
「日本における金融調節と利子率の期間構造―利子率の平準化と国債管理政策―」
（『経済研究』第 48 巻 4 号，1997 年 10 月）
"A Flexible Exchange Rate, Capital Control or the Currency Board?—Evidences from Asian and Latin American Expreriences—(with Koichi Hamada)" *the Japanese Economic Review*, 52(4), 2001.
「デフレ下における財政政策ルールをもとめて」（『フィナンシャル・レビュー』第 64 号，2002 年）
「国債発行残高急増と金利リスク―国債管理政策における物価連動国債の可能性―」
（齊藤誠との共著），（貝塚啓明・財務省財務総合政策研究所編『財政赤字と日本経済―財政健全化への理論と政策―』所収，有斐閣，2005 年）
『期待形成の異質性とマクロ経済政策』（小巻泰之・矢嶋康次との共著，東洋経済新報社，近刊）など。

ライブラリ経済学コア・テキスト＆最先端=10
コア・テキスト金融論

2005 年 7 月 10 日 © 　　　　　初 版 発 行
2013 年 2 月 10 日　　　　　　　初版第 3 刷発行

　著　者　竹田陽介　　　発行者　木下敏孝
　　　　　　　　　　　　印刷者　加藤純男
　　　　　　　　　　　　製本者　米良孝司

【発行】　　　　　　　　　株式会社　新世社
〒151-0051　東京都渋谷区千駄ヶ谷 1 丁目 3 番 25 号
☎(03)5474-8818(代)　　　　サイエンスビル

【発売】　　　　　　　　　株式会社　サイエンス社
〒151-0051　東京都渋谷区千駄ヶ谷 1 丁目 3 番 25 号
営業☎(03)5474-8500(代)　　振替 00170-7-2387
FAX☎(03)5474-8900

　印刷　加藤文明社　　　　製本　ブックアート
　　　　　　　　　《検印省略》

サイエンス社・新世社のホームページのご案内
http://www.saiensu.co.jp
ご意見・ご要望は
shin@saiensu.co.jp まで。

本書の内容を無断で複写複製することは，著作者および出版者の権利を侵害することがありますので，その場合にはあらかじめ小社あて許諾をお求めください。

ISBN 4-88384-082-4
PRINTED IN JAPAN

グラフィック［経済学］5

グラフィック
金融論

細野薫・石原秀彦・渡部和孝 著
A5判／312頁／本体2700円（税抜き）

本書は，現代の金融にまつわる様々な問題を見据えつつ，その役割について基礎から学ぶことができる教科書である．むずかしい数式を極力使わず，分かりやすい解説と豊富な図版で，金融論を自力で理解できるよう配慮した．経済・経営系科目用，ビジネスマンの自習用としても最適な一冊．見開き形式・2色刷．

【主要目次】
第Ⅰ部　金融の基礎　　　金融システム／貨幣
第Ⅱ部　企業の資金調達と銀行・金融システム
　　　　企業の資金調達／銀行の役割と課題／金融規制
第Ⅲ部　金融市場　　利子率／株価／為替レート
第Ⅳ部　金融政策　　貨幣市場の需要と供給／金融政策

発行　新世社　　　発売　サイエンス社